DROEMER

Über die Autorin:
Xinran, 1958 in Beijing geboren, arbeitete jahrelang als Radiojournalistin. Ihre Sendung »Words on the Night Breeze« war in ganz China bekannt und berühmt. Auf der Grundlage dieser Sendung entstand ihr erstes Buch »Verborgene Stimmen. Chinesische Frauen erzählen ihr Schicksal«. Der Titel war international ein großer Erfolg. Es folgten die ebenfalls erfolgreichen Romane »Himmelsbegräbnis« und »Die namenlosen Töchter«. 2009 erschien »Gerettete Worte. Reise zu Chinas verlorener Generation«. Xinran verließ China 1997 und lebt seither mit ihrem Sohn und ihrem Mann in England.

Xinran

Wolkentöchter

Aus dem Englischen
von Ulrike Wasel und Klaus Timmermann

DROEMER

Die englische Originalausgabe erschien 2010 unter dem Titel
»Message from an Unknown Chinese Mother. Stories of Love and Loss«
bei Chatto & Windus.

Besuchen Sie uns im Internet:
www.droemer.de

FSC
www.fsc.org
MIX
Papier aus verantwortungsvollen Quellen
FSC® C083411

Vollständige Taschenbuchausgabe Juli 2015
Droemer Taschenbuch

Covergestaltung: Network! Werbeagentur GmbH
Coverabbildung: frank blum/bobsairport
Satz: Adobe InDesign im Verlag
Druck und Bindung: CPI books GmbH, Leck
ISBN 978-3-426-30454-9

2 4 5 3 1

Ein Buch für chinesische Adoptivkinder
und für MBLer

Vorwort

Ein Buch für adoptierte Töchter

Es hat lange gedauert, bis ich den Mut aufbrachte, mich erneut gewissen Erinnerungen und persönlichen Erfahrungen zu stellen, die ich als Reporterin in China sammelte. In *Verborgene Stimmen* schrieb ich über jene tapferen Frauen, die der Radiomoderatorin, die ich damals war, ihre Geschichten erzählten. Aber es gab einige Geschichten, über die ich nicht berichtete, weil ich es einfach nicht über mich brachte. Sie waren zu quälend und berührten mich persönlich zu sehr. Ich bin keine besonders mutige Frau. Ich bin bloß eine Frau, die sich danach sehnt, eine mütterliche Umarmung und jenes lebenslange Band der Liebe und Nähe zwischen Mutter und Tochter zu spüren. Nach und nach durchdrang mich diese Sehnsucht immer mehr, bis sie schließlich mein Denken völlig beherrschte. Das Wiedererwecken jener Erinnerungen barg die Gefahr, alte Wunden aufzureißen: Ich würde meine eigene Mutter mehr denn je vermissen und noch stärker darunter leiden, dass ich diese Art Liebe nie haben würde.

Als ich 2002 auf der internationalen Buchmesse im australischen Melbourne eine Rede hielt, wurde ich aus dem Publikum gefragt: »Xinran, was ist Ihr größter Traum?«

Ich sagte: »Eine Tochter zu sein.«

Ein Raunen lief durch die mehreren hundert Menschen im Saal. »Aber Sie sind geboren worden, also müssen Sie jemandes Tochter sein!«

»Im biologischen Sinn, ja«, erwiderte ich. »Ich wurde in eine traditionelle Kultur hineingeboren, habe aber als Kind brutale politische Umwälzungen erlebt. Meine Mutter und ich lebten in Zeiten, in denen familiäre Bindungen nichts galten. Demzufolge kann ich mich nicht erinnern, je von meiner Mutter gehört zu haben, dass sie mich liebt, oder auch nur umarmt worden zu sein.«

Nach dem Vortrag wartete eine ganze Reihe von grauhaarigen Frauen an dem Wagen, der mich zurück zum Hotel bringen sollte. Sie seien da, so sagten sie, um mir eine mütterliche Umarmung zu schenken. Eine nach der anderen kam zu mir, schloss mich in die Arme und küsste mich auf die Stirn …

Unwillkürlich liefen mir die Tränen übers Gesicht. In meinem Innern schrie ich: Ihre Warmherzigkeit erfüllt mich mit Dankbarkeit, aber wie sehr wünschte ich mir, meine eigene Mutter hätte mich halten können. Ich sehne mich so schrecklich nach der Liebe meiner Mutter! Und das ist der Grund, warum ich Angst davor hatte, Erinnerungen heraufzubeschwören, die mich damals so viele Tränen gekostet haben, und mich mit dem Schmerz von Frauen zu beschäftigen, die ihre Töchter preisgegeben hatten. Sogar noch schwerer war es, die Frage zu hören, die in fremde Kulturen adoptierte chinesische Mädchen stellten: »Xinran, wissen Sie, warum meine chinesische Mutter mich nicht gewollt hat?«

Meine Bücher sind in über dreißig Sprachen übersetzt worden, und infolgedessen habe ich Fotos, Tonkassetten und Videos von Adoptivfamilien und adoptierten chinesischen Mädchen aus der ganzen Welt erhalten. Ihre Briefe haben mich getröstet, wie die beiden folgenden (und die anderen auf den Seiten 273–278), und aufgrund ihrer Ermutigung habe ich endlich doch die Geschichten von chinesischen Frauen niedergeschrieben, die ihre Babys weggeben mussten …

Liebe Xinran,
ich bin die (Adoptiv-)Mutter von zwei wunderbaren chinesischen Mädchen. Meine Töchter sind jetzt elf und neun. Beide sind glücklich in unserer Familie, und wir lieben sie sehr. Aber sie werden nie vergessen, dass jede von ihnen in China eine leibliche Familie hat. Sie lieben ihre leibliche Mutter, und genau wie Sie würden beide gern das Gesicht ihrer leiblichen Mutter sehen und ihre Stimme hören. Bitte schreiben Sie Ihr Buch, damit unsere Mädchen das Herz ihrer leiblichen Mutter besser verstehen können. Wir haben ihnen gesagt, dass wir nach diesen Müttern suchen werden, wenn sie das möchten, aber wir haben ihnen auch gesagt, dass die Suche vielleicht vergeblich sein wird. Die Botschaft, die Sie von leiblichen Müttern übermitteln, wird vielleicht das Einzige sein, das sie je von ihren chinesischen Familien erfahren.
Auf jeden Fall können Sie den chinesischen Müttern sagen, dass ihre Töchter sie nicht vergessen haben. In unserer Familie werden die leiblichen Mütter geehrt. Meine Töchter und ich lernen Putonghua. Wir sind schon zweimal gemeinsam nach China gereist. Sie lieben das Land ihrer Geburt ebenso, wie ihr Vater und ich es lieben. Wir sind stolz, eine amerikanisch-chinesische Familie zu sein.

Bitte bestellen Sie ihren chinesischen Müttern, dass wir mit Liebe, Dankbarkeit und Hochachtung an sie denken!
Vielen Dank,
Familie Macechko
(USA)

Liebe Xinran,
es war eine Freude, von Dir zu hören. Ich verstehe ganz genau, was Du damit gemeint hast, dass Dein »Kopf« erst Tage nach Deinem Körper ankommt. Um die Welt zu fliegen ist einfach eine sehr seltsame Erfahrung.
Bitte, bitte, bitte schreib Wolkentöchter! Du musst das Buch für all diese Mädchen schreiben. Mei und Xue fragen immer noch, warum ihre »Bauchmami« nicht für sie sorgen konnte. Und ich muss ihnen antworten, dass ich es nicht weiß. Weil ich es nicht weiß. Ich kann nicht lügen. Ich kann nur raten – vielleicht war Armut der Grund, vielleicht postnatale Depression, vielleicht Vergewaltigung, vielleicht die Tatsache, dass sie Mädchen sind, vielleicht war die Mutter zu jung. Auch den Schmerz kann ich nur erahnen. Ich sammle alle Bücher und Zeitungsausschnitte über China, damit die Mädchen, wenn sie größer sind, nachlesen können, wie das Leben war, und es vielleicht besser verstehen – verstehen, was ihre leibliche Mutter erlebt hat. Aber wenn Du Reportagen über die chinesischen Mütter schreiben würdest, wäre das eine viel bessere Erklärung.
Ich konnte Dein Buch »Verborgene Stimmen« nicht lesen, weil ich es zu schmerzlich fand. Ich habe geweint und geweint und geweint. In jeder Frau stellte ich mir Meis und Xues Mutter vor – und was sie ertragen musste und welcher Verlust es für sie war, ihre Babys weggeben zu müssen.

Irgendwann müssen all diese adoptierten Mädchen verstehen, dass ihre Mütter sie (hoffentlich) nicht weggegeben haben, weil sie sie nicht liebhatten, sondern weil das Leben zu hart und unerträglich war. Das müssen sie voll und ganz verstehen. Nur so kann der Schmerz der Ablehnung wirklich gelindert werden.
Mei und Xue haben so viel Freude in unser Leben gebracht. Durch sie ist Barrys und mein Leben erst vollkommen, und in unserer Familie herrscht eine wunderbare Nähe. Aber mir ist bewusst, dass es irgendwo eine Mutter gibt (falls sie noch lebt), die wegen ihrer Mädchen einen tiefen Schmerz empfindet. Sie sollte wissen, dass ihre Mädchen ein glückliches Leben führen und dass sie sich keine Sorgen machen muss. Aber ich weiß auch, dass das Leben kompliziert ist und dass ein wohlmeinender Westler schnell große Probleme heraufbeschwören kann.
Die Mothers'-Bridge-of-Love-Stiftung finde ich absolut sinnvoll. Sie ist sehr wichtig. Die Verbindung zwischen all diesen Mädchen und ihren Müttern. Die Verbindung zwischen den Frauen dieser Welt ist sehr wichtig. Für manche sind Deine Bücher bloß Geschichten, aber für viele von uns sind sie sehr viel mehr. Irgendwann werden Mei und Xue Deine Bücher lesen und das Leben ihrer leiblichen Mutter und Großmütter ein wenig besser verstehen. Dafür können wir Dir nur danken.
…
Viele liebe Grüße (auch von Mei und Xue). Sie sind richtig fasziniert von Dir – Xue liest sehr gern und findet es toll, dass Du Bücher schreibst. Sie hat mich gebeten, Deine Mail vorzulesen (und ich hab es getan, auszugsweise). Beide Mädchen fühlen sich Dir irgendwie verbunden. Das ist sehr

interessant. Komm bald wieder und besuch uns! Wenn Du das nächste Mal da bist, musst Du bei uns wohnen.
Herzlich, Ros
(Neuseeland)

Ich habe so viele Briefe erhalten, dass ich förmlich von ihnen überschwemmt wurde. Was in ihnen stand, lässt mir keine Ruhe und drängt mich oft zu der Frage: Wenn ich selbst eine adoptierte Tochter wäre, wie würde ich damit umgehen? Wo würde ich Antworten auf die Fragen finden, die ein so seltsamer Start ins Leben zwangsläufig aufwirft?
Im April 2007 kehrte ich nach China zurück und suchte erneut das Gespräch mit meiner Mutter. Ich wollte mich von den Erinnerungen befreien, die in den tiefsten, dunkelsten Winkeln meiner Seele ruhten; ich wollte ihr erzählen, was mir, ihrer Tochter, während der Kulturrevolution widerfahren war, als sie nicht bei mir war. Ich wollte ihr die alptraumhaften Qualen verständlich machen, die ich durchlitten habe und die mich noch immer verfolgen. Sie sollte begreifen, wie sehr sie mir fehlte, wie sehr ich mich noch immer nach ihr sehne, nach meiner Mutter. Aber genau wie bei zahllosen früheren Begegnungen bekam ich kein Wort heraus. Ich saß nur stumm vor ihr, in Tränen aufgelöst. Aber diesmal war etwas anders: Während ich schweigend dasaß, begriff ich allmählich, wie sich diese adoptierten Töchter danach sehnen, ihre leiblichen Mütter zu verstehen und ihnen sagen zu können, wie sehr sie sie lieben. Ich erkannte, dass ich in gewisser Weise eine von ihnen bin. An diesem Tag beschloss ich, die Geschichten, die ich schon so lange mit mir herumtrug, aufzuschreiben,

so schmerzhaft das auch sein würde. Ich würde meine Gedanken und Gefühle über Mütter und über das Leben mit adoptierten Töchtern mit anderen teilen und so den Adoptivmüttern für die Liebe danken, die sie ihren chinesischen Töchtern entgegenbringen.

Als die Erinnerungen allmählich an die Oberfläche drangen und ich zum Stift griff, um mit dem Schreiben anzufangen, befielen mich andere Ängste: Sollte ich eine Dokumentation schreiben oder die Geschichten fiktionalisieren? Was sollte ich ins Buch hineinnehmen, was weglassen? Welches Bild ihrer leiblichen Mütter würde ich den Adoptivkindern vermitteln? Sollte ich die Fakten ausschmücken oder bei den nackten Tatsachen bleiben? Sollte ich mich bei der Auswahl dieser Tatsachen von meinen Emotionen lenken lassen? Fast zehn Monate lang schlug ich mich mit diesen Fragen herum, ehe ich schließlich die Antworten fand. Das Buch sollte ein ehrliches Protokoll des Lebens der Mütter werden, ein Geschenk der Mutter-Tochter-Liebe, das ich, eine Tochter, mit anderen Töchtern teilen konnte, die Botschaft einer namenlosen chinesischen Mutter an ihre Tochter, wo auch immer diese sein mochte.

Am 2. Februar 2008 begann ich in einem kleinen Haus am Meer, an der Blues Point Road in Sydney, das Buch zu schreiben. Seltsamerweise wurde der Auftakt meiner Arbeit von zwei Wochen währenden Unwettern begleitet, wie sie in der südlichen Hemisphäre manchmal im Sommer vorkommen. Wusste der Allmächtige um das emotionale Chaos, das in mir tobte, um meine Angst davor, diese Erinnerungen zu Papier zu bringen? Wurde mein Entschluss auf dramatische Weise bekräftigt?

Der 7. Februar fiel auf das chinesische Neujahrs- oder Frühlingsfest, und die australischen Medien berichteten über die Abertausende Chinesen, die zu den Feierlichkeiten zusammenkamen. Unter ihnen waren auch über einhundert Familien, die chinesische Kinder adoptiert hatten. Während ich diese Mädchen in ihren chinesischen Kostümen beobachtete, die ihre australischen Eltern fragten, was es mit dem Frühlingsfest eigentlich auf sich habe, befielen mich sehr gemischte Gefühle. Waren diese Mädchen wirklich Töchter Chinas? Ja, ich denke, sie waren es. Wie ein altes Sprichwort sagt: Wenn Orangen aus dem Süden in den Norden verpflanzt werden, sind sie nach wie vor Orangen, selbst wenn sie etwas anders schmecken. Ich glaube, auch wenn diese Mädchen in einem fremden Land und einer fremden Kultur aufgewachsen sind, fließt in ihren Adern noch immer das Blut ihrer chinesischen Mütter.

Aber was empfinden ihre leiblichen Mütter? Ist die namenlose chinesische Mutter froh oder traurig, wenn sie weiß, dass ihre geliebte Tochter jetzt in den Armen einer anderen Mutter glücklich ist? Ich selbst habe weder eine Tochter geboren, noch bin ich die Mutter einer Adoptivtochter, aber ich muss jedes Mal weinen, wenn ich mir vorstelle, was sie empfinden. Und ich habe mal ein kleines Mädchen verloren, das für mich wie eine Tochter war, daher kann ich mir ungefähr vorstellen, was sie empfinden. Da ist eine Leere, die sich niemals füllen lässt, da ist ein Schmerz, den die unglückliche leibliche Mutter empfindet, den die Adoptivfamilie im Westen empfindet und den nicht zuletzt die Tochter empfindet, die den Rest ihres Lebens in einem Zwiespalt verbringen wird – weil das

Leben, das sie lebt, das Produkt großer Freude und großen Leides zugleich ist.
Die Namen der Menschen und Orte, die in diesem Buch genannt werden, wurden allesamt geändert, um die Identität der leiblichen Mütter zu schützen. Aber ihre Geschichten sind ausnahmslos wahr.

1

Die Begegnung mit der ersten Mutter, die ihre Tochter verloren hat

Ich heiße Waiter, wie das englische Wort für Kellner. Aber ich warte keinen Gästen in einem Restaurant auf, sondern warte auf eine Zukunft, die niemals kommt.

Als ich China im Sommer 1997 den Rücken kehrte und nach England ging, reiste ich mit dem emotionalen Gepäck von vierzig schweren Jahren in China – während meine gesamte materielle Habe in einem einzigen Koffer verstaut war. Ich fuhr in ein Land, über das ich nichts wusste, und ich brachte nahezu nichts in mein neues Leben mit. Ich konnte nur einige wenige Stücke »Heimat« mitnehmen, und die durften nicht schwerer als fünfundzwanzig Kilo sein.

Abgesehen von einigen Artikeln des täglichen Bedarfs, die sich bei mir schon immer in Grenzen hielten, gab es andere Habseligkeiten, an denen ich besonders hing und die ich bis zu meiner Abreise im Laufe von zwanzig Erwachsenenjahren zusammengetragen hatte: hauptsächlich Bücher, Steine und Musikkassetten. All diese Dinge hatten mich zu der Person gemacht, die ich bin, als Frau wie auch als Mutter; und die Geschichte von »der ersten Mutter« muss mit meiner eigenen Reise beginnen …

Meine Liebe zu Büchern begann, als die Flammen der Kulturrevolution eine bis dahin glückliche Kindheit zerstörten. Tagtäglich wurde ich von anderen in der Schule gepiesackt und verprügelt, bis irgendwann einer meiner Lehrer Mitleid mit mir hatte und mich in ein Hinterzimmer voller Bücher brachte, die er vor den Autodafés der Roten Garden gerettet hatte. In diesem kleinen Raum (wie in *Verborgene Stimmen* beschrieben), dessen Fenster mit Zeitungspapier zugeklebt war, begann ich, in dem Licht zu lesen, das durch ein kleines Loch hereinfiel. Das erste große Werk der Literatur, das mir eine Flucht aus meinem Elend bieten sollte, war eine chinesische Übersetzung von Victor Hugos *Les Misérables.* Als ich las, welche Demütigungen die kleine Cosette erdulden musste, während sie in dem schäbigen Gasthaus schuftete, stellte ich erstaunt fest, dass es Menschen auf der Welt gab, denen es noch sehr viel schlechter erging als mir.

Die Kämpfe in *Les Misérables,* das Elend und die blutigen Auseinandersetzungen, die das Leben seiner Protagonisten zeichneten, rückten in jenen dunklen Tagen für mich wieder einiges ins rechte Lot. Ich war nicht das einzige einsame, leidende Kind. Ich lebte in der wirklichen Welt, und die war nicht nur böse. Wenigstens musste ich nicht wie diese Romanfiguren von der Hand in den Mund leben, während um mich Kämpfe tobten. Wenigstens hatte ich genug zu essen, und ich hatte Bücher.

Ich begann, fast mein ganzes Geld für Geschichtsbücher, Biografien, Bücher über die Kulturen der Welt und Übersetzungen der Klassiker auszugeben, bis ich schließlich kaum noch wusste, wohin damit. Jeder neue Band schenkte mir nicht nur ein wunderbar befriedigendes Gefühl, sondern auch neues Wissen, und ich las bis tief in die Nacht. Als ich emigrierte, musste ich nicht nur in einem fremden Land Wurzeln schlagen und noch mal ganz neu »erwachsen« werden. Ich musste auch schmerzlichen Abschied von meiner Büchersammlung nehmen, die inzwischen mehrere tausend Bände umfasste. Über zweitausend gingen an den Baixia-Kinderpalast in Nanjing, wo ich eine kleine Bibliothek für Eltern einrichtete, die ihre Kinder jedes Wochenende dorthin brachten, damit sie verschiedene künstlerische Fertigkeiten erlernten. Weitere rund zweitausend Bücher stiftete ich den Ehefrauen von freiwilligen Soldaten aus Armutsgebieten, von denen viele nicht lesen und schreiben konnten. Die Bücher sollten als Grundstock einer Bildungsbibliothek für Erwachsene dienen. Fast zweitausend illustrierte Bände über China, Geschichte und Leben in anderen Ländern sowie Unmengen von Kinderbüchern gingen an die Wanderarbeiterinnen, die in den Stadtrandbezirken auf engstem Raum zusammenlebten. Ihre Kinder waren die Ersten in der Familie, die in einem städtischen Umfeld aufwuchsen, aber sie hatten noch nie an irgendwelchen kulturellen Aktivitäten teilgenommen. Ich hoffte, diesen zukünftigen Eltern mit meinen Büchern einen Bildungszugang zu ermöglichen. Noch immer blieben zweihundert Bücher übrig, die ich aber auf keinen Fall in meine neue Heimat mitnehmen konnte. Ich lagerte sie im Büro einer guten Freundin ein, wo sie der Welt verkündeten, wie kultiviert sie doch war. Schließlich fanden etwa ein Dutzend Bücher, von denen ich mich beim besten Willen nicht trennen konnte, den Weg in meinen Koffer.

Meine Liebe zu Steinen – und damit eine sonderbare Sammlung, die sich vom reinen Hobby zu etwas entwickelte, das sehr viel größere Bedeutung für mich hatte – ging auf eine Reise zurück, die ich Ende der 1980er Jahre unternahm. Ich war in ein kleines Bergdorf bei Yulin in der Provinz Shaanxi gefahren, um eine Frau zu interviewen, die so etwas wie eine lokale Legende war. Sie hatte ein tief zerfurchtes Gesicht und rauhe Hände mit deformierten Fingern, in ihre Haut hatte sich der Schmutz von Jahrzehnten eingegraben, und sie roch nach Rauch. Zwischendurch wischte sie sich mit der Hand den Rotz von der triefenden Nase, um sich dann die Hand an der Kleidung abzuwischen. Wenn ich sie anschaute, fand ich es beinahe unmöglich, ihre außerordentliche Geschichte zu glauben. In den 1950er Jahren, als sie ein junges Mädchen war, kehrten ihre Eltern mit ihr aus Amerika zurück, um beim »nationalen Wiederaufbau« zu helfen, wurden jedoch verhaftet, als die Regierung eine Verschwörung von Auslandschinesen und der feindlichen, in Taiwan stationierten Kuomintang aufdeckte. Sie selbst wurde von einem Freund der Familie in der Nacht vor der Verhaftung der Eltern in die ärmste Region der Shanxi-Berge in Sicherheit gebracht.

Zu Beginn der Kulturrevolution wurde ihre Verheiratung mit einem der mittellosesten Männer der Gegend arrangiert. Das brachte ihr einen gewissen Schutz, weil sie dadurch dem »roten« Lager zugerechnet wurde. Sie hatte drei Fotos behalten, die ihre Geschichte belegten: Auf einem war sie als fröhliches Mädchen in einem Kleid zu sehen, wie sie ihre Eltern umarmte, auf dem nächsten spielte sie im weißen Abendkleid Klavier, und das dritte zeigte ihre Eltern in westlicher Kleidung vor ihrem amerikanischen Haus. Die Frau, die ich interviewte, sah aus wie eine alte Bäuerin – keine Spur mehr von ihrem früheren wohlhabenden, eleganten Leben –, wenngleich ich eine Ähnlichkeit mit ihren Eltern erkennen konnte.

»Aber wie sind Sie nur … sind Sie …?« Ich wusste wirklich nicht, wie ich meine Frage formulieren sollte.

»Wie ich damit fertig geworden bin? Möchten Sie das fragen?« Sie wischte sich erneut die Nase trocken und deutete dann mit ernster Miene auf einen Bach, der durch eine Spalte in dem Felsen nicht weit von ihren Füßen rann. Sie sagte: »Nehmen Sie einen Kieselstein und brechen Sie ihn auf! Dann verstehen Sie es.«

Ich suchte mir einen Kiesel aus und schlug ihn mit einem größeren Stein entzwei, konnte aber in seinem Innern keine Antwort auf meine Frage finden.

»Warum ist ein Kiesel rund?« Sie war sichtlich verärgert über meine Begriffsstutzigkeit.

»Weil er von Wasser und Zeit glatt geschliffen worden ist, nicht?«, antwortete ich zögerlich.

»Und innen? Dringt das Wasser in ihn ein? Genau da ist die Frau.« Sie schleuderte mir diesen letzten Satz entgegen und ging.

Und dann verstand ich, was sie meinte: Eine Frau ist wie ein Kieselstein, den Zeit und Wasser glatt und rund geschliffen haben. Unsere äußere Erscheinung wird durch das Schicksal geformt, das uns im Leben zuteil wird, aber es kann niemals das Herz einer Frau und ihre mütterlichen Instinkte verändern.

Von da an liebte ich Kieselsteine. Sie schienen meinen Wunsch zu symbolisieren, das wahre Wesen chinesischer Frauen auszuloten.

Doch auf meiner Reise rund um die Welt konnte ich keine schweren Steine mitnehmen. Nach langem Grübeln schenkte ich Freunden meine geliebten Kieselsteine, die ich während meiner Reisen als Journalistin gesammelt hatte. Ich weiß nicht, ob sie meine Gefühle im Hinblick auf die Geschichten hinter jedem dieser Steine oder im Hinblick auf den Kieselstein, zu dem ich selbst mit zunehmendem Alter wurde, wirklich verstanden. Um sie würdigen zu können, muss man erkennen, warum sie wertvoll sind. Ich wusste nicht, wie weit meine Reise mich führen oder wie lange sie dauern würde. Ich war einfach nur froh, dass die Kieselsteine, die ich in der Obhut meiner Freunde zurückließ, nicht im Laufe unseres Lebens abgewetzt oder von Katastrophen zerstört werden würden. Nur einen einzigen Stein nahm ich mit. Es war der Stein, der mich über Jahre hinweg auf meinen geistigen und tatsächlichen Reisen durch China begleitet hatte. Ich hatte ihn am Ufer des Jangtsekiang gefunden, als ein seltsames Schicksal bestimmt hatte, dass ich zuerst eine Mutter und dann eine Tochter treffen sollte, deren Geschichte Sie in Kapitel 9 des vorliegenden Buches lesen können.

Die einzigen »modernen« Sachen unter meinen Habseligkeiten waren einige hundert Musik-CDs und etwa einhundert ältere Kassettenaufnahmen. DVDs kamen in China damals gerade erst auf den Markt, und ich konnte sie mir nicht leisten.

(Ich hatte auch nicht viele Videos, und zwar aus einem Grund, den ich vollkommen einleuchtend fand, der ande-

ren jedoch lächerlich erscheinen mag: Sich Videos anzuschauen war in meiner Vorstellung vor allem mit korrupten Beamten verbunden, die tagsüber ihre Sekretärinnen begrapschten, sich abends mit Eskortgirls in Karaoke-Bars amüsierten, an den Wochenenden mit ihren Geliebten schliefen und dann nach Hause fuhren, um ihre Ehefrauen zu beschimpfen, weil sie so langweilig seien. Jedes Mal, wenn ich überlegte, mir ein Video zu kaufen, überkam mich der Ekel vor diesen besoffenen Widerlingen. Ich hatte jahrelang Radiosendungen für Frauen moderiert, hatte tränenreiche Klagen von vaterlosen Kindern gehört und freimütige Beichten von Ehemännern, die sich anderen Frauen zugewendet hatten, und dabei hatte ich gelernt, dass die unwiderstehliche Anziehungskraft von Karaoke einer der Gründe war, warum diese Männer ihre Familien so bedenkenlos verließen: die traumähnliche Szenerie, das unvergessliche Lächeln, die anrührenden Texte, der Dufthauch der Sängerin, die neben ihnen stand ...)
Aber Musikkassetten waren etwas anderes, und es fiel mir unendlich schwer, mich von ihnen zu trennen. Sie hatten mich seit dem Ende der 1980er Jahre begleitet, als die Massenmedien anfingen, ihre Sendungen mit Popmusik oder westlicher klassischer Musik zu untermalen, bis in die ausgehenden 1990er Jahre, als China seine wirtschaftliche Entwicklung mit rasender Geschwindigkeit in Angriff nahm und sich in die westliche Kultur verliebte. Deng Xiaoping stieß die quietschende Tür auf, die China seit Jahrtausenden von der übrigen Welt abgeschirmt hatte, und die Musik, die hereinströmte, speiste die ausgehungerten Seelen der jungen Chinesen, so sah ich das jedenfalls. Damals besaß niemand einen Computer, und die meisten

Menschen hatten weder Fernseher noch Telefon. Der Rundfunk beschränkte sich auf die monotonen Propagandasendungen der Regierung. Im China der 1980er Jahre waren chinesische Lieder und Theaterstücke, die bereits dreißig Jahre zuvor entstanden waren, die fortschrittlichste Form von Kultur. Jeder Chinese, jede Chinesin über vierzig hat einen Lieblingssong, der nie seine Wirkung verfehlt. Die schwungvollen Rhythmen nährten die angeschlagenen, niedergedrückten und ausgelaugten Seelen, und die Texte verhießen Liebe und Zärtlichkeit für Körper, die nach der verbotenen Frucht sexueller Liebe hungerten.

Wenn ich die Briefe meiner Hörerinnen las, kam es oft vor, dass mir dabei wieder und wieder eine beliebte Melodie oder die aufrüttelnden Zeilen eines Songs durch den Kopf gingen, und meine Reaktion darauf war, einen bestimmten Song oder ein paar Takte einer Melodie zu spielen. So wurden diese altmodischen Kassetten für mich zum Archiv des Geistes jener Zeit.

Ich wappnete mich für meinen kühnen Vorstoß in eine vollkommen unbekannte Zukunft im Westen, indem ich die einzige Musik mitnahm, die ich kannte und liebte und ohne die ich mir mein Leben nicht vorstellen konnte: eine chinesische CD von *Paradiesvogel* und zwei Bänder mit Enya Brennan und Schumann.

Robert Schumanns *Träumerei* war die Erkennungsmelodie von *Worte im Abendwind,* der ersten Sendung, die ich für Radio Nanjing moderierte. Nie hätte ich gedacht, dass meine Worte und die weichen, verträumten Klänge des Schumann-Stücks mir über hundert Briefe pro Tag bescheren würden, aber wenn die Musik einsetzte, wusste ich, dass ich als Moderatorin der Sendung mit einer klaren

Sprache meinen ganz persönlichen Stempel aufdrücken würde.

Die chinesische CD von *Paradiesvogel* enthält eine Auswahl der besten Panflötenmusik (Die Panflöte ist ein altes chinesisches Instrument, das in der chinesischen Musik als besonders fröhlich gilt.) von James Last sowie moderne westliche und chinesische Klassiker. Ich mag besonders *Edelweiß* und *Moscow Suburbs' Night,* aber auch die anderen Stücke, die die Hörerinnen meiner Sendung manchmal erwähnten, gefallen mir.

Enya wurde Ende der 1980er Jahre erstmals in den chinesischen Medien gespielt, als diese anfingen, ihre Hauptprogramme live zu senden. (Enya Brennan ist eine irische Sängerin, Musikerin und Komponistin. Sie ist Irlands meistverkaufte Solokünstlerin und nach U2 Irlands größter Musikexport. Ihre Werke wurden mit vier Grammy Awards und einer Oscarnominierung ausgezeichnet. Sie hat in ihrer langen Karriere in sage und schreibe zehn Sprachen gesungen. Enya ist die anglisierte Schreibweise ihres irischen Vornamens Eithne, der im Dialekt ihres Heimat-County Donegal so ausgesprochen wird.) Ich hörte ihre Stimme zum ersten Mal, als ich mir im Rahmen meiner Arbeit wie so oft neu veröffentlichte Aufnahmen anhörte, und ich weiß noch, wie beeindruckt ich von diesen trägen Klängen war. Tatsächlich rührte mich ihr Gesang zu Tränen und weckte zugleich unbeschreibliche Emotionen in mir; er war schwebend, traumartig und doch eindringlich und von aufrüttelnder Wucht. Ihre herrliche Musik nahm mich mit auf eine Entdeckungsreise in alle Winkel dieser Welt, eine Reise, die bis heute anhält.

Als ich Enya in meiner Sendung das erste Mal spielte, wählte ich *Evening Falls, Orinoco Flow* und *Na Laetha Geal M'Óige* aus ihrem Album *Watermark* als Hintergrundmusik für die Briefe von Hörerinnen. Einer war von einer jungen Frau, die sich *Waiter* nannte. Das alles ist viele Jahre her, aber in meiner Erinnerung ist es frisch wie damals, und jedes Mal, wenn ich Enyas *Evening Falls* höre, muss ich daran denken.

»Liebe Xinran ...« Sie war die erste meiner Hörerinnen, die mich so ansprach, überhaupt die erste in meinen gesamten vierzig Jahren in China. Obwohl auch ich Englisch studiert hatte, verblüffte mich ihr kühner Gebrauch dieser verwestlichten Anredeform. Dazu müssen Sie wissen, dass es, abgesehen von ganz wenigen Fremdsprachenstudenten in Großstädten wie Beijing und Shanghai, niemand gewagt hätte oder auch nur im Traum daran gedacht hätte, jemanden – selbst ein Familienmitglied – mit »liebe/r« anzusprechen, weil diese Anrede gleich zu Beginn der Kulturrevolution als »bourgeoise Sentimentalität« gebrandmarkt worden war. Als ich mit *Worte im Abendwind* auf Sendung ging, verwendete jedenfalls keine der Frauen, die mir tagtäglich schrieben, die Anrede »liebe«. Meistens begannen die Briefe mit »Genossin Xinran« oder irgendeiner anderen respektvollen Formulierung im sowjetischen Stil.

Es folgte ein langer Erguss von zwanzig oder mehr Seiten, in denen sie ihre Geschichte wie folgt erzählte:

Liebe Xinran,

zunächst einmal danke für Ihre Sendung *Worte im Abendwind,* auf die ich jeden Tag warte und die meinen Kopf immer wieder mit Gedanken füllt.

Wie oft und auf welch vielfältige Weise haben Sie Ihre Hörerinnen nicht schon ermahnt, wegen etwas, das in der Vergangenheit liegt, keine Höllenqualen mehr zu erleiden! Sie sagen, wir sollten an jedem neuen Tag die Saat der Möglichkeiten für die Zukunft suchen, wir sollten in unseren Gedanken einen Ort der Stille einrichten, um ihn mit Zukunftsplänen zu füllen, damit unser Leben nicht in der Vergangenheit, die tot und begraben ist, verhaftet bleibt, und wir sollten unsere Fähigkeiten nutzen, um eine bessere Zukunft für uns zu gestalten.
Ich weiß, Sie meinen es gut – Sie möchten nicht, dass rechtschaffene Menschen heute ihr Leben wegwerfen, weil sie Schmerzen erduldet haben oder unter Schuldgefühlen leiden oder Fehler gemacht haben. Obwohl Sie den Ausdruck »Höllenqualen erleiden« verwendet haben, frage ich mich, ob Sie wirklich wissen, was es heißt, Höllenqualen zu erleiden. Glauben Sie wirklich, Menschen können sich so einfach von ihrer Vergangenheit lösen, wie sie aus einer alten Wohnung ausziehen?
Ich möchte Ihnen die wahre Geschichte eines Menschen erzählen, der wirklich Höllenqualen erlitten hat.
Es ist die Geschichte einer ganzen Generation von jungen chinesischen Studentinnen und einer Jugend, die bereits verlorengegangen war, ehe sie richtig genossen werden konnte. Ihr bitterer Nachgeschmack wird Sie lange nicht loslassen.
Waiter ist fünfundzwanzig und seit zwei Jahren mit ihrem Freund zusammen. Er hat ihr einen Heiratsantrag gemacht, aber sie traut sich nicht, ihn anzunehmen. Sie hat zu viel Angst vor der vorehelichen gynäkologischen Untersuchung oder auch davor, ihrem Freund die Wahrheit über

ihre Vergangenheit zu erzählen. (In der einen oder anderen Form war die Überprüfung, ob das Hymen intakt ist, von alters her ein vorehelicher Test, den jede Frau über sich ergehen lassen musste. Diese uralte Sitte blieb selbst im Neuen China nach der Befreiung in allen Gesellschaftsschichten erhalten und starb erst mit den Reformen der 1990er Jahre endlich aus.) Sie wagt kaum zu hoffen, dass sie eines Tages Mutter oder gar Großmutter sein wird, und sie fürchtet sogar, der Mann, den sie liebt, könnte es hören, wenn sie im Schlaf weint. Denn diese Frau hat nicht einfach nur ihre Jungfräulichkeit verloren, sie hat ein Kind bekommen.

Fünf Jahre zuvor erhielt Waiter in der Fremdsprachenabteilung einer Fachhochschule für Telekommunikation einen Studienplatz für westliche Sprachen und Kultur. Die Fachhochschule war in der Provinzhauptstadt, fern von ihrem Heimatort, und so verließ Waiter ihr Zuhause, um zu studieren. Ihre Eltern hatten sie streng erzogen, aber jetzt konnte sie tun und lassen, was sie wollte. Sie las die romantischen Erzählungen westlicher Literatur, sie plauderte und lachte mit den Studenten ebenso wie mit den Studentinnen. Bereits nach wenigen Monaten waren ihr diese Freiheiten zu Kopf gestiegen wie Wein. Ihre Eltern schrieben häufig, die Vorschriften der Fachhochschule hingen überall aus, und die Arbeiter- und Bauernkader kontrollierten das Verhalten der Studenten. Aber davon hatte sie bald die Nase voll. Sie lehnte die gesellschaftlich akzeptierten Verhaltensnormen ab, vor allem, nachdem sie die schockierende Entdeckung gemacht hatte, dass beide Eltern während der Kulturrevolution jeweils den Menschen verlassen hatten, den sie wirklich liebten, um Mitglieder der Roten

Garden zu werden. Sie hatten ihren Vorgesetzten gehorcht, einander geheiratet und anschließend ein Baby abgetrieben, alles, um der Revolution zu dienen. Sie konnte es einfach nicht fassen, dass ihre Eltern, die sie vergöttert hatte, so zynisch und feige gewesen waren. Sie schwor sich, so wie Zhu Yingtai in der alten Legende *Schmetterlingsliebende* nach der wahren Liebe zu suchen. Und wenn sie sie gefunden hätte, würde sie wie Jane Eyre alles opfern, um für ihre Liebe zu kämpfen, und sie würde eine Frau werden, die nur für die Liebe lebt.

Irgendwann im letzten Studienjahr begann ein begeisterungsfähiger junger Mann, mit ihr zusammen englische Aussprache zu üben, und er erzählte ihr von den großen Meisterwerken der Weltliteratur. Wenn sie mit ihm zusammen war, raste ihr vor Aufregung der Puls. Schon allein ihn atmen zu hören war berauschend. Sie wurde von unbändigen Sehnsüchten überwältigt, wie sie sie noch nie erlebt hatte. Irgendwann spürte sie seine Hand auf ihrer Schulter und wandte ihm das Gesicht zu. Sie küssten sich leidenschaftlich in einer Ecke der Bibliothek, wieder und wieder. In dieser Nacht lag sie schlaflos in ihrem Bett im Studentenwohnheim. Als der Tag anbrach, fiel sie in einen erschöpften Schlaf und hörte im Traum, wie eine tiefe Stimme vom Himmel herabdröhnte: »Du bist eine schlechte Frau, die verbotene Früchte stiehlt.« Sie erwachte, lächelte aber vor sich hin. Was war denn schon falsch daran, eine »schlechte Frau« zu sein, wenn sie dabei so glücklich war?

Wir Chinesen, die wir Mitte des zwanzigsten Jahrhunderts geboren wurden, wissen, dass die meisten von uns das Produkt einer sexuell unaufgeklärten Gesellschaft waren. Wir warfen Zuneigung, Sex und Liebe in einen Topf, als gäbe

es da keinen Unterschied, wir verloren unsere animalischen Instinkte und wurde »domestiziert«, es gab keine gültigen Maßstäbe, was richtig und was falsch war, wir hatten keine Möglichkeit zu erkennen, was Liebe war oder was sie bedeutete. In unseren Familien, Schulen und sogar in der Gesellschaft als Ganzes war sexuelle Aufklärung etwas Schmutziges und wurde sogar für schandhaft gehalten.
An einem kalten Winterabend in jenem Jahr schlichen sich die beiden Verliebten in eine Küche, die an die Bibliothek grenzte, und dort, neben dem warmen Trog mit Brotteig, wurde das Mädchen zur Frau und schenkte ihre Jungfräulichkeit dem ersten Mann, der sie berührt hatte. Das Blut aus ihrem gerissenen Hymen erschreckte sie nicht – sie wusste aus einschlägigen Büchern, dass man sein Leben und sein Blut geben musste, wenn man ein Opfer bringen wollte. Sie war stolz und froh, für ihren Geliebten zu bluten.
Während der folgenden zwei Wintermonate »bewiesen« die beiden wieder und wieder neben dem warmen Trog mit aufgehendem Teig, wie stark ihre Liebe war. Ihre Kommilitonen meinten, sie wären die fleißigsten Studenten überhaupt, weil sie immer erst so spät abends zurück in ihre Wohnheime kamen. Nie standen sie auf der Liste der abwesenden Studenten, dafür tauchten ihre Namen häufig auf den Ausleihkarten der Bibliothek auf. Der Himmel meinte es wohl gut mit ihnen, so oft ließ er sie ungestraft von den verbotenen Früchten kosten, und das in einer Zeit, in der es jungen Männern und Frauen verboten war, engen persönlichen Umgang miteinander zu pflegen.
Aber verboten waren diese Freuden nun mal, und als die junge Frau zwei Monate später zum Neujahrsfest nach

Hause fuhr, war ihre Periode ausgeblieben. Sie wusste nicht, was das bedeutete – ihre Eltern hatten ihr in der Pubertät keinerlei Möglichkeit zu sexueller Aufklärung verschafft. Die beiden lebten neben ihr wie Arbeitsmaschinen. Seit sie sich erinnern konnte, hatten sie ihre Liebe davon abhängig gemacht, ob sie fleißig lernte, hatten nur eines von ihr gewollt, nämlich dass sie studierte. Sie hatten nicht mal Verständnis dafür, dass sie als junges Mädchen hübsch aussehen wollte. Ständig hielten sie ihr vor, sie müsse »stark sein, Selbstachtung haben und ein arbeitsames, einfaches Leben leben«.

Die zwei Wochen Ferien zum Neujahrsfest kamen ihr vor wie Jahre. Zurück an der Fachhochschule, traf sie sich am ersten Tag mit ihrem Freund neben dem Teigtrog.

Nachdem sie sich geliebt hatten, hielt ihr Freund sie in den Armen und flüsterte: »Wenn du das nächste Mal deine Periode hast, treffen wir uns trotzdem wieder hier. Die Biologie sollte unserer Liebe nicht im Weg stehen. Ich mache bald meinen Abschluss, und wer weiß, wohin ich dann geschickt werde, um zu arbeiten? Ich will keinen einzigen Abend von unserer gemeinsamen Zeit versäumen.«

Ein ungeheures Glücksgefühl durchströmte sie bei seinen Worten. »Liebster, keine Sorge«, raunte sie. »Ich hab eine schöne Krankheit, ich hab schon seit zwei Monaten meine Periode nicht mehr bekommen.«

»Was? Zwei Monate? Hast du denn keine Angst?« Er schob sie von sich weg, nahm ihr Gesicht in beide Hände und sah sie beschwörend an.

Ihr Geliebter wirkte so besorgt, dass sie zutiefst gerührt war und ihre Lippen auf die seinen drückte. »Es ist nichts«, sagte sie sanft. »Ich hab dich nur so sehr vermisst, dass ich

nicht mehr essen oder schlafen kann. Das ist dieselbe Liebeskrankheit, wie sie die Schmetterlingsliebenden hatten.«
»Na, dann ist es ja gut«, sagte er und zog sie wieder an sich.
Nachdem sie sich an jenem Abend geliebt hatten, fühlte sie sich glücklicher und erfüllter als je zuvor. Doch danach geschah etwas Seltsames. Ihr Geliebter kam tagelang nicht in die Bibliothek. Nach etwa zwei Wochen hielt sie es nicht mehr aus. Noch nie war sie in seinem Unterrichtsraum gewesen oder auch nur in seiner Jahrgangsgruppe. Sie hatten vereinbart, ihre Beziehung geheim zu halten. Wären sie entdeckt worden, hätte man sie nicht nur bestraft, sondern auch zur Trennung gezwungen. Doch das war ihr jetzt einerlei. Sie suchte überall nach ihm, aber wen sie auch fragte, stets bekam sie zur Antwort, ihr Geliebter habe die Hochschule gewechselt, um seine Chancen auf einen besseren Arbeitsplatz zu erhöhen; er habe Beziehungen spielen lassen und sei sogar noch so kurz vor der Abschlussprüfung an der Universität Beijing angenommen worden.
Er war fort? Ohne ein Wort? Ihr Geliebter, der ihr gesagt hatte, wie sehr er sie liebte, der mit ihr geschlafen hatte! Sie war schockiert und verwirrt. Das konnte nur ein böser Traum sein. Aber ihr anschwellender Bauch riss sie zurück in die Realität: Sie war schwanger.
Die schreckliche Erkenntnis, dass sie schwanger und unverheiratet war, holte sie auf den Boden der Tatsachen zurück. Sie geriet in Panik, war außer sich vor Angst. Der Mensch, den sie über alles geliebt hatte, war einfach aus ihrem Leben verschwunden, während in ihrem Körper ein neues Leben heranwuchs. Sie kaufte sich haufenweise Wundverbände, mit denen sie sich jeden Abend im Schutz ihres Moskitonetzes den Unterleib straff umwi-

ckelte. Ein Philosoph hat einmal gesagt, dass Geschöpfe, die um ihr Leben kämpfen müssen, die widerstandsfähigsten Gene haben. Der Fötus in ihrem Bauch mochte ja von der Gesellschaft abgelehnt werden, aber er forderte dennoch sein Recht auf Leben ein. Und kein Verband würde ihn daran hindern weiterzuwachsen.

Das Wetter wurde wärmer und wärmer, und sie trug kaschierende Schlabberpullover, unter denen sie in Schweiß gebadet war. Aber ihre Kommilitonen waren mindestens ebenso ahnungslos, wie sie es gewesen war, wenn nicht sogar noch mehr. Sie sagte, sie komme aus dem Süden und würde selbst im Sommer leicht frieren, und niemand stellte weitere Fragen. Sie hatten ohnehin mit dem Studium alle Hände voll zu tun. Eines Tages konnte sie die Hitze einfach nicht mehr ertragen und bat um Erlaubnis, ins Wohnheim zu gehen und sich hinzulegen. Es waren noch drei andere Studentinnen da, aber als sie gegangen waren, zog sie ihre Sachen aus, um sich Kühlung zu verschaffen. Plötzlich kam die Putzfrau herein – und hatte eine Studentin vor Augen, die unverkennbar schwanger war. Die beiden starrten einander wortlos an.

Dann seufzte die Putzfrau und fragte sanft: »Der wievielte Monat?«

»Was soll das heißen?« Waiter runzelte die Stirn, überlegte, was die Frage bedeuten mochte.

»Wie viele Monate ist es her, dass Sie Ihre Periode hatten?«

»Fünf Monate«, antwortete sie und zog sich eine Flanelljacke über.

»Kindchen, Sie sind schwanger!« Die Putzfrau klang besorgt.

»Ich weiß«, sagte Waiter ruhig und knöpfte die Jacke zu.

»Aber … wieso?«, fragte die Putzfrau bekümmert und aufgewühlt zugleich.

Dieses »Wieso« klang in Waiters Ohren wie eine Anklage. Sie hatte die Frau noch nie zuvor gesehen, und sie war nicht gewillt, sich von einer Fremden Vorhaltungen machen zu lassen. Sie erwiderte abweisend: »Ich habe niemanden, an den ich mich wenden kann. Meine Eltern werden mich umbringen, die Hochschule schmeißt mich raus, und alle werden mich eine Hure nennen.«

»Was ist mit ihm? Hat er denn nichts getan, um Ihnen aus diesem Schlamassel herauszuhelfen?«

»Der? Der ist abgehauen!«, stieß sie zornig hervor.

»Abgehauen? Er …« Die Stimme der Putzfrau schnappte beinahe über.

Aber Waiter unterbrach sie. »Ich will nicht über ihn reden. Sie würden es sowieso nicht verstehen.«

»Kindchen, ich weiß ja nicht, wie ihr Studierten mit Liebesdingen umgeht, aber hiervon versteh ich was. Ich kann Ihnen helfen.«

»Helfen? Wie denn?«

»Meine Eltern leben in einer kleinen Stadt nicht weit von hier, und meine Tante arbeitet als Ärztin an der dortigen Impfstelle. Sie kann Ihr Kind abtreiben.«

»Ich soll abtreiben? Ein winziges lebendiges Geschöpf töten? Nein, nein, das kann ich nicht!« Aber Waiters Einstellungen beruhten lediglich auf dem, was sie in Büchern gelesen hatte, und auf ihrer Naivität. Sie hatte niemanden, mit dem sie hätte reden können, und darüber hinaus war sie einfach zu unwissend, um eine vernünftige Entscheidung zu treffen oder sich selbst zu schützen.

Die Putzfrau blickte auf den kleinen Wecker, der an ihrer

Schürze befestigt war, und sagte nervös: »Aber wie wollen Sie denn hier das Kind bekommen? Was meinen Sie wohl, was die Hochschule sagen wird, von Ihren Eltern ganz zu schweigen? Sie machen sich was vor, Sie müssen das Ganze mal zu Ende denken! Ich mach jetzt die anderen Räume sauber, und dann komme ich wieder.«

Widersprüchliche Gedanken schossen Waiter durch den Kopf, doch schließlich akzeptierte sie den Vorschlag der Putzfrau. Sie fälschte einen Brief, in dem stand, dass ihr Vater ernsthaft erkrankt war, und bat um Sonderurlaub. Dann fuhr sie zu den Eltern der Putzfrau, die sie bei sich aufnahmen.

Nachdem der Grundbesitz dieses Ehepaares vom Staat requiriert worden war, verdienten sich die beiden ihren Lebensunterhalt damit, die Armaturen und Beschläge in einem Hotel zu reinigen und zu polieren. Nur eine unverheiratete Tochter wohnte noch bei ihnen. Die übrigen Kinder hatten sich in der Großstadt Arbeit gesucht. Sie waren einfache Leute, ehrlich und gütig. Als die Tante, die Ärztin, vor dem Eingriff Waiters Blut untersuchte, stellte sie fest, dass die Thrombozytenzahl zu niedrig war. Da sie eine Blutung befürchtete, verschrieb die Ärztin ihr Medikamente und überredete sie, bis zu der Abtreibung noch ein paar Wochen zu warten. Um Waiter aufzupäppeln, schlachtete das Ehepaar nacheinander die Legehennen im Stall, kaufte Ergänzungsnahrung und Stärkungsmittel und kochte ihr jeden Tag eine nahrhafte Suppe. Schließlich lag sie auf dem OP-Tisch.

Als die Ärztin die letzten Untersuchungen vornahm, sagte sie traurig: »Es ist ein schöner, gesunder Fötus, sogar recht groß. Sehen Sie nur, wie kräftig er sich bewegt!«

Waiter brach in Tränen aus, überwältigt von Schuldgefühlen. Sie meinte fast, die empörten Schreie des Babys zu hören: Warum? Warum willst du mich töten? Sie wusste nicht, woher sie die Kraft nahm, aber auf einmal stand sie wieder und schrie: »Nein, ich kann es nicht. Ich kann mein Kind nicht töten!«

Mit großer Entschlossenheit nahm sie den Großteil des Geldes, das ihre Eltern ihr gegeben hatten, und drückte es dem Ehepaar in die Hand. »Bitte lassen Sie mich mein Baby hier bekommen!«

Sie brachte ein voll ausgetragenes Kind zur Welt – eine rundliche, zarthäutige Tochter. Sie nannte sie »Mei«. Dieses chinesische Schriftzeichen bedeutete, dass das stille kleine Wesen großes Unglück überlebt hatte. Das Ehepaar schüttelte nur verwundert den Kopf. Dieses seltene Schriftzeichen hatten sie noch nie gesehen.

Als der Geburtsmonat vorüber war, überbrachte die Putzfrau ihr einen dicken Umschlag. (In China ist es Tradition, dass sich eine Frau nach der Niederkunft einen Monat lang ausruht. Das erwartet man von ihr. Sie hütet das Haus und bekommt besonders nahrhafte Kost. Mutter und Kind dürfen nicht ins Freie, weil sie dort Kälte, Wind und Viren ausgesetzt sein könnten, und die Mutter sollte weder baden noch duschen, um sich nicht zu erkälten.) Er enthielt eine Vermisstenanzeige, die die Hochschule erstattet hatte, und einen Brief, in dem die Schule erklärte, Waiter sei zwangsexmatrikuliert worden, weil sie den Brief gefälscht hatte, in dem von der Krankheit ihres Vater die Rede war. Dazu einige Briefe von ihren Eltern, die zunächst besorgt fragten, wo sie war, und schließlich sowohl der Hochschule als auch ihr mitteilten, dass sie sie verstießen.

Sie war also nicht nur von der Hochschule geflogen, weil sie gelogen hatte, sondern sie hatte noch dazu Schande über ihre Eltern gebracht, die nichts mehr mit ihr zu tun haben wollten, weil es ihnen wichtiger war, »das Gesicht zu wahren«. Der einzige Mensch, der ihr nun noch blieb, war ihre vier Wochen alte Tochter.

Mit ihrer Tochter im Arm las Waiter die Briefe unter Tränen. Als sie sich ausgeweint hatte, sagte die Putzfrau zu ihr: »Lassen Sie die Kleine bei meinen Eltern! Sie werden sich um sie kümmern. Auf sich allein gestellt, ohne Ehemann oder Familie, wie wollen Sie da zurechtkommen?«

»Nein, das wäre zu selbstsüchtig von mir. Ihre Eltern haben mir schon so viel geholfen, ich kann sie nicht auch noch darum bitten. Wenn es ein Junge geworden wäre, hätten sie ihn behalten können, und er hätte der Familie genützt. Aber Mädchen gelten ja nichts. Außerdem sind Ihre Eltern nicht mehr die Jüngsten, und sie arbeiten noch immer fast rund um die Uhr, um existieren zu können und ein bisschen fürs Alter zurückzulegen. Ich kann ihnen keine weitere Belastung mehr zumuten.«

Und so nahm Waiter die kleine Mei, die damals erst sechs Wochen alt war, und folgte dem Menschenstrom, den Deng Xiaopings Wirtschaftsreformen in Gang gesetzt hatten, hinunter in den Süden nach Guangdong. Dort, weit weg von ihrer Familie und den Erinnerungen an die Vergangenheit, hoffte sie, neu anfangen zu können.

Die Wirklichkeit sah jedoch genauso aus, wie die Putzfrau prophezeit hatte: Für eine Frau ohne Ehemann oder Angehörige, noch dazu mit einem Baby belastet, war es unmöglich, Arbeit zu finden. In den Wohnheimen der großen Fabriken schliefen die Frauen zu siebt oder acht in einem Raum. Sie hatten kaum genug Zeit, um sich von der schweren Arbeit und den Überstunden zu erholen. Ein unruhiges, weinendes Baby mit im Schlafsaal zu haben war ein Ding der Unmöglichkeit. Und Waiter konnte auch keine eigene Unterkunft mieten, weil keine Tagesmutter bereit gewesen wäre, mit Mutter und Kind gemeinsam in einem winzigen Zimmer zu hausen. Inzwischen waren ihre Ersparnisse beinahe aufgebraucht, und sie hätte es sich niemals leisten können, ein zusätzliches Zimmer für eine Tagesmutter zu bezahlen.

Eine Zeitlang versuchte sie, trotzdem irgendwie über die Runden zu kommen, doch schließlich konnte sie sich nichts mehr vormachen: Ihre Tochter wurde immer dünner und schwächer. Als letzten Ausweg beschloss sie, Mei vor der Tür eines Waisenhauses in Guangzhou, der Provinzhauptstadt von Guangdong, auszusetzen. Sie hoffte, dass die Kinderfürsorge sich der Kleinen annehmen würde. Sie versteckte sich ein Stück entfernt und wartete, bis sie sah, dass das Baby von einer Mitarbeiterin gefunden wurde. Sie hoffte, ihre Tochter noch ein letztes Mal weinen zu hören, doch Mei gab keinen Laut von sich. Konnte es sein, dass dieses kleine Mädchen schon so viel verstand, dass es seiner Mutter noch mehr Kummer ersparen wollte?

Sobald ihre Tochter hinter der Tür des Waisenhauses verschwunden war, hastete Waiter zum Bahnhof, wusste sie doch, dass sie sonst Gefahr lief, gegen die Tür zu trommeln und ihre Tochter zurückzuverlangen. Im Bahnhof hockte sie in einer Ecke des Wartesaals und weinte untröstlich. Ein paar Leute scharten sich besorgt um sie, verliefen sich aber dann allmählich wieder und überließen sie sich selbst. Mit

dem milchbefleckten Lätzchen ihrer Tochter in der Hand stieg sie in einen Zug nach Zhuhai.
Vier Monate später fand sie endlich einen festen Arbeitsplatz. Sie fuhr mit dem Nachtzug zurück nach Guangzhou und eilte zu dem Waisenhaus – das, wie sie feststellen musste, mitsamt ihrer Tochter verschwunden war. Übrig war nur noch ein Haufen Schutt. Das Gebäude, so erfuhr sie, war abgerissen worden, das Waisenhaus geschlossen.
Geschlossen? Was war mit den Kindern? Niemand wusste es. Wie von Sinnen rannte sie von einer Behörde zur nächsten, vom lokalen Stadtteilkomitee zur Stadtverwaltung, vom Stadtplanungsamt zur Abrissabteilung. Aber niemand konnte ihr sagen, was aus den Waisenkindern geworden war.
In China gab es damals so viele Dinge, die ungeklärt blieben.
Xinran, können Sie sich die Gefühle der Frau vorstellen, die ihre Tochter verloren hatte? Nie wieder glücklich sein können, dazu verdammt sein, den Schmerz stumm zu erleiden – können Sie sich das vorstellen? Könnten Sie die Erinnerung an Ihre Tochter verblassen lassen, während sie weiterlebt?
Waiter, die Frau, die wartet, das bin ich. Das ist der Name, den ich mir selbst gab, nachdem ich meine Tochter verloren hatte – Waiter, wie das englische Wort für Kellner. Aber ich warte keinen Gästen auf, sondern warte auf eine Zukunft, die niemals kommt. Früher wusste ich nicht, dass ich wartete. Ich wusste nur, dass ich Buße tat und von Gott bestraft wurde. Verstehen Sie mich nicht falsch, ich bin kein religiöser Mensch, aber ich kann nicht glauben, dass es keinen Gott gibt, weil ich so bestraft werde. Es vergeht kein Tag, ohne dass ich an sie denke. Unwillkürlich schaue

ich jedes kleine Mädchen an, das ich auf der Straße sehe, selbst wenn es zu alt oder zu jung ist. Schließlich könnte dieses Mädchen – so nah, dass ich nur die Hand ausstrecken müsste, um es zu berühren – meine Mei sein. Ich kann keine Fernsehwerbung für Kinderprodukte sehen. Die Mutter und das Kind auf dem Bild, das sollten ich und meine Tochter sein. Ich bin außerstande, in Ruhe ein Buch zu lesen oder Musik zu hören, denn mit der Melodie oder auf den Seiten, die ich lese, erwacht meine Tochter zum Leben. Ich vermisse Mei so sehr, dass mein Leben eine verlassene, unbewohnte Insel geworden ist. Jede Nacht rufe ich ihr von meiner Insel aus zu: »Wie geht es dir, Kleines? Weißt du, dass deine Mutter, die Frau, die dir das Leben geschenkt hat, an dich denkt? Du hast aus ihren Brüsten nicht nur Milch gesaugt, sondern auch die Seele deiner Mutter. Wo bist du? Dein Verschwinden hat meine Erinnerungen zu einem Gefängnis gemacht. Komm zurück zu mir! Komm zu mir, über die Grenzen der Zeit hinweg, und lass mich dein Gesicht berühren, lass mich sehen, dass du lebst und frei bist!«

Ich bin heute zwei Menschen in einer Person. Tagsüber verhalte ich mich wie jede Frau in meinem Alter, arbeite wie verrückt, wünsche mir Anerkennung für alles, für mein Aussehen und meine Kleidung ebenso wie für meine Intelligenz und die Arbeit, die ich leiste. Ich sehne mich nach Liebe, und ich liebe meinen Freund. Aber nachts bin ich dann die einsame Frau, zu der ich geworden bin, niedergedrückt von der Schuld, meine Tochter verlassen zu haben. Meine Sehnsucht nach ihr ist ein rasender Schmerz, der mich zerreißt, so dass ich manchmal das Gefühl habe, davon einen realen, körperlichen Herzinfarkt zu bekommen.

Xinran, glauben Sie wirklich, ich kann die Vergangenheit, die meine Tochter mir beschert hat, hinter mir lassen, sie einfach aus dem Gedächtnis löschen, um in der Gegenwart zu leben und mich der Zukunft zuzuwenden?
Und sie unterschrieb mit: »Waiter, eine leidende Mutter«.

An jenem Nachmittag begann ich wie üblich, mich auf *Worte im Nachtwind* vorzubereiten. Damals mussten wir Radiomoderatoren eine Vielzahl von Regeln beachten: Es war verboten, über Religion zu sprechen, über Meldungen in westlichen Medien, über »freie« Ideen, die nicht strikt mit den Vorstellungen der chinesischen Regierung übereinstimmten, über Vorschläge für eine unabhängige Justiz, über das Privatleben der politischen Führung und über Sex. Ich markierte Passagen aus Waiters Brief mit meinem Rotstift und überlegte mir, wie ich diesen Brief auf Sendung vorlesen sollte, ohne in Tränen auszubrechen und auch ohne die Vorschriften zu missachten. Doch als das Band mit Enyas Musik anlief und meine Sendung begann, merkte ich plötzlich, dass es mir unmöglich war, die Passagen vorzulesen, die ich ausgewählt hatte. Wie konnte ich mit ruhiger Stimme diesen Schrei nach Liebe wiedergeben, den Waiter an ihre Tochter gerichtet hatte? Was wäre das für eine Reaktion auf ihre Not?
Ich riss mich zusammen, rang die Tränen nieder und las die Auszüge so einfühlsam vor, wie ich konnte, diese Rufe nach einem kleinen Mädchen, das wahrscheinlich keine Ahnung hatte, wer seine Mutter war. Ich hoffte, dass irgendwo Menschen es hören und einordnen würden und der verzweifelten Mutter die ersehnten Informationen liefern könnten.

Doch kein einziger der vielen hundert Briefe, die ich nach der Sendung bekam, enthielt irgendeinen Hinweis, der ihr weiterhelfen konnte.

Vielleicht sollte ich das meinen Lesern vorenthalten, aber, um ehrlich zu sein, die meisten Reaktionen auf Waiters Schicksal waren mitleidlos. Man verhöhnte sie, verurteilte sie, und manche äußerten sogar ihre Verwunderung darüber, dass sie so schamlos war und der Welt von ihrem »Hurenverhalten« erzählt hatte.

Ich glaube nicht, dass diejenigen, die ihr Vorhaltungen machten, unfähig waren, Mitgefühl zu empfinden. Aber ich denke, die traditionellen kulturellen Werte Chinas, denen sie ihr Leben lang ausgesetzt waren, hatten ihr Wesen als Mensch verändert. Die »Gebote«, die das Leben vieler Menschen beherrschten, hatten ihnen die normalen menschlichen Instinkte praktisch herausoperiert, so dass sie nicht mehr in der Lage waren, Liebe zu erkennen.

Unser Verständnis von Gegenwart und Zukunft hängt davon ab, was wir in der Vergangenheit erlebt haben.

In den ersten zwei Jahren, nachdem ich allein nach London gegangen war, zog es mich an jedem Wochenende magnetisch in ein McDonald's-Restaurant in der Nähe meiner Wohnung, weil sich dort lärmende Kinderscharen tummelten. Ich hatte Panpan bei meinen Eltern in Nanjing gelassen, zunächst, weil ich herausfinden wollte, ob ich mir eine Zukunft im Westen vorstellen konnte, und dann, weil ich mir in London eine Lebensgrundlage schaffen wollte. Es gab keinen Tag, an dem ich ihn nicht schmerzlich vermisste. Und wenn ich sehnsüchtig an den Sohn dachte, den ich nicht hatte mitnehmen können, hallte mir die gequälte Stimme jener Mutter in den Ohren:

Wie geht es dir, Kleines? Weißt du, dass deine Mutter, die Frau, die dir das Leben geschenkt hat, an dich denkt? Du hast aus ihren Brüsten nicht nur Milch gesaugt, sondern auch die Seele deiner Mutter. Wo bist du? Dein Verschwinden hat meine Erinnerungen zu einem Gefängnis gemacht. Komm zurück zu mir! Komm zu mir, über die Grenzen der Zeit hinweg, und lass mich dein Gesicht berühren, lass mich sehen, dass du lebst und frei bist!

Aber mir war weit mehr Glück beschieden als Waiter. Zwei Jahre nach meinem Fortgang aus China konnte ich meinen Sohn Panpan wieder in die Arme schließen und wurde aus der Hölle meiner eigenen Sehnsucht befreit.

Bis heute weiß ich nicht, ob Waiter ihrem Freund je die Wahrheit erzählt hat. Und falls die beiden geheiratet haben, hat ihr Ehemann dann je den Menschen entdeckt, zu dem seine Frau in ihren Alpträumen wurde? Falls ja, haben die beiden den Mut gefunden, diese Tochter offen anzuerkennen? Damit hätten sie nicht nur gegen gesellschaftliche Normen verstoßen, die Ein-Kind-Politik würde es ihnen darüber hinaus unmöglich machen, je ein gemeinsames Kind zu bekommen. Die »leidende« Mutter könnte sogar von ihrem Arbeitgeber bestraft werden. Niemand in ihrer Umgebung würde sie je wieder respektieren, ganz gleich, was für ein wertvoller Mensch sie war. Wie viele chinesische Frauen waren im Laufe der Jahrhunderte auf diese Weise zerstört worden?

Das ist der Grund, warum ich nach jener Sendung immer an diese Frau denken musste, wenn ich Enyas Musik hörte. Wahrscheinlich wartet Waiter noch immer auf ihre Tochter, die jetzt über zwanzig sein muss, ungefähr in dem Alter, in dem ihre Mutter war, als sie sie zur Welt brachte. Alte Menschen in China sagen, man weiß nie, wie sehr einen die eigenen Eltern geliebt haben, ehe man selbst ein Kind hat. Ob Waiters Tochter die Gefühle ihrer Mutter jetzt verstehen kann? Wahrscheinlich ist ihr nie gesagt worden, wer sie wirklich ist und woher sie kommt.

Ich habe Waiter nie vergessen. Sie ist nicht nur in Enyas melancholischer Musik für mich gegenwärtig; sie und ihre Geschichte haben mich mit einer neuen Frage konfrontiert, die mir seitdem keine Ruhe lässt: Werden jetzt, wo China so viele dramatische Veränderungen durchlaufen hat, Frauen, die aus Gründen der Tradition gezwungen waren, ihre Babys wegzugeben, die Chance erhalten, sie wieder in die Arme zu schließen?

2

»Die Mütter von Mädchen haben alle ein gebrochenes Herz«

Aber eines möchte ich Sie fragen. Können Sie mir sagen, wie ich einen Jungen bekommen kann?

Im Jahr 1989 besuchte ich zum ersten Mal eine sehr arme Region, die ungefähr am Mittellauf des Gelben Flusses an dessen Nordufer liegt. Als ich die dortigen Bauern interviewte, fragte mich eine etwa dreißigjährige Frau mit drei Kindern im Schlepptau: »Haben Sie je ein neugeborenes Mädchen erledigt?« Zuerst dachte ich, die Frage hätte irgendwas mit Kinderbetreuung oder Hausarbeit zu tun …

»Wie bitte? Ein neugeborenes Mädchen ›erledigt‹? Was soll denn das heißen?« Ich dachte, ich hätte den regionalen Dialekt wieder mal missverstanden.

»Sie als Frau wissen nicht mal, wie man ein Mädchen erledigt?« Sie war ebenso verwirrt wie ich. »Aber was machen Sie denn dann, wenn Sie ein Mädchen zur Welt bringen? Haben sie andere, die das für sie machen, oder was?«

»Ich, äh … ich habe keine Tochter.« Ich wusste noch immer nicht, was sie meinte.

»Ein neugeborenes Mädchen erledigen heißt, es gleich nach der Geburt beseitigen«, erklärte der Ortspolizist, der mich begleitete, hilfsbereit.

»Was? So ein kleines Mädchen töten? Aber warum denn?« Jetzt war ich vollends durcheinander.

»Wenn eine Frau nicht nur Jungen zur Welt bringt, muss sie jedes neugeborene Mädchen erledigen. Macht sie das nicht, würde ihr die Familie des Mannes das niemals verzeihen. Die würde ihr das Leben zur Hölle machen. Sie würde Prügel beziehen und nie genug zu essen bekommen.« Die Frau war sichtlich perplex, dass es Frauen auf der Welt gab, die nicht wussten, dass neugeborene Mädchen zu »erledigen« waren.

Im Laufe der Jahre unternahm ich viele Reisen durch ganz China, um Material für Sendungen zu sammeln, und dabei stellte ich fest, dass die alte Dorfsitte, Mädchen gleich nach der Geburt zu töten, in Provinzen wie Henan, Shandong, Anhui, Jiangxi, Hunan, Shaanxi, Shanxi und dem nördlichen Jiangsu überaus verbreitet war. Die Bezeichnungen variierten schon mal je nach Region, ebenso die Methoden, die Babys zu entsorgen, aber Tatsache blieb, dass dieser grausame Brauch ganz selbstverständlich zum Leben einer Frau gehörte, genau wie die Bäuerin gesagt hatte. Ich war fassungslos, dennoch wollte ich wissen, ob die Mütter, für die diese Praxis normal war, ihre Töchter tatsächlich so beiläufig erstickten, wie sie eine Mahlzeit aßen oder ein verfaultes Stück Obst wegwarfen. Und natürlich taten sie das nicht. Viele sagen, dass eine Frau, die ihr Baby hergibt, ein Herz aus Stein haben muss, aber alles, was ich sah und hörte, verriet mir, dass dem mit nur ganz wenigen Ausnah-

men nicht so war. Diese Frauen liebten ihre Babys genauso sehr, wie andere Mütter ihre Babys lieben. Wie eine Fünfzigjährige in Shandong einmal zu mir sagte: »Jede Frau, die ein Kind geboren hat, musste Schmerzen erleiden, aber die Mütter von Mädchen haben alle ein gebrochenes Herz.«
Ich bin dieser Frau 1989 begegnet, als ich für eine Reportage in der Gebirgsregion Yimeng in der Provinz Shandong unterwegs war. (Die Dörfer im Yimeng-Gebirge sind sehr abgeschieden und die Straßen schlecht. Die Menschen dort haben kaum Produkte, die sich nach außen verkaufen lassen, und somit auch kein Geld, um irgendetwas einzukaufen. Während des Krieges gegen Japan und während des Befreiungskrieges schlossen sich fast zweihunderttausend Einheimische der Volksbefreiungsarmee an, und nahezu jede Familie verlor einen Angehörigen. Dennoch herrscht weiterhin extreme Armut. Da es keine Bodenschätze gibt und keine effektiven staatlichen Maßnahmen ergriffen wurden, verfügte die Hälfte der Menschen in den Dörfern noch in den 1990er Jahren über ein durchschnittliches Nettojahreseinkommen von weniger als zweihundert Yuan, was 2009 etwa zweiundzwanzig Euro entsprach. Damit leben hier mehr Familien unter der Armutsgrenze als in den meisten anderen Gegenden Chinas.) Unsere Gruppe bestand aus vier Personen, und wir waren zum Abendessen in das Haus eines Dorfvorstehers eingeladen. Als wir auf den Hof kamen, zeigte er auf einen groben weißblauen Stoffstreifen, etwa fünf Zentimeter breit und zwanzig Zentimeter lang, der über dem Eingang im Wind flatterte. »Das zeigt den Menschen, dass die Familie ein Baby bekommt und nicht gestört werden will.«
Der kleine Hof dieser Bauernfamilie sah aus wie die meis-

ten in der Gegend. Auf drei Seiten wurde er von niedrigen Lehmgebäuden umschlossen. Die Wohnräume der Eltern lagen in der Mitte mit Blick auf das Tor, der verheiratete Sohn hatte ein Innen- und ein Außenzimmer auf der rechten Seite, während die Zimmer der unverheirateten Kinder links lagen, zusammen mit dem Lagerraum für landwirtschaftliche Geräte und Tierfutter. Nur die Eltern hatten eine Küche, einen großen Raum gleich neben dem Schlafzimmer, wo alle Familienmitglieder aßen. Küchenutensilien und andere Gerätschaften lagen auf dem Boden gestapelt. Der einzige Tisch war etwa einen Quadratmeter groß und bot nicht genug Platz für die rund ein Dutzend Stühle unterschiedlicher Größe. Tatsächlich ist es den Menschen in den armen Bergregionen Chinas meist zu lästig, einen Tisch zu benutzen. Sie hocken sich einfach hin und halten eine Schale mit dünner Suppe, ein trockenes Stück Fladenbrot und irgendein eingelegtes Gemüse zusammen in einer Hand. Meistens gibt es keine anderen Gerichte, die man auf den Tisch stellen könnte.

Wir hatten kaum in der Küche Platz genommen, als wir hörten, wie im Schlafzimmer jemand vor Schmerzen stöhnte. Die Frau des Dorfvorstehers, diejenige, die mir erklärt hatte: »Jede Frau, die ein Kind geboren hat, musste Schmerzen erleiden, aber die Mütter von Mädchen haben alle ein gebrochenes Herz«, sagte höflich: »Hören Sie nicht hin. Meine Schwiegertochter liegt in den Wehen. Lassen Sie uns essen!«

»Kann ich vielleicht helfen?«, bot ich ebenso höflich an.

»Nein, nein, das geht doch nicht, dass sich Kader aus der Stadt hier die Hände schmutzig machen! Bitte essen Sie! Leider ist es nur ein bescheidenes Bauernessen, Yam-Pfannkuchen mit gebratenen Eiern. Die Mehlteigsuppe ist auch gleich fertig, dann bringe ich sie Ihnen. Bitte, greifen Sie zu! Die Hebamme ist da, und ich habe Wasser aufgesetzt, aber ich weiß nicht, ob sie es jetzt schon braucht.«

Ich hatte damals erst wenige Dörfer bereist, und mir war nur allzu bewusst, wie wenig ich über die jeweiligen Bräuche wusste, ganz zu schweigen von den Dialekten der Region, die sich von Dorf zu Dorf stark unterschieden. Ich muss gestehen, dass ich die Frau nur halbwegs verstand. Was waren Yam-Pfannkuchen und Mehlteigsuppe? Wofür machte sie Wasser heiß? Und warum wusste sie nicht, ob es benötigt wurde?

Einer der Polizisten, die uns begleiteten, sah mir an, dass ich weitere dumme Fragen stellen wollte, also drückte er mich auf einen Stuhl in der Ecke und raunte mir zu: »Hier laufen die Dinge anders. Stellen Sie keine Fragen mehr, sonst krieg ich Ärger mit meinen Vorgesetzten!« Sobald ich den Satz »Hier laufen die Dinge anders« gehört hatte, traute ich mich nicht mehr, noch irgendetwas zu sagen. In China ändern sich nicht nur die Dialekte von Dorf zu Dorf, nein, man trifft auch laufend auf ganz unterschiedliche Gebräuche. Es kann leicht passieren, dass man ungewollt und in bester Absicht gegen irgendwelche regionalen Tabus verstößt.

Die Schreie aus dem Nebenraum wurden lauter – die Frau ertrug die Schmerzen tapfer. Ich hörte eine andere Frauenstimme, die fast so etwas wie Putonghua sprach. (Also Standardchinesisch, nicht Dialekt. Hebammen reisten von Dorf zu Dorf und mussten sich daher auf Putonghua verständigen.) »Das Köpfchen ist zu sehen. Tief atmen! Und jetzt pressen!« Schon allein bei diesen Worten brach mir der Schweiß aus. Ich bin Mutter und ich fühlte mit. Wahrscheinlich hatte die Frau jetzt das Gefühl, lieber sterben zu wollen. Plötzlich steigerten sich die Laute zu einem Crescendo – und hörten jäh auf. Ein leises Schluchzen war zu hören, und dann sagte eine Männerstimme vorwurfsvoll: »Unbrauchbares Ding!«

Die beiden Polizisten rechts und links von mir konnten sich offenbar denken, was mir durch den »aufgeklärten« Städterinnenkopf ging, und hielten mich in der Ecke fest, in der ich saß. Hinter mir standen ein abgedeckter Klosetteimer und ein paar übel riechende Gefäße mit Tierfutter. Ich verstand nicht, was in dem anderen Zimmer vor sich ging. Normalerweise hätten wir doch jetzt das Baby schreien hören müssen. Aber kein Laut ertönte. Der Dorfvorsteher und seine Frau blickten beschämt, um nicht zu sagen regelrecht niedergeschlagen.

Kurz darauf kam ein ungefähr zwanzigjähriger Mann mit hängendem Kopf heraus, holte eine Schale Mehlteigsuppe und ging wieder hinein. Während ich ihm noch hinterherschaute, hörte ich neben mir in der Ecke ein gepresstes Wimmern, und als ich den Kopf wandte, sah ich eine Frau, bei der es sich offensichtlich um die Hebamme handelte, die sich gerade die Hände an ihrer Schürze abwischte. Der Dorfvorsteher reichte ihr einen kleinen Umschlag mit ihrem Lohn, und sie eilte davon.

Plötzlich meinte ich, in dem Klosetteimer hinter mir eine schwache Bewegung zu hören, und ich blickte automatisch dorthin. Mir gefror das Blut in den Adern. Zu meinem unbeschreiblichen Entsetzen sah ich ein winziges Füßchen aus dem Eimer ragen. Ich konnte nicht begreifen, was ich da sah. Und dann zuckte das Füßchen. Das war unmöglich.

Die Hebamme musste dieses winzige Baby lebend in den Klosetteimer gesteckt haben! Ich wollte hinstürzen, doch die beiden Polizisten hielten meine Schultern fest umklammert. »Nicht bewegen! Sie können es nicht retten, es ist zu spät.«

»Aber das ist … Mord … Und Sie sind Polizisten!« Ich war fassungslos.

Wir saßen stumm da, und ich starrte erschüttert auf den Eimer. Es war, als wäre alles um mich herum zum Stillstand gekommen. Das Füßchen bewegte sich nicht mehr. Die Polizisten hielten mich noch ein paar Minuten fest.

»Kommen Sie, wir rauchen im Hof eine Pfeife! Hier drin riecht es nach Blut«, sagte der Dorfvorsteher schließlich und zog die Polizisten mit nach draußen. Sie ließen mich los und gingen mit ihm. Jetzt waren nur noch die Frau des Dorfvorstehers und ich im Raum, und im Nebenzimmer die Frau, die gerade niedergekommen war, zusammen mit dem jungen Mann, der ihr Suppe gebracht hatte. Aber ich konnte mich nicht bewegen.

»Ein neugeborenes Mädchen zu erledigen ist bei uns in der Gegend ganz normal. Ihr Städter seid entsetzt, wenn ihr das zum ersten Mal seht, hab ich recht?«, sagte die ältere Frau tröstend. Offensichtlich sah sie mir meine Verstörung an.

»Das ist ein lebendiges Kind!«, sagte ich mit zitternder Stimme und zeigte auf den Klosetteimer. Ich stand noch immer so unter Schock, dass ich mich nicht traute aufzustehen.

»Es ist kein Kind«, widersprach sie.

»Was soll das heißen, es ist kein Kind? Ich hab's gesehen!« Wie konnte sie mir so dreist ins Gesicht lügen?

»Es ist kein Kind«, unterbrach sie mich. »Wenn es eins wäre, würden wir uns ja wohl drum kümmern. Es ist ein Mädchen, und wir können es nicht behalten.«

»Ein Mädchen ist kein Kind, und Sie können es nicht behalten?«, echote ich verständnislos.

»Hier bei uns kann man ohne Sohn nicht überleben. Dann hast du niemanden, der vor dem Schrein der Ahnen Weihrauch opfert. Aber das ist es nicht allein. Du bekommst auch kein zusätzliches Land. Wenn deine Kinder nur essen und nichts einbringen, wenn du kein Land und kein Getreide hast, dann kannst du gleich verhungern.« Sie sah mich an und fügte hinzu: »Ihr Leute in der Stadt, ihr bekommt Essen vom Staat. Hier bei uns richten sich die Getreiderationen danach, wie viele Köpfe eine Familie hat. Mädchen zählen nicht. Die zuständigen Beamten geben uns kein zusätzliches Land, wenn ein Mädchen geboren wird, und so knapp, wie das Ackerland ist, würden die Mädchen sowieso verhungern.«

Das war 1989, und bis dahin hatte ich nicht gewusst, dass ein zweitausend Jahre altes Landverteilungssystem in chinesischen Dörfern noch im ausgehenden zwanzigsten Jahrhundert angewendet wurde. Und ich wusste erst recht nicht, dass so viele neugeborene Mädchen aufgrund dieses Systems ihr Recht auf Leben verloren hatten.

»Jede Frau, die ein Kind geboren hat, musste Schmerzen erleiden, aber die Mütter von Mädchen haben alle ein gebrochenes Herz«, sagte die Frau des Dorfvorstehers und brachte eine weitere Schale Mehlteigsuppe in das Schlafzimmer.

Ich konnte mich nicht vom Fleck rühren, saß stumm da und starrte auf diesen Klosetteimer und das winzige Leben darin, das, kaum geboren, schon ausgelöscht worden war. So schnell, und so allein. Nur weil es ein Mädchen war. »Die Mütter von Mädchen haben alle ein gebrochenes Herz.« Diese Worte sind mir im Laufe der Jahre immer wieder durch den Kopf gegangen. Und die Erinnerung an das kleine, zuckende Füßchen hat mich oft im Traum heimgesucht … Hätte ich das Mädchen retten können?

Etwa zwei Jahre später kam ein junges Bauernpaar in den Sender, um mich zu sprechen. Sie wollten in der Stadt arbeiten und erzählten mir, dass sie die Eltern des Babys seien, das damals in dem Dorf im Yimeng-Gebirge in den Klosetteimer geworfen worden war. Die Frau hatte ich nie zu Gesicht bekommen, aber den Mann erkannte ich wieder. Er war derjenige gewesen, der aus dem Schlafzimmer gekommen war, um seiner Frau eine Schale Suppe zu holen. Zwei Jahre Plackerei auf dem Land hatten ihn um mindestens zehn Jahre altern lassen. Ich lud die beiden zum Mittagessen in ein Nudelrestaurant ein, und dann zog der Mann los, um sich für einen Job anzumelden. Ich blieb bei seiner Frau, und wir unterhielten uns eine Weile.
Sie wirkte angespannt, und damit ihr das Reden leichter fiel, fragte ich sie zunächst nach ihrer Familie. »Wie geht es Ihren Schwiegereltern?«
»Sehr gut, danke.«
»Arbeiten sie noch immer in der Landwirtschaft?«
»Fleißiger denn je.«
»Warum?«
»Weil alle Männer des Dorfes fortgegangen sind, um sich in der Stadt Arbeit zu suchen. Wie mein Mann jetzt.«
»Dann sind nur noch die Frauen da?«

»Bloß die Alten und die Kinder arbeiten noch auf dem Land. Dieses Jahr sind zum ersten Mal auch die Frauen weggegangen.«

»Kommen die Alten und Kinder denn zurecht?«

»Sie müssen. Die Arbeiter kommen zurück, um bei der Ernte zu helfen, falls ihre Familien nah genug an einer Straße leben. Aber wenn das Dorf sehr abgelegen ist, dann haben sie ein Problem. Wenn sie ihre Felder nicht bestellen, nimmt die Dorfverwaltung ihnen das Land weg. Wenn sie das, was sie angepflanzt haben, nicht ernten, bekommen sie die Getreideration nicht, und das Land wird ihnen zudem weggenommen. Wie sollen sie da überleben?«

»Jetzt, wo Sie beide fort sind, machen Ihre Schwiegereltern da die ganze Arbeit allein?«

»Es geht nicht anders. Dieses Jahr hat die Verwaltung zum ersten Mal gesagt, wer kein Land hat, darf sich Arbeit in der Stadt suchen. Wir müssen dahin, wo die Arbeit ist. Das hat mein Schwiegervater gesagt. Und wenn die Familie keinen Sohn hat, hat sie auch keine Wurzeln. Man kann niemandem mehr in die Augen schauen, man ist zu nichts nütze. Wenn die Familie keine Wurzeln hat, dann ist sie am Ende. Also hat mein Schwiegervater gesagt, wir sollten fortgehen und mit einem Sohn zurückkommen.

Wir wollten uns das Getuschel der anderen Dorfbewohner nicht anhören, also sind wir nicht zu den Baustellen gegangen, auf denen sie arbeiten. Mein Schwiegervater meinte, dass die Menschen in den großen Städten gebildet sind und dass wir hierhergehen sollten. Wir haben nicht vor, Sie um Hilfe zu bitten, mein Mann hat schon Arbeit gefunden. Aber eines möchte ich Sie fragen. Können Sie mir sagen, wie ich einen Jungen bekommen kann?«

»Ich?« Wahrheitsgemäß antwortete ich, dass ich über derlei Kenntnisse nicht verfüge, dass ich aber vielfach von Leuten in der Stadt gehörte habe, man könne das Geschlecht des Babys daran ablesen, was die Mutter während der Schwangerschaft gern isst: saures Essen gleich Junge; scharfes würziges Essen gleich Mädchen. Ich hatte auch gehört, dass es bestimmte Kräuter gab, deren Einnahme angeblich half, mit einem Jungen schwanger zu werden. Ich selbst hatte es nie ausprobiert, daher wusste ich nicht, ob es tatsächlich funktionierte. Ich riet ihr, sich Arbeit auf dem Markt zu suchen, wo sie Gemüse putzen oder Hühner schlachten konnte. Dort würde sie vielleicht jemanden finden, der ein paar Tipps für sie hatte. Aber ich sagte ihr auch, dass es für nichts eine Garantie gebe.

»Denken Sie noch manchmal an Ihre Tochter?«, fragte ich sie. Sie wusste, dass ich das Baby im Klosetteimer meinte.

»Natürlich! Das war mein erstes Kind, und ich hab sie nicht mal zu Gesicht bekommen. Ich hab sie bloß zweimal leise quaken hören, und dann hat man sie weggeworfen.« Sie klang verärgert, aber nicht besonders traurig.

»Und inzwischen haben Sie keinen Sohn bekommen?«

»Nein, sonst wären wir niemals von zu Hause weggegangen. Aber im Dorf wurde so viel über uns geredet, es war unerträglich.« Sie ließ den Kopf hängen und schien beschämt, als hätte sie etwas Falsches getan.

»Heißt das, Sie sind nicht mehr schwanger geworden?« Ich befürchtete, dass Sie vielleicht irgendwie verletzt worden war und nun keine Kinder mehr bekommen konnte.

»Ich hab noch zwei zur Welt gebracht, aber das waren wieder Mädchen, und mein Schwiegervater hat sie Ausländern gegeben«, sagte sie hilflos. Auch jetzt war auf ihrem

Gesicht keine Traurigkeit zu erkennen, aber ich fragte mich, was sie wohl tief in ihrem Innern empfand, wie sie den Verlust verkraftete.

»Sie Ausländern gegeben? Was soll das heißen?« Dass Ausländer chinesische Kinder adoptierten, hatte ich bis dahin noch nie gehört, weil in den chinesischen Medien nicht darüber berichtet wurde.

»Meine Schwiegereltern meinten, es wäre besser, sie von Ausländern adoptieren zu lassen, statt sie zu töten. Dann wären sie irgendwo weit weg, und keiner wüsste was von ihnen. Nachdem wir das erste Mädchen erledigt hatten, hab ich das Dorf verlassen und mich woanders versteckt, um die nächsten beiden zu bekommen. Den Nachbarn haben wir einfach erzählt, wir würden uns in der Stadt Arbeit suchen. Wir dachten, wir würden einen Sohn bekommen und dann wieder nach Hause gehen, aber es waren beide Male Mädchen. Mein Schwiegervater hat jemanden gefunden, der die Babys in den Süden gebracht hat, und er hat uns erzählt, sie wären von Ausländern adoptiert worden.« Noch immer blickte sie nicht auf.

»Wissen Sie, was für Ausländer das waren?« Diese Bauern wussten darüber Bescheid, wir Journalisten aber hatten noch nie davon gehört, daher wollte ich unbedingt mehr erfahren. Offiziell fanden die ersten Auslandsadoptionen von chinesischen Kindern 1993 statt, doch schon 1990 redeten die Wanderarbeiter aus dem Süden Chinas darüber. Es wurde stets gemunkelt, dass es schon vor 1993 Auslandsadoptionen gab, doch die Regierung dementiert das bis heute.

»Ich weiß nicht. Mein Schwiegervater hat gesagt, es wären Ausländer mit bunten Augen (d.h. blaue, grüne oder braune Augen) und langen Nasen gewesen. Das klingt gruselig, meine Töchter haben bestimmt furchtbare Angst. Haben Sie schon mal Ausländer gesehen?« Sie blickte erwartungsvoll zu mir hoch.

»Ja, hab ich, in Büchern, auf Bildern und auf der Straße. Die meisten Ausländer sind gute Menschen, und sie mögen Kinder«, sagte ich so aufmunternd wie möglich.

»Meine Töchter waren liebe Kinder. Die Älteste war noch den ganzen Geburtsmonat bei mir. Sie hat so gut getrunken, war ganz verrückt nach ihrer Milch. Ich weiß nicht, ob ihr die Milch der Ausländerin auch so gut geschmeckt hat. Die zweite ist gleich nach drei Wochen abgeholt worden, weil eine Ausländerin schon auf sie gewartet hat. Das ging alles so schnell, ich hatte nicht mal Zeit, den Leuten, die sie geholt haben, zu sagen, dass sie am besten schläft, wenn man sie auf dem linken Arm hält. Meinen Sie, diese Ausländer wissen, wie mein Baby gehalten werden muss? Für das Baby, das erledigt wurde und tot ist, kann ich nichts mehr tun, aber die nächsten beiden leben, und ich mach mir solche Sorgen um sie. Mir tut immer der Kopf weh, wenn ich an sie denke. Mein Mann sagt, ich hätte ein gebrochenes Herz.« Bei diesen Worten schlug sie die Aufschläge ihrer Jacke zusammen, als versuchte sie, den Herzschmerz darunter zu lindern.

»Ausländer sind wie Sie und ich, sie wissen, was Kinder brauchen. Frauen haben überall auf der Welt einen Mutterinstinkt, innerlich sind wir alle wie Guanyin« (die buddhistische Göttin des Mitgefühls). Die arme Frau wusste nicht, wohin mit ihrer Angst, und das war der einzige Trost, der mir einfiel.

»Mutterinstinkt? Was ist das?«, fragte sie. Dann sprach sie

rasch weiter: »Ich kann nicht lesen und schreiben. Aber ich bin hergekommen, weil ich dachte, dass ich vielleicht den Ausländern begegne, die meine Töchter adoptiert haben. Außerdem hab ich gehört, dass die Leute in der Stadt wissen, wie man einen Jungen bekommt. Ich dachte, das könnte ich vielleicht auch lernen und einen Sohn bekommen, um dann wieder nach Hause fahren und wie ein Mensch leben zu können.« Diese Frau war tatsächlich in dem Glauben aufgewachsen, dass »du als Mensch nichts zählst, solange du keinen Sohn hast«.

Ich erklärte ihr, Mutterinstinkt bedeute das, was ihre Schwiegermutter gesagt hatte: »Jede Frau, die ein Kind geboren hat, musste Schmerzen erleiden, aber die Mütter von Mädchen haben alle ein gebrochenes Herz.«

»Ist Ihre Schwiegermutter mit dem ältesten Sohn in der Familie verheiratet?«, fragte ich, denn das hätte bedeutet, dass es für sie sogar noch wichtiger war, einen männlichen Erben zu gebären. Auch wollte ich gern mehr über jemanden aus der älteren Generation erfahren, der so tief in das Herz anderer Frauen blicken konnte.

»Ja, wie hätte sie sonst wissen können, was ich fühlte? Sie hat mir erzählt, dass auch sie ein gebrochenes Herz hat. Ich glaube, sie hatte Angst, dass ich zu traurig werde. Sie ist keine schlechte Frau, und sie hat viel durchgemacht. Sie hat mir erzählt, dass sie sechs schreckliche Jahre hatte, weil sie vier Mädchen geboren und sie alle »erledigt« hat, ehe sie einen Sohn zu Welt brachte. Sie hat mir erzählt, wie furchtbar damals alles war, dass sie nichts zu essen hatten und auch kein Geld, um weggehen zu können. Die Kader waren damals sogar noch strenger, und wenn du nicht auf dem Feld gearbeitet hast, warst du konterrevolutionär. Sie hat es nicht über sich gebracht, ihre erste Tochter zu erledigen, aber bei der zweiten, dritten und vierten hat sie es dann selbst gemacht. Die Leute im Dorf sagen, sie hat die Mädchen so gut erledigt, dass es ganz schnell vorbei war. Mein Mann war ihr einziger Sohn. Danach hatte sie noch ein paar Mädchen, und die haben sie alle behalten. Mein Schwiegervater war ein Kader, deshalb konnte er für sich und seine Familie unter der Hand noch ein paar Streifen Land mehr besorgen, aber meine Schwiegermutter sagt, sie hatte immer Hunger. Ihre Kinder jedoch hat sie nie hungern lassen. Zwei meiner Schwägerinnen waren die einzigen Mädchen im Dorf, die zur Schule gehen durften. Die anderen Eltern konnten sich so was nicht leisten. Meine Schwiegermutter meint, wenn man zur Schule geht und später einen aus der Stadt heiratet, der lesen und schreiben kann, dann ist es egal, wenn man keinen Sohn hat.«

»Glauben Sie ihr?«, fragte ich. Ich fragte mich, ob ich selbst das glauben würde, wenn ich in einem Dorf wie dem ihren aufgewachsen wäre.

»Ja, natürlich. Sie ist eine gute Frau, und sie hat ein gütiges Herz. Nie hat sie mich geschlagen oder mir kein Essen gegeben. Eine gute Schwiegermutter ist nicht leicht zu finden für eine Frau wie mich, die keinen Sohn gebären kann. Ich habe einfach keinen Ausweg, oder? Falls Sie mir nicht glauben, fragen Sie irgendwelche anderen Frauen.«

Ich musste dann gehen, zurück zu meiner Arbeit. Im Geist sehe ich die Frau noch heute vor mir, wie sie auf die Rückkehr ihres Mannes wartet – und auf einen Sohn.

Ich habe viele Jahre lang die Lebensbedingungen chinesischer Frauen recherchiert, und ich fand es extrem schwierig, irgendwelche Urkundenbeweise in die Hände zu bekommen, wie sie in höher entwickelten Staaten in Zentralbehörden oder Regionalverwaltungen aufbewahrt werden. Teilweise lag das daran, dass alles »Alte« während der Kulturrevolution geplündert und zerstört wurde. Noch entscheidender war jedoch, dass chinesische Frauen im Laufe der Jahrhunderte nie das Recht hatten, ihre eigenen Geschichten zu erzählen. Sie lebten auf der untersten Sprosse der gesellschaftlichen Leiter, man erwartete widerspruchslosen Gehorsam von ihnen, und sie hatten keinerlei Möglichkeit, sich ein eigenes Leben aufzubauen. Den meisten Frauen erschien dieser Zustand so »natürlich«, dass sie sich nur zwei Dinge wünschten: in diesem Leben keine Töchter zu gebären und im nächsten Leben nicht als Frau wiedergeboren zu werden.

Besonders in den armen ländlichen Regionen litten viele Frauen so furchtbar, dass sie ihren Geschlechtsgenossinnen gegenüber gleichgültig oder gar grausam wurden. Sie glaubten nicht, dass ihre eigenen Töchter diesem Teufelskreis entkommen könnten, aber sie wollten auch nicht, dass sie »Schande« über die Familie brachten oder das gleiche traurige Schicksal wie sie selbst erdulden mussten. Also »erlösten« sie sie manchmal aus Liebe »von ihrem Elend«, indem sie sie gleich nach der Geburt erstickten. Mag sein, dass in China andere Zeiten angebrochen waren, aber viele Mütter, vor allem in armer urbaner und ländlicher Umgebung, sahen sich weiterhin vor dieselbe Wahl gestellt. Offenbar gehörte das einfach zum Leben als Frau und Mutter.

3

Die Geschichte der Hebamme

Wenn ich sehen konnte, dass es ein Junge wurde, und es war der Erstgeborene, dann war das eine »Weihrauchgeburt«. Dafür konnte ich den dreifachen Lohn nehmen.

Waiters Brief machte mir die Tatsache bewusst, dass Frauen sich ihrer Babys entledigten, und mein Erlebnis in dem Yimeng-Bergdorf brachte mich erstmals in direkten Kontakt mit einer dieser Mütter. An einem Wintermorgen des Jahres 1990 sah ich dann zum ersten Mal ein ausgesetztes Baby.

An besagtem Tag hatte ich allerhand vor. Für elf Uhr war eine Strategiebesprechung angesetzt und für drei Uhr nachmittags die übliche Konferenz für politische Bildung. Außerdem musste ich irgendwann zwischendurch noch ein Interview mit einem Gast für meine abendliche Sendung *Worte im Abendwind* machen. Daher hatte ich beschlossen, früher als sonst in den Sender zu fahren, um die Themen- und Musikauswahl zu treffen und Hörerbriefe zu lesen und zu bearbeiten.

Es war noch dämmerig und bitterkalt, als ich an dem

Morgen um acht Uhr auf meinem Fahrrad der Marke Fliegende Taube losfuhr. Meine Finger waren steif gefroren, obwohl ich Handschuhe trug, und viele Menschen, die zur Arbeit hasteten, trugen Gesichtsmasken. (Als ich 1997 im Westen ankam und in den Zeitungen las, dass die Chinesen Gesichtsmasken trugen, um sich vor der Luftverschmutzung in den Städten zu schützen, musste ich auflachen. Vor 1990 wusste die große Mehrheit der Chinesen nicht mal, was Umweltverschmutzung ist. In den ersten Jahren der Wirtschaftsreform beschränkte sich der Bauboom ausschließlich auf die Küstenstädte des Südens. Im Hinterland lautete die Devise nach wie vor: Abwarten und Tee trinken. Umfangreiche Stadterneuerungen begannen erst Ende der 1990er Jahre. In unserem Kontinentalklima können die Temperaturen im Winter auf minus zehn oder gar minus dreißig Grad Celsius sinken, daher trugen die Menschen Masken, um ihr Gesicht gegen die Kälte zu schützen. Ich trug nur ungern eine Gesichtsmaske, und zwar aus drei Gründen: Wegen meiner kleinen Ohren hatte die Maske keinen richtigen Halt; durch die Maske beschlug meine Brille; und die Maske wurde innen schnell unangenehm feucht.)

Wenn ich mit meinem Fahrrad über die Straßenmärkte und durch die schmalen Gassen abseits der Hauptstraßen fuhr, lernte ich einige kostbare Lektionen über die Gesellschaft, in der ich lebte. Bis zum Ende der 1970er Jahre waren lange Warteschlangen ein Anblick, den es heute so nicht mehr gibt. Jeden Morgen, sobald es hell wurde, stellten sich die Menschen auf dem noch leeren Lebensmittelmarkt an. Sie warteten darauf, dass die Läden mit Fleisch, Öl und Tofu aufmachten, weil es in dieser Zeit

mehr Bezugsscheine gab als Güter des täglichen Bedarfs (Brennstoff, Reis, Öl und Salz). Niemand las Bücher oder Zeitungen – die einzigen Nachrichten waren Parteinachrichten, und die wurden ohnehin allerorts bekanntgegeben. Es gab kein Geschiebe und Gedränge, um Sonderangebote zu ergattern – dafür wäre man wegen »imperialistischen Verhaltens« erschossen worden. Plauderten die Leute miteinander, um sich die lange Wartezeit zu vertreiben? Ganz sicher nicht. Viele Menschen waren schon wegen »müßigen Geplappers« im Gefängnis gelandet. Wir erhoben unsere Stimmen nur, um politische Parolen zu schreien. Über das Alltagsleben sprachen wir nie.
In den 1980er Jahren gab es schon genügend Brennstoffe und Grundnahrungsmittel zu kaufen, aber kaum Auswahl, was Qualität oder Preise anging. Ein Jahrzehnt später hatte der Wirtschaftsboom das Gesicht der Hauptstraßen in den meisten kleineren und größeren Städten bereits stark verwandelt, aber seine Auswirkungen waren noch nicht bis in die Nebenstraßen vorgedrungen, in denen das einfache Volk einkaufte. Und noch etwas hatte sich nicht geändert: die Menschen, die am frühen Morgen Schlange standen. In zerknitterter Kleidung, verschlafen und dick eingepackt gegen die Kälte, standen sie in langer ungeduldiger Reihe vor stinkenden öffentlichen Toiletten, aus denen manchmal trübe Jauche sickerte, und schimpften über die Leute drinnen, die sich zu lange Zeit ließen. An diesen Toiletten führte kein Weg vorbei, obwohl ich es mir gewünscht hätte. In fast jeder Straße gab es eine – nur eine, für über hundert Anwohner.
An jenem Morgen kam ich an einer solchen Toilette vorbei, und anstelle der üblichen Schlange sah ich eine Men-

schenmenge, die sich vor dem Eingang drängelte. Mir war sofort klar, dass irgendwas Besonderes passiert sein musste. Damals gab es in China kaum Unterhaltung, denn die Medien wurden streng kontrolliert, und die meisten Menschen hatten weder einen eigenen Fernseher noch ein Telefon, noch das Geld, um ins Theater oder Kino zu gehen. (Genau genommen gab es auch fast nichts zu sehen oder zu unternehmen, selbst wenn man das notwendige Geld hatte.) Daher konnten die meisten Menschen nur dann so etwas wie Unterhaltung erleben und tatsächlich mal am aktuellen Geschehen teilnehmen, wenn irgendetwas Ungewöhnliches auf der Straße geschah und sie es gaffend bestaunen konnten. In diesem Fall schien die Menge aus der gesamten Anwohnerschaft der Straße zu bestehen. Ich betätigte unablässig meine Fahrradklingel, stieg schließlich vom Rad und schob. Alle redeten durcheinander, und bei dem Gewimmel um mich herum kam ich nur langsam vorwärts.

Schließlich erreichte ich die Stelle, wo die Menschentraube am dichtesten war. Anscheinend war ein Streit im Gange, und ich bekam Bruchstücke davon mit:

»*Ai-ja!* Wie winzig es ist. Bestimmt zu früh gekommen.«

»*Ai-ja!* Kuck mal, ich glaub, es atmet! Vielleicht lebt es ja noch.«

»Na klar! Siehst du nicht, dass sich das Köpfchen bewegt? Das arme kleine Ding!«

»Muss ein Mädchen sein. Bestimmt wollte die Mutter, dass es lebt, sonst hätte sie es ins Klo geworfen.«

»Ich glaub, lange hält das Würmchen nicht mehr durch bei der Kälte; die ist tödlich. Seht mal, es wird schon blau! Müsste bald aus mit ihm sein …«

Ich wollte meinen Ohren nicht trauen und spürte eine böse Vorahnung in mir aufsteigen. Was um Himmels willen war da los?
Schließlich durchbrachen mein Fahrrad und ich den Kreis der Umstehenden. Da lag etwas zu unseren Füßen, etwas, das von Kopf bis Fuß fest in ein billiges blauweiß gemustertes Tuch eingewickelt war. Es hatte ein winziges Köpfchen, nicht größer als meine Faust, das bläulich verfärbt war. Es zuckte aber noch dann und wann und rang nach Luft. Es war ein Baby, und es lebte.
»Tatsächlich, es bewegt sich noch!«, rief einer der Gaffer laut, aber keiner hob das Baby auf. Ich weiß nicht, wie lang es schon da lag, aber gemessen an der Zahl der Umstehenden und daran, wie verfroren sie aussahen, bestimmt schon eine ganze Weile.
Warum? Waren diese Leute derart unmenschlich, dass sie, ohne einen Finger zu rühren, zusehen konnten, wie ein Säugling vor ihren Augen erfror? Kurz entschlossen drückte ich mein Fahrrad irgendwem in die Hände, sprang zu dem Baby, hob es auf und schob es vorne in meine Lederjacke. Ein Aufschrei ertönte.
»Was macht die da?«
»Will sie das Baby etwa mitnehmen?«
»Was bildet die sich denn ein? Die spinnt wohl. So was macht man doch nicht!«
»Die jungen Leute sind einfach zu impulsiv. Es mitnehmen ist eine Sache, aber wie will sie es wieder loswerden?«
Ich achtete kaum auf die Kommentare. Mit dem Bündel sicher vorne in der Jacke, angelte ich in meiner Tasche nach einer Visitenkarte und gab sie dem verblüfften jungen Mann, der mein Fahrrad hielt. »Bitte bringen Sie

mein Fahrrad zum Rundfunkgebäude. Ich moderiere die Abendsendung. Ehe sie anfängt, werde ich am Empfang auf Sie warten und mich für Ihre Mühe erkenntlich zeigen. Vielen Dank!« Ich wartete seine Antwort nicht ab, sondern rannte mit dem Säugling zum nächsten Krankenhaus, denn damals mieden Taxifahrer tunlichst die engen Nebenstraßen.

»Lange hält das Würmchen nicht mehr durch ...« Der Satz ging mir nicht aus dem Kopf, aber ich sagte mir wieder und wieder: Nein, nein, ich werde dieses kleine Geschöpf nicht vor meinen Augen sterben lassen. Es ist ein menschliches Wesen. Ein lebendes, atmendes menschliches Wesen, das zahllosen anderen das Leben schenken kann.

Ich lief zur Notaufnahme des Krankenhauses und schnurstracks zum Anmeldeschalter, wo mich die Krankenschwester bremste: »Verzeihung, ist das Ihr Baby? Haben Sie die Geburtserlaubnis? Ohne Geburtserlaubnis können wir es nicht behandeln.«

»Tut mir leid, damit kenn ich mich nicht aus. Ich hab die Kleine gerade vor einer öffentlichen Toilette gefunden. Sehen Sie doch, sie ist vor Kälte ganz blau! Ein Arzt muss sie sich ansehen und sie retten.« Ich hielt das Baby vor die Glasscheibe, weil ich hoffte, dass sein Anblick ihren Mutterinstinkt wecken würde.

»Ohne Geburtserlaubnis können wir das Baby leider nicht registrieren. Und wenn es nicht registriert ist, wird kein Arzt es behandeln. Die bekommen Prämien, je nach Anzahl der registrierten Patienten.« (In den 1980er Jahren verdiente man mit Prämien ein Vielfaches des Grundlohns.) Das kleine Wickelkind, das ich ihr hinhielt, ließ sie offensichtlich ungerührt.

»Ärzte haben die Pflicht, Leben zu retten. Sie werden doch wohl nicht hier rumstehen und zusehen, wie das Baby vor Ihren Augen stirbt!«, sagte ich jetzt beschwörend. Hier zählte jede Sekunde, wie die Schwester sicherlich wusste.
»Sie haben völlig recht, aber Ärzte sind auch nur Menschen. Wenn sie gegen die Regeln und Vorschriften verstoßen und ihren Arbeitsplatz verlieren, übernehmen Sie dann die Verantwortung?«
Ich begriff, dass ich mit Argumenten nicht weiterkommen würde. Also griff ich in meine Umhängetasche, holte meinen Presseausweis heraus und drückte ihn gegen die Scheibe. »Sehen Sie sich das hier gut an! Ich werde eine Radioreportage über dieses Baby machen. Was ist im heutigen China wichtiger – ein Menschenleben oder das System, von dem Sie sprechen? Falls dieses Baby in Ihrem Krankenhaus stirbt, berichte ich das heute Abend in meiner Sendung, und morgen steht es in den Zeitungen. Was werden Ihre Vorgesetzten wohl dazu sagen?« Zu dieser Zeit hatten Journalisten erstaunlich viel Einfluss, und das wusste sie.
Meine Tirade hatte sie eingeschüchtert, und sie wusste offensichtlich nicht, was sie machen sollte.
»Holen Sie bitte Ihren Vorgesetzten! Sonst setze ich mich sofort mit dem Lokalsender in Verbindung, und in einer halben Stunde weiß die ganze Stadt, was hier passiert.«
»Ich sage dem Chef Bescheid«, stotterte die Krankenschwester und hängte das Schild »Anmeldung geschlossen« an die Scheibe. Dann eilte sie davon, um zu fragen, was sie machen sollte.
Wenige Minuten später kam ein Arzt mittleren Alters und nahm mir das Baby wortlos aus den Armen. Er trug es in einen Behandlungsraum, hinderte mich aber daran, mit-

zukommen, sondern bedeutete mir, draußen zu warten. Kaum hatte ich mich gesetzt, kam ein Mann im Krankenhauskittel auf mich zu.

»Verzeihung, sind Sie Xinran vom Radio?«

»Ja, was ist denn?«, fragte ich angriffslustig zurück. Ich war noch immer wütend wegen der Szene an der Anmeldung.

»Ich bin hier der leitende Pfleger«, erklärte er freundlich, »und der Geschäftsführer des Krankenhauses hat mich beauftragt, Ihnen den Vorfall an der Anmeldung zu erklären. Die Schwester hat sich korrekt den Vorschriften entsprechend verhalten, aber sie hätte sich flexibler zeigen sollen. Unser Krankenhaus ist verpflichtet, in Übereinstimmung mit der staatlichen Ein-Kind-Politik zu arbeiten, und dabei sind die Bereiche Geburtshilfe und Pädiatrie besonders kritisch. Kein Krankenhausmitarbeiter hat das Recht, diese Politik zu unterlaufen. Wenn wir das täten, würden wir alle unsere Arbeit verlieren.«

»Und wenn ein Menschenleben gefährdet ist? Hat die Rettung von Leben nicht Vorrang vor Krankenhausvorschriften?«, entgegnete ich trotzig.

»Selbstverständlich. Das ist nur menschlich, und auch wir Ärzte und Pflegekräfte haben menschliche Gefühle. Wir haben schon vielen Babys das Leben gerettet, die vor dem Krankenhaus ausgesetzt wurden. Fast alle waren Mädchen. Aber wir konnten sie nicht hierbehalten. Wir mussten sie ins Waisenhaus geben. Dann sagten die vom Waisenhaus, sie könnten keine Babys mehr aufnehmen, es würden einfach zu viele ausgesetzt; sie bekämen weder zusätzliches Geld noch Personal, um die Kinder zu versorgen, da die Kapazität mehr als ausgeschöpft sei. Wir haben hier kein offizielles Adoptionssystem. Viele Krankenhausmitarbeiter würden die Babys gern selbst aufnehmen, aber die Ein-Kind-Politik verbietet das, wenn man schon ein Kind hat. Wir könnten dann nicht mal unser eigenes Kind in den Kindergarten schicken, und niemand will die Zukunftsaussichten seines Kindes gefährden. Letztlich mussten wir dafür sorgen, dass hier keine Babys mehr ausgesetzt werden. Ich will Ihnen nichts vormachen, wir haben Nachtwächter eingestellt, die den Eingang bewachen und nur Leute reinlassen, die sich angemeldet haben. Und es darf sich auch niemand mehr vor dem Eingang aufhalten.« Der Pfleger seufzte: »Neugeborene Mädchen haben in einer Gesellschaft, in der nur Söhne etwas wert sind, noch nie große Zukunftschancen gehabt.«

Kurz darauf kam der Arzt heraus und erklärte, die Kleine sei sehr kräftig; sie habe leichte Erfrierungen erlitten, sei aber ansonsten vollkommen gesund. Er empfahl, sie ein paar Tage zur Beobachtung im Krankenhaus zu lassen, weil unterkühlte Neugeborene leicht eine Lungenentzündung bekämen. Er sagte kein Wort von Geburtserlaubnis oder Behandlungsgebühren. Und so wurde das Baby auf die Notfallstation gebracht. Als ich zum Sender kam, war mein Fahrrad schon da. Der Pförtner gab mir den Fahrradschlüssel und sagte: »Der Mann will sich um neun Uhr mit Ihnen treffen.«

Als die Sendung an diesem Abend begann, ließ ich den üblichen Nachrichtenüberblick weg. Stattdessen beschloss ich, meinen Hörern von dem erschütternden Ereignis am Morgen zu erzählen und sie zu bitten, nach der Mutter des Babys und seiner Familie zu suchen. Als die Sendung zur Hälfte um war, sagte mir die Regisseurin, sie hätte einen dringenden Anruf für mich. Damals gab es noch keine Sendungen mit Hörertelefon. Die wenigsten Menschen hatten schon Telefon, und es kam ganz selten vor, dass jemand in der Regie anrief und eine Nachricht hinterließ, die dann über den Sender gehen sollte. Die Stimme der Regisseurin verriet mir, dass es ein äußerst ungewöhnlicher Anruf sein musste, auch hätte sie mich sonst nicht unterbrochen. Instinktiv dachte ich an meinen Sohn: »Ist Panpan etwas zugestoßen?«

»Nein, keine Sorge!«, beruhigte mich die Regisseurin. »Da ist eine völlig aufgelöste Frau in der Leitung, die förmlich drum gebettelt hat, mit dir zu sprechen.« Es war unüberhörbar, dass die Anruferin das Mitleid der Regisseurin geweckt hatte.

Ich griff zum Hörer. Im Hintergrund hörte ich ein Radio, das offenbar die Musik meiner Sendung spielte.

»Hallo, hier spricht …«, setzte ich an, wurde aber von einer tränenerstickten Stimme unterbrochen, die beschwörend sagte:

»Ich weiß, Sie sind Xinran, danke. Ich höre Ihre Sendung in einem kleinen Eckladen. Aber ich hab kaum noch Kleingeld fürs Telefon. Danke, dass Sie meine Tochter mitgenommen haben, das arme kleine Ding. Tausend Dank! Bitte geben Sie ihr einen Kuss von mir, wickeln Sie sie schön warm ein …«

Es war die Mutter des Kindes. Ich fragte aufgeregt: »Wo sind Sie? Ihre Tochter ist im …«

»Ich weiß, wo sie ist. Ich bin Ihnen heute Morgen gefolgt, als Sie mein Baby ins Krankenhaus gebracht haben. Danke! *Ai-ja* … Mein Geld ist gleich alle. Sagen Sie meinem Baby, es tut mir so leid. Es tut mir so … so …« Dann unterbrach

ein Klicken die gequälte Stimme, und die Verbindung war beendet.
Ich saß stumm da, das Schluchzen der Frau noch in den Ohren und das Bild von dem blau gefrorenen Kindergesichtchen vor Augen.
Die Regisseurin reagierte geistesgegenwärtig – sie nahm mir den Hörer aus der Hand und drückte die Rückruftaste. Es meldete sich niemand. »Sie muss von einem öffentlichen Telefon aus angerufen haben. Ich hätte sofort zurückrufen sollen«, sagte ich kleinlaut.
Benommen ging ich zurück ans Mikrofon. Ich wusste einfach nicht, was ich sagen sollte. Dann brachte mich irgendwas dazu, ein chinesisches Lied zu spielen: »Lass mich mit sanften Händen deine Tränen trocknen und dein Herz mit meiner Liebe wärmen …«
Von da an sang ich selbst das Lied oft für Mütter, die ihre Töchter verloren haben. Einige Jahre später, als ich in London meine Stiftung für adoptierte Kinder, The Mothers' Bridge of Love, gegründet hatte, verwendeten wir dieses Lied als Titelmusik der MBL-Webseite. Ich sprach mit dem Mann, der das Lied geschrieben hat, Guo Feng. Er rief aus China an und zeigte sich verständnisvoll: »Nur zu, verwenden Sie es!«, sagte er. »Wenn das Lied Kindern vermitteln kann, dass ihre leiblichen Mütter sich nach ihnen sehnen, dann ist das mein Beitrag dazu, diesen Müttern zu helfen.«
Nachdem die Sendung an jenem Tag vorüber war, rief ich in der Pädiatrie des Krankenhauses an. »Die Kleine isst gut«, teilte mir der Arzt mit. »Sie schläft jetzt friedlich … Aber wo ist ihre Mutter? Ich hab sie nicht gesehen.«
Am nächsten Morgen fuhr ich zum Krankenhaus, um das

Mädchen zu besuchen. Ihre wachen kleinen Augen waren offen, das Gesicht war jetzt rosig, und sie krampfte und zuckte nicht mehr. Der Arzt gab mir ein blauweiß gemustertes Tuch, das ich als jenes wiedererkannte, worin das Baby eingewickelt gewesen war. Es war das Einzige, das sie in ihr neues Leben begleitet hatte. »Sie ist gerade mal zwei Tage alt«, sagte der Arzt. »Sie hat eine leichte Lungeninfektion, aber sie ist ein Glückskind. Sie haben sie hergebracht. Noch ein, zwei Tage unter Beobachtung, und wir können sie der Mutter zurückgeben.« Ich nahm das Tuch mit einer Hand und wollte ihm mit der anderen ein Kuvert zustecken. Es enthielt Geld, wie er sich bestimmt denken konnte.

Aber er wehrte es ab. »Das ist nicht nötig. Auch wir sind Eltern, und so etwas geht uns wirklich ans Herz. Wir werden die Kosten für ihre Behandlung unter uns aufteilen.«

»Das kann ich nicht zulassen. Sie haben ohnehin schon gegen das Gesetz verstoßen, nur weil sie sie aufgenommen und behandelt haben. Da können Sie doch nicht auch noch die Kosten übernehmen!«

Er winkte jedoch ab. »Wir haben ziemlich viele reiche Patienten. Die können ruhig ein bisschen mehr für ihre Behandlung bezahlen.«

Dem hatte ich nichts mehr entgegenzusetzen. Sollten diese korrupten Beamten ruhig die Behandlung der Kleinen finanzieren. In einer kranken Gesellschaft spricht nichts dagegen, sich mit nicht ganz legalen Methoden zu wehren.

Ein Glassplitter auf der Straße hatte mir einen Plattfuß beschert, und so schob ich mein Rad an jenem Tag in der Mittagspause zu einem Reparaturstand ganz in der Nähe. Von den rund zweitausend Menschen, die im Sender arbeiteten, kamen schätzungsweise eintausendachthundert mit dem Fahrrad, und über die Hälfte von ihnen kannte die Frau, die diesen Reparaturstand hatte. Nicht nur, weil er ganz in der Nähe lag und sie preisgünstig, schnell und gut arbeitete, sondern auch, weil sie praktisch alles reparieren konnte, von Fußbällen über Gummischuhe bis hin zu Schirmen.

Ich weiß noch, dass ich einmal mit ihr scherzte: »So gut und haltbar, wie Ihre Reparaturen sind, haben Sie bald nichts mehr zu tun. Und dann sind Sie arbeitslos.«

»Ich sehe das anders«, antwortete sie. »Ihr im Sender seid schon über tausend Kunden, und wenn jeder nur ein einziges Mal im Jahr was bei mir reparieren lässt, dann hab ich das ganze Jahr zu tun. Und da sind all die großen und kleinen Straßen hier im Viertel noch gar nicht mit eingerechnet. So viele Leute brauchen ihr Fahrrad, um zur Arbeit zu kommen. Es reicht schon, wenn einer von hundert mich weiterempfiehlt, dann hab ich immer gut zu tun. Andererseits, wenn einer etwas Schlechtes über mich sagt, muss ich zumachen und mir einen anderen Standort suchen, denn, Sie wissen ja: ›Schlechte Nachrichten reisen schnell, gute Nachrichten bleiben zu Hause.‹ Aber ich fühle mich hier wohl. Ihr seid alles gebildete Leute und sehr freundlich zu mir. Zu jedem Neujahrsfest bekomme ich Sachen zum Anziehen geschenkt. Ich weiß, für euch sehen sie alt und schäbig aus, aber ich bin bloß eine alte Frau mit einem kleinen Reparaturstand, ich könnte nicht mal im Traum daran denken, mir so schöne Sachen zu kaufen.«

Als ich bei ihr ankam, legte sie bedächtig den Schirm beiseite, den sie gerade flickte, und wartete gar nicht erst ab, bis ich etwas sagte, sondern nahm mir das Fahrrad aus der Hand und drückte prüfend auf den Vorder- und Hinterreifen.

»Der hintere Schlauch hat ein Loch, und der vordere braucht ein bisschen mehr Luft. Lassen Sie das Rad hier! Wenn ich Feierabend mache, bringe ich es Ihnen zurück und gebe es beim Portier ab. Dann müssen Sie nicht die ganze Zeit warten, bis es fertig ist. Vergessen Sie nur nicht, morgen vorbeizukommen und mich zu bezahlen!«

»Ich hab heute Nachmittag nichts vor. Ich würde gern zusehen, wie Sie den Schlauch flicken, dann lerne ich, wie das geht.«

»Wirklich?« Sie musterte mich skeptisch über den Rand ihrer Brille.

»Wirklich. Es sei denn, es dauert länger als einen halben Tag. Wäre schade, wenn ich wegmuss, ehe ich alles gesehen hab.« Ich folgte ihr zu einer Stelle hinter ihrem Stand, wo sie das Fahrrad auf den Sattel stellte.

»Mein ganzes Handwerk ist ›Zehnminutentechnik‹, keine Minute länger. Also, was wollen Sie lernen?«

»Wie gesagt, wie ich den Schlauch flicken kann. Aber erledigen Sie ruhig erst mal die Reparatur da!« Ich deutete auf den Schirm, den sie aus der Hand gelegt hatte.

»Das hat Zeit. Den hat mir eine Frau geschenkt, die ihn nicht mehr haben wollte. Ich kann ihn gebraucht verkaufen, wenn er repariert ist. Aber das kann ich später noch machen. Also, los geht's!«

Sie schraubte am Hinterrad das Ventil ab, drückte das Ventilgehäuse durch die Felge und hatte mit Hilfe eines kleinen, mit einem Lappen umwickelten Stücks Holz im Handumdrehen den Schlauch aus dem Reifen gezogen.

»Worüber haben Sie denn in letzter Zeit im Radio so alles geredet?«, fragte sie, während sie arbeitete.
Sie suchte den Schlauch nach der undichten Stelle ab, indem sie ihn in eine Schüssel mit Seifenwasser drückte, und ich erzählte ihr, worüber ich in den letzten Sendungen gesprochen hatte. Als ich zu den Ereignissen des Vortages und zu dem ausgesetzten Baby kam, hielt sie plötzlich in ihrer Arbeit inne.
»Haben Sie das blauweiße Tuch noch, in das die Kleine gewickelt war?«
»Ja. Warum?« Ich wunderte mich, dass sie sich für so ein unwichtiges Detail interessierte. Ich hatte angenommen, sie wollte nur ein bisschen bei der Arbeit plaudern.
»Wahrscheinlich steckt doch irgendeine Geschichte dahinter, meinen Sie nicht?«
»Wie kommen Sie darauf?«
»Ich verrate Ihnen mal was. Bevor ich 1987 in die Stadt kam, hab ich als reisende Hebamme gearbeitet, aber ich hab damit aufgehört, weil ich weitsichtig wurde und meine Hände anfingen zu zittern, so dass ich Angst hatte, jemandem zu schaden.«
Ich betrachtete sie verwundert.
»Sieht man mir nicht an, was? Ich kann Ihnen sagen, Babys auf die Welt holen ist sehr viel schwieriger als Fahrräder, Schirme, Fußbälle und Schuhe reparieren. Ehrlich, wenn du als Hebamme gut bist, kannst du jemandem ins Leben helfen, der fünfzig Jahre lang für sich selbst sorgt. Und wenn du keine gute Hebamme bist? Dann kannst du einen gesunden Menschen in weniger als drei Tagen umbringen. Bei der Geburt ist es schwer, Blutungen zu vermeiden. Und eine Kindbettblutung ist gefährlich, sie kann eine

Frau umbringen, sie blutet aus. Wenn eine Frau Blut verliert, verliert sie Kraft. Sobald sie anfängt, gutes Blut zu verlieren, verliert sie ihre ganze Energie, und dann gibt es Probleme, überall im Körper …«

Während sie sprach, musste ich an die vielen Hörerbriefe denken, in denen von Hebammen die Rede war – manche waren segensreiche Wohltäterinnen, andere waren brutal und geldgierig. »Und haben Sie auch für Eltern neugeborene Mädchen erledigt?«, fragte ich vorsichtig unter Verwendung des üblichen Euphemismus, weil ich mich nicht traute, das grässliche Wort »ersticken« zu benutzen.

Die Reparaturfrau war dabei, rings um das Loch im Schlauch das Gummi anzurauhen. Jetzt hielten ihre Hände inne. »Ich habe meinen Lebensunterhalt als Hebamme damit verdient, die männlichen Erben auf die Welt zu holen …«

Ich verstand nicht ganz. »Wussten Sie denn schon vor der Geburt, ob es ein Mädchen oder ein Junge wird?«

»Natürlich konnte ich es nicht mit Sicherheit sagen. Damals gab es noch keinen Ultraschall und so Sachen. Aber anhand der Form des Bauches der Schwangeren, des Bauchnabels und des Ausdrucks im Gesicht der Frau konnte ich es einigermaßen gut abschätzen, und ich lag meistens richtig.«

»Woran genau konnten Sie es denn erkennen?« Plötzlich fiel mir wieder ein, wie meine Arbeitskolleginnen auf meinen Bauch gezeigt hatten, als sie orakeln wollten, ob Panpan ein Junge oder ein Mädchen werden würde.

»Auch wenn sich das merkwürdig anhört, aber im Grunde ist es ganz simpel: Wenn der Bauch spitz nach vorne ragt, wird es normalerweise ein Junge. Wenn die Frau eher rundlich ist, wird es meistens ein Mädchen. Ein vorstehender Bauchnabel bedeutet Junge, einer, der nach innen geht, bedeutet Mädchen. Und bei uns zu Hause hatten wir eine Redensart, dass ein Junge seine Mutter ›auffrisst‹, wohingegen ein Mädchen wie Schminke wirkt. Das heißt, Frauen, die mit einem Mädchen schwanger sind, sehen frisch und strahlend aus. Mit einem Jungen schwanger zu sein verlangt den Frauen sehr viel mehr ab.«

Diese alten Ammenweisheiten interessierten mich. »Gab es da, wo Sie herkommen, viele Frauen, die sich so gut damit auskannten wie Sie?«

»Ich weiß nicht. Wahrscheinlich nicht allzu viele. Wie hätte ich sonst mein Essen verdienen sollen?«

»Ich glaube, ich verstehe nicht ganz.« Mir war nicht klar, was dieses »natürliche Wissen« für eine Bedeutung hatte.

»Vor der Geburt eines Kindes wurde ich oft von den Familien gefragt, ob es ein Mädchen oder ein Junge werden würde. Einerseits, weil sie wissen wollten, wie hoch mein Lohn ausfallen würde, andererseits um die Feiern zur Geburt vorzubereiten – natürlich nur, wenn es ein Junge war. Dann gab es rot gefärbte Eier für Freunde und Verwandte, kleine Gedichte zur Feier des Tages, die verbrannt wurden, um den Ahnen die gute Neuigkeit mitzuteilen und den Geistern für ihre Güte zu danken. Außerdem musste Babykleidung besorgt werden, und …« Die Reparaturfrau stockte, blickte zum Himmel hinauf und sprach dann weiter: »… etwas für die böse Tat. Sie brauchten bestimmte Dinge, um es aus dem Weg zu schaffen.«

»Was für ›Dinge, um es aus dem Weg zu schaffen‹?«

»Wenn ein Mädchen geboren wurde«, sagte sie mit sichtlichem Widerwillen. Dann wechselte sie das Thema. »Es war eine Frage des Geschäftssinns. Wenn es dir gelang, den richtigen Preis auszuhandeln, dann konntest du das ganze Jahr hindurch gut essen. Wenn nicht, gab es in zehn von zwölf Monaten Süßkartoffeln.«

»Den Preis dafür, das Baby zu entbinden?«

»Wenn ich sehen konnte, dass es ein Junge wurde, und es war der Erstgeborene, dann war das eine Weihrauchgeburt. (Der Name leitet sich aus dem Glauben ab, dass die Familie dann einen Erben hatte, der für seine Ahnen Weihrauch verbrennen würde.) Dafür konnte ich den dreifachen Preis nehmen. War die Mutter die Frau des ältesten Sohnes, dann verhieß die Geburt für die Familie Glück, weil nun ihr Fortbestand gesichert war, und ich konnte das Sechsfache nehmen. Wenn keines von beidem der Fall war, es sich aber immerhin um einen Jungen handelte, konnte ich auch noch einen ganz ordentlichen Preis verlangen.«

»Was, wenn Sie sahen, dass es ein Mädchen war?«

»Nun, zuerst musstest du rausfinden, was die Familie wollte. Wenn sie einfach nur ein Baby wollten, selbst wenn es ein Mädchen war, dann nahmst du den normalen Preis, aber wenn sie es aus dem Weg schaffen wollten, dann konntest du einen sehr hohen Preis verlangen.«

»Was meinen Sie mit ›aus dem Weg schaffen‹?« Wir waren wieder bei meiner ursprünglichen Frage.

»Wollen Sie das wirklich wissen? Sie werden mich nicht dafür hassen oder meinen Namen im Radio bringen?«

»Sagen wir, falls ich in meiner Sendung darüber spreche, erkläre ich einfach, dass ich im Zuge meiner Recherchen darauf gestoßen bin, aber ich werde Ihren Namen aus dem Spiel lassen.«

»Also gut, ich verstehe. Ihre Sendungen sind eine große Hilfe für Frauen. Deshalb sage ich es Ihnen. Es ›aus dem

Weg schaffen‹ heißt, irgendwie dafür sorgen, dass das Baby nicht überlebt.«

»Was? Sie meinen, das Baby töten?«

»Tja, wenn Sie unbedingt so reden müssen, wie die Leute aus der Stadt, dann ja, genau das bedeutet es.«

»Und welche Methoden haben Sie benutzt?«

»Ach, alle möglichen. Die Nabelschnur um den Hals wickeln und es erdrosseln, sobald der Kopf draußen war. Wenn es in Steißlage zur Welt kam, konnte man dafür sorgen, dass es an Fruchtwasser erstickte, dann konnte das Baby nicht mal einen einzigen Atemzug tun. Oder man legte das Neugeborene in eine Schüssel, drückte ihm nasses Pferdemistpapier aufs Gesicht, und nach ein paar Augenblicken fingen dann die Beine an zu strampeln. (Pferdemistpapier war ein billiges, grobes, gelbbraunes Papier, das aus Pflanzen hergestellt wurde.) Bei Frauen, die nie einen Sohn geboren hatten, sondern ein Mädchen nach dem anderen, bis die Familie es schließlich satthatte, wurden sie sogar einfach nur in den Klosetteimer gesteckt ... Wie gesagt, es gab viele Möglichkeiten, aber ich will nicht mehr darüber sprechen, es war so bedrückend ... Ein völlig gesundes kleines Baby, auf das die Mutter nicht einen Blick werfen durfte, einfach so ins Jenseits zu befördern ...«

Mir lief es kalt über den Rücken, während ich ihr zuhörte, und vor meinem geistigen Auge sah ich wieder das Füßchen, das in dem Yimeng-Bergdorf aus dem Klosetteimer ragte. Ich brachte es nur schwer über mich, mir das alles vorzustellen. Ich konnte kaum glauben, dass so viele kleine Babys durch die Hände dieser freundlichen Frau gestorben waren – wie viele? Ich traute mich nicht, sie zu fragen ...

Sie sah, wie fassungslos ich war, und fügte hilflos hinzu: »Ich hab die Familien doch auch von Unheil befreit.«

»Diese kleinen Mädchen waren ein Unheil?«

»Natürlich. Sie können das nicht verstehen, aber wir Menschen vom Land, wir hatten furchtbare Angst davor, dass das erste Kind ein Mädchen wird. Das bedeutete nämlich, dass die Familie eine ganze Generation oder gar mehrere Generationen lang den anderen Dorfbewohnern nicht mehr in die Augen sehen konnte. Ist das etwa kein Unheil? Außerdem, wer eine Tochter bekam, erhielt nicht mal ein winziges Stückchen Land zugeteilt, aber er hatte ein Maul mehr zu stopfen. Und später, wenn sie dann erwachsen war, musste er die Hochzeitskleidung bezahlen. Es war ein Unglück, von Anfang bis Ende. Die Menschen auf dem Land wachsen im Dreck auf, sie bekommen weder eine Ausbildung, noch können sie so ein Leben führen wie die Frauen in der Stadt.«

»Sie hatten also nie ein Problem damit?« Ich war sicher, dass sie verstehen würde, was ich mit »damit« meinte.

»Doch, natürlich, ich bin schließlich selbst eine Frau. Manchmal, wenn die Mutter bildhübsch war, kam mir unweigerlich der Gedanke, wie bildhübsch das Baby geworden wäre, und es tat mir in der Seele weh. Manchmal steckten die Mutter und der Vater mir hinter dem Rücken ihrer Eltern ein paar Münzen zu, damit ich das Kleine lebend wegbrachte. Eine Schwiegermutter war richtig bösartig und stopfte dem Baby das Pferdemistpapier mit den Fingernägeln in die Nasenlöcher, aber ich wusste, was richtig und was falsch war … Ich hab zu ihr gesagt, sie soll es mir geben, ich würde es ›in die Unterwelt schicken‹, und ich hab das Baby in Papier gewickelt und mitgenommen. Als ich weit genug weg war, hab ich es wieder ausgewickelt, und es atmete noch.«

»Wo haben Sie die Babys hingebracht?«

»Manche hatten das Glück, dass jemand schon eins bei mir bestellt hatte. Wenn zum Beispiel eine Frau in der Stadt keine Kinder bekommen konnte, dann hat die Familie schon mal ein Baby bei einer Hebamme gekauft. Wenn es für mich kein großer Umweg war, habe ich das Baby in ein Waisenhaus gebracht oder es einfach vor das Tor des Bezirkskrankenhauses gelegt, damit jemand es findet und mitnimmt. Damals haben ziemlich viele Menschen kleine Mädchen mitgenommen. Meistens wurden sie an Familien in armen Bergdörfern verkauft, wo sie aufwuchsen und dann den Sohn der Familie heirateten. Frauen haben ein schweres Leben. Keine Dynastie und keine Regierung weiß sie zu schätzen. Wie auch immer, genug davon! Heben Sie dieses blauweiße Tuch auf ...«

Ich nickte stumm. Während ich der Reparaturfrau zusah, wie sie mit den Fingern überprüfte, ob das Felgenband richtig saß, war mir, als würde ich viele kleine rosa Säuglinge sehen, die »aus dem Weg geschafft« wurden. Mir war schwindelig, und ich fühlte mich todtraurig: wegen der Mütter, die ihre Töchter niemals in die Arme schließen konnten, wegen der neugeborenen Mädchen, die nie erfahren würden, wer ihre Mütter waren, oder die nicht mal Zeit gehabt hatten, die Welt mit offenen Augen zu sehen.

»Haben Sie eine Tochter?«, fragte ich nach langem Schweigen.

»Ich hab sie alle weggegeben.«

»Haben Sie Sehnsucht nach ihnen?«

»Natürlich hab ich Sehnsucht nach ihnen!« Sie starrte

mich aufgebracht an. Von dieser Seite hatte ich die Reparaturfrau noch nie erlebt.
Am nächsten Tag erzählten mir meine Kollegen, dass die Reparaturfrau ihren Stand nicht aufgemacht habe, und auch eine Woche später war sie noch nicht wieder zurück. Sie war fort und hatte die Erinnerungen mitgenommen, die nicht verblassen wollten. Ich hatte alte Wunden aufgerissen, und ich hatte das Gefühl, dass sie mich nicht wiedersehen wollte.

4

Von der Tellerwäscherin, die zweimal versuchte, sich das Leben zu nehmen

Das ist keine Geschichte in einem Buch, das ist eine schwere Verantwortung … Diesmal muss sie gehen, ich höre jetzt auf, eine gute Frau zu sein.

Warum? Warum versuchst du immer wieder, dich davonzustehlen? Hatten wir nicht besprochen, dass du über deine Probleme reden würdest, damit wir alle dir helfen können, sie zu lösen?«

Kumei war zu sich gekommen. (*Ku* = Leiden oder Not und *mei* = kleine Schwester, junge Frau, also arme kleine Schwester, deutet darauf hin, dass sie selbst leidet und auch Unglück bringt. Aber es ist eher ein Spitzname als ein richtiger Name. Sie hat ihren ursprünglichen Vor- und Nachnamen verloren, weil ihre Eltern sie verkauft haben.)

Sie starrte blicklos vor sich hin, die Augen schmerzerfüllt, aber mein Zorn hatte so lange in mir gebrodelt, dass ich meine vorwurfsvollen Worte nicht zurückhalten konnte.

Es war das zweite Mal, dass sie im Krankenhaus gelandet

war, nachdem sie vergeblich versucht hatte, sich das Leben zu nehmen.

Kumei war Tellerwäscherin im Tiny Home Chef, einem kleinen Familienlokal mit vier Tischen, an denen jeweils zwei Personen Platz fanden. Es lag zwei Straßen von dem zweiten Radiosender entfernt, bei dem ich inzwischen in Nanjing arbeitete. Der Ehemann kochte, die Frau erledigte die Einkäufe, bediente die Kunden und kassierte. Kumei bereitete das Gemüse vor, spülte und fegte und putzte. Der Speiseraum nahm den vorderen Teil des Hauses ein, wo vermutlich früher das Wohnzimmer des Ehepaars gewesen war. Von ihm führte ein schmaler dunkler Gang in den rückwärtigen Teil des Hauses, der mit Vorräten vollgestellt war. Die sogenannte Küche, bestehend aus drei Blechplatten, befand sich im Hinterhof. Noch ein Jahrzehnt zuvor hätte ein einziger Blick in die Küche eines solchen Familienlokals dafür gesorgt, dass man nie wieder einen Bissen des dort angebotenen Essens hinuntergebracht hätte, trotz der köstlichen Düfte und des verlockenden Brutzelns. Aber das Tiny Home Chef war sauber und ordentlich. Gut organisiert, wie es war, konnte man, selbst wenn hektisch gekocht wurde und Rauch und Flammen vom Herd aufstiegen, einen Moment in der Küche verweilen und mit dem Koch oder seiner Frau ein paar Worte wechseln, ohne von den Gerüchen überwältigt zu werden oder im Weg zu stehen.
Minguang, die Ehefrau, war in dieser Branche des Dienstleistungssektors eine Ausnahmeerscheinung – eine Frau, die antiquarische Bücher sammelte. Sie schrieb öfter Buchrezensionen für meine Sendungen, daher sahen wir uns

regelmäßig, nachdem sie und ihr Mann das kleine Lokal in der Nähe meiner Arbeitsstelle aufgemacht hatten. In der Mittagspause flüchtete ich mich gerne dorthin, um aus meinem geschäftigen, lauten Büro wegzukommen, und bestellte mir eine Portion gebratene Schweinenierchen mit Sojasprossen oder kurz angebratene Kutteln in Sojasoße, dazu Gemüse der Saison aus der Pfanne und eine Schüssel Reis. Das Ganze war köstlich und kostete bloß zwei oder drei Yuan, was ein ausgezeichnetes Preis-Leistungs-Verhältnis war.

Während ich auf mein Essen wartete, las ich meistens ein Buch und trank eine Tasse grünen Tee, oder ich sprach mit Minguang über neue Bücher und Autoren. (Immer hatte sie pikante Neuigkeiten und Gerüchte über Bücher, die zensiert oder verboten worden waren, für mich auf Lager, Informationen, die uns über die offiziellen Medien niemals erreichten.) Wenn ich dann ein wohlschmeckendes Mittagessen verspeiste, konnte ich das Geplauder der anderen Gäste belauschen. Es war fast, als würde vor meinen Augen ein Stück aufgeführt. Ich fand schon immer, dass solche alltäglichen Straßenszenen zu großen Kunstwerken inspirieren und ihnen Leben einhauchen.

Bei den meisten Kunden des Tiny Home Chef handelte es sich um Stammgäste, die im Laufe der Zeit zu Freunden geworden waren. Viele waren außerdem Leseratten, die wegen der Bücher liebenden Chefin kamen. Wir Stammkunden waren ziemlich verschlossen, vielleicht weil Menschen, die viel lesen, meistens viel Privatsphäre brauchen. Es kam nur selten vor, dass Gäste mit anderen zusammen aßen oder endlos in ihre Handys quasselten, wie das die meisten Chinesen tun. Nein, wenn wir uns im Lokal begegneten, wechselten wir nur ein paar Worte über unsere Familien oder Bücher. Dann aßen wir, legten unsere Essstäbchen beiseite, bezahlten die Rechnung und verabschiedeten uns. Zunächst hatten Minguang und ich wenig miteinander gesprochen, außer wenn sie einen Beitrag zu meiner Sendung geschrieben hatte und ich in ihrem Lokal aß. Erst nachdem sie Kumei angestellt hatte, hatten wir ein weit wichtigeres Gesprächsthema.

Kumei war Minguang von einer Nichte namens Ying aus der Provinz Anhui vorgestellt worden. Laut Ying war sie eine stille junge Frau, deren Mann als Wanderarbeiter fortgegangen und nicht mehr zurückgekommen war. Gerüchten zufolge hatte er sich in der Stadt eine Geliebte genommen. Ob das nun stimmte oder nicht, Kumei schuftete jedenfalls weiter zu Hause für ihre Schwiegereltern. Die hingegen ergriffen nicht Partei für ihre Schwiegertochter, sondern erzählten sogar herum, ihr Sohn habe sich eine Frau mit breiten Hüften gesucht, die ihnen einen Enkelsohn geschenkt habe, während Kumei nach wie vor bei ihnen herumlungere und ihnen die kärglichen Getreiderationen wegesse. In diesen bitterarmen Dörfern war es schlimmer, keine Enkelsöhne zu haben, als kein Haus oder Land zu besitzen. Laut Ying wussten alle, dass Kumei wiederholt schwanger gewesen war, aber keines der Kinder hatte überlebt. Sie war nicht fähig gewesen, der Familie einen Erben zu schenken. Allem Anschein nach war das der Grund, warum ihr Ehemann sich im Süden Arbeit gesucht hatte.

Kumei war als Braut aus einem fernen Dorf gekommen, daher waren keine Verwandten oder Freunde da, die sie schützen konnten. Sie war Analphabetin, hatte keine eigene Meinung und lebte praktisch wie ein Arbeitstier, das Tag und Nacht schuften musste. Als Ying zum Frühlingsfest nach Hause fuhr, war sie zutiefst erschüttert von dem jämmerlichen Zustand, in dem Kumei sich befand, und nach ihrer Rückkehr machte Ying sich verzweifelt auf die Suche nach einer Arbeit für sie. Schließlich hörte sie, dass das Tiny Home Chef nach einer Hilfe suchte, und so kam Kumei 1992 in die Stadt.

Minguang und ihr Ehemann hatten kein Zimmer für Kumei, daher musste die junge Frau im Speiseraum schlafen. (Damals kam es so gut wie nie vor, dass städtische Lokalbesitzer ihren Arbeitskräften eine anständige Unterkunft boten.) Im Winter sorgte ein traditionelles Kohlebecken für Wärme. Kein Mensch machte sich Gedanken über giftigen Rauch, denn sobald man die Tür zum dunklen Flur öffnete, pfiff der Wind herein. Im Hochsommer lief dann brummend und klappernd ein uralter elektrischer Ventilator, der aber in der Hitze von Nanjing, wo es oft vierzig Grad Celsius heiß wird, kaum etwas bewirkte.

Kumei fing vormittags um halb elf damit an, Gemüse zu waschen und zu putzen, und arbeitete durch bis halb elf Uhr nachts. Dann fegte sie noch das Lokal und schloss ab. Es kam jedoch auch vor, dass Familien aus der Nachbarschaft das Lokal für Hochzeiten, Beerdigungen oder Geburtstagsfeiern mieteten, und außerdem war Nanjing im Sommer so heiß, dass die Leute gern spätnachts noch ausgingen, um einen Happen zu essen und zu schwatzen, so dass Kumei oft erst nach Mitternacht ins Bett kam.

Von montags bis freitags endete meine Sendung um Mitternacht, und in Sommernächten ging ich danach manchmal noch ins Tiny Home Chef, falls noch Gäste dort waren, um eine Schale mit erfrischenden kalten Nudeln zu essen oder einen eiskalten grünen Tee zu trinken. Aber anders als meine Nanjinger Mitbürger setzte ich mich nur ganz selten mal bei einem Teller Meeresschnecken mit Freunden zusammen, um bis in die frühen Morgenstunden zu plaudern. Hier konnte ich anonym bleiben, und genau das war mein Wunsch. Hier hatte ich meinen Freiraum, ohne die endlosen lästigen Pflichten, die mich im Berufsleben belasteten.

In so einer Nacht im Hochsommer versuchte Kumei zum ersten Mal, sich das Leben zu nehmen.

In dem Gebäude, in dem ich arbeitete, wurde der Strom nachts abgeschaltet, so dass auch die Klimaanlage ausging. Nur in meinem Sendestudio wurde die Temperatur rund um die Uhr kontrolliert. Zudem waren Türen und Fenster zum Schutz gegen Wind und Regen immer geschlossen, und als ich an jenem Abend das Studio verließ, schlug mir eine fast unerträglich schwüle Hitze entgegen.

Ich beschloss, zum Tiny Home Chef zu fahren, wo ich noch eine Kleinigkeit essen und mich abkühlen konnte. Außerdem wollte ich meinem Verstand etwas Erholung gönnen, weil mir nach der Sendung immer noch tausend Gedanken durch den Kopf schwirrten und ich sonst die ganze Nacht wach gelegen und nur noch mit den Sternen hätte reden können. Damals hatte ich ein Motorrad – ich war eine der ersten Frauen in China, die eins fuhren. Als ich in die kleine Straße einbog, machte ich den Motor aus, um die Nachbarn nicht zu stören.

Im Tiny Home Chef brannte überall Licht. Das war ungewöhnlich, und ich vermutete, dass sie an dem Abend irgendeine Familienfeier gehabt hatten, die wohl gerade zu

Ende gegangen war. Bei solchen Veranstaltungen blieb das Lokal normalerweise für andere Gäste geschlossen. Ich war enttäuscht und wollte mein Motorrad gerade wenden, als Minguang in der Tür auftauchte und leise rief.

»Xinran! Bitte kommen Sie rein!«

»Ich will nicht weiter stören. Gehen Sie ruhig schlafen!«, sagte ich, während ich meine Maschine bereits herumdrehte, um zu demonstrieren, dass es mir wirklich ernst war und ich nicht nur höflich sein wollte.

»Es ist was passiert!« Minguang klang panisch.

»Was denn?« Ich wendete das Motorrad erneut und schob es zur Tür des Lokals.

»Bitte kommen Sie rein! Ich bin ganz verstört und hab eben noch gedacht, dass Sie vielleicht noch auf ein Schwätzchen vorbeischauen. Ich hole Ihnen etwas eisgekühlte Mungobohnensuppe.« Sie wartete gar nicht erst ab, ob ich ja oder nein sagte, sondern verschwand gleich Richtung Küche.

Offensichtlich war im Lokal eine Geburtstagsparty gefeiert worden – für ein kleines Mädchen. Alles war rosa geschmückt, und über den Essensresten auf den Tischen lagen kleine bunte Papierdekorationen. Minguangs Ehemann war stumm dabei aufzuräumen. Ich hatte kaum je ein Wort mit ihm gewechselt, weil er mir praktisch nie Gelegenheit gegeben hatte, mit ihm zu plaudern. Das höchste der Gefühle, was ich von ihm als Antwort bekam, wenn ich ihn etwas fragte, war ein knappes »Ja« oder »eine Portion haben wir noch« oder »nichts mehr von da« oder »weiß nicht«. Dann hieß es gleich »danke« und »auf Wiedersehen«.

Minguang kam rasch mit der Schale eisgekühlter Mungobohnensuppe zurück. »Ich hab zwei Stück Zucker reingetan. Das wird Sie erfrischen.«

»Wo ist denn Kumei? Hat sie einen freien Tag?«, fragte ich beiläufig, als ich die Schale entgegennahm. »Die Feier muss ja richtig lang gedauert haben. Wir haben schon fast halb eins, und Sie sind immer noch beim Aufräumen. So ein Lokal macht ganz schön viel Arbeit, was?«

»Kumei ist ins Krankenhaus gebracht worden. Meine Nichte Ying ist bei ihr.« Minguang seufzte und zündete sich zerstreut eine Zigarette an.

Der Suppenlöffel war schon auf halbem Weg zu meinem Mund gewesen. Jetzt legte ich ihn wieder hin und starrte sie an. »Aber wieso? Was ist passiert?«

»Sie hat versucht, sich umzubringen«, sagte Minguang widerwillig und blies einen Rauchkringel in die Luft.

»Sich umzubringen? Hier? Heute? Um Himmels willen, warum denn?« Ein Frösteln durchlief mich. Minguangs Mann, der meine Fragen mitbekommen hatte, hörte mit dem Aufräumen auf und setzte sich. Händeringend sagte er: »Wir wissen es nicht.«

»Aber wie ist es passiert? Haben Sie die Polizei verständigt?«

»Wir wissen gar nichts«, sagte Minguang. »Was sollen wir der Polizei denn erzählen? Vor der Geburtstagsfeier ging es ihr noch gut. Sie hat anstandslos ihre Arbeit gemacht. Sie hat sogar noch gesagt, wie niedlich das kleine Mädchen ist, das Geburtstag hatte. Aber als die Geburtstagstorte angeschnitten wurde, stand sie auf einmal da in der Ecke, als hätte sie vergessen, was sie tun sollte. Ich dachte, es liegt daran, dass sie vom Land kommt und noch nie eine Geburtstagsfeier in der Stadt gesehen hat, also hab ich sie in

Ruhe zuschauen lassen. Damit sie bei der nächsten Geburtstagsfeier weiß, wie so was abläuft.
Ich hab mir nichts weiter dabei gedacht. Aber als die Gäste gingen, war sie verschwunden. Ich hab sie dann in dem Durchgang gefunden. Sie lag über die Kisten gebeugt, erbrach weißen Schaum und hatte Krämpfe. Sie wirkte völlig wirr. Ich hab sie gefragt, was denn los sei, aber sie hat nicht geantwortet. Schließlich hab ich es mit der Angst bekommen, ich hab sie umgedreht und angeschrien. Unter ihr kamen zwei Flaschen zum Vorschein, eine mit Natronlauge, die wir zum Reinigen der Kutteln verwenden, die andere enthielt Spülmittel. Und da wurde mir klar, dass sie davon getrunken hatte, dass sie versucht hatte, sich umzubringen.
Wir hatten schreckliche Angst und haben den Krankenwagen gerufen. Aber die meinten, der Wagen käme nicht durch unsere kleine Straße, also hat mein Mann sie auf dem Rücken zur Hauptstraße getragen. Fast wollten sie sie nicht mitnehmen, weil er nicht genug Bargeld dabeihatte. Die verdammten Krankenhäuser heutzutage, was bilden die sich eigentlich ein! Wo ist bloß die ärztliche Verantwortung geblieben? Wenn du krank bist und hast nicht genug Geld? Vergiss es! Die lassen dich nicht mal rein, und behandeln tun sie dich schon gar nicht.
Aber genug davon! Ich hab Ying eine Nachricht auf ihren Pager geschickt. Ihr Freund hat auch ein Lokal, also haben sie abends genug Bargeld, und zum Glück ist sie dann direkt zum Krankenhaus. Die Ärzte meinten, dass Kumei keine tödliche Dosis geschluckt hat, weil das Zeug nicht sehr konzentriert war – das Spülmittel hat sich mit der Natronlauge vermischt und sie verdünnt, so dass Kumei

nicht in Lebensgefahr ist. Aber ihre Magenschleimhaut könnte geschädigt worden sein. Sie wollten ihr den Magen auspumpen und sie dann nach Hause schicken. Sie müsste von nun an gut aufpassen, was sie isst. Aber wir hatten Angst, dass vielleicht doch noch irgendwas anderes mit ihr nicht stimmt, deshalb haben wir dafür gesorgt, dass sie sie über Nacht dabehalten. Die Ärzte von der Tagesschicht sollen sie noch mal untersuchen und uns dann sagen, ob sie entlassen werden kann.

Das Ganze war einfach furchtbar! Also warum sollen wir es der Polizei melden? Wir haben ja keine Ahnung, warum sie es getan hat. Meinen Sie nicht, der Anblick einer Polizeiuniform könnte ihr noch mehr Angst einjagen? Die Leute vom Land werden schon nervös, wenn sie elegant gekleidete Städter sehen, und bei jeder Uniform denken sie gleich, es ist die Polizei. Kumei auch. Einmal sind zwei Sicherheitsleute reingekommen, die für eine Firma hier den Fahrradparkplatz bewachen. Sie hat sich prompt in der Küche versteckt und wollte nicht rauskommen. Sie hat gedacht, die beiden wollten sie abholen.«

Ich vermutete, dass Kumei aus irgendwelchen Gründen ein schlechtes Gewissen hatte, und stellte weitere Fragen. »Haben Sie denn keine befristete Aufenthaltserlaubnis für sie beantragt?« Daraufhin warf Minguangs Mann seiner Frau einen Blick zu, stand auf und trug schmutziges Geschirr nach draußen.

Minguang sah ihrem Mann hinterher und sagte: »Er hat auch gesagt, ich sollte das machen. Wir haben uns ordentlich in die Haare gekriegt deswegen. Es hätte doch nur zusätzliche Kosten für das Lokal bedeutet. Meinen Sie etwa, alles genau nach Vorschrift zu machen ist so einfach?

Von wegen! Es ist gar nicht klar, was wir machen müssten oder welche Papiere Kumei braucht. Gar nicht zu reden von dem Geld, das wir Leuten bezahlen müssten, damit sie es regeln. Aber an welche Stelle wendet man sich da eigentlich? Zu Hause auf dem Land hat sie nie so eine Bescheinigung mit rotem Briefkopf bekommen. (Juristische und staatliche Dokumente haben immer einen roten Briefkopf.) Sie hat bloß so einen Wisch vom örtlichen Finanzamt, und ich schätze, das waren auch alles Analphabeten, die keinen Schimmer hatten, welcher Stempel wofür benutzt wird. Wahrscheinlich haben sie ihr den nur ausgestellt, um sie loszuwerden. Meine Nichte war auch keine große Hilfe, um das zu klären.

Und da ist noch was: Selbst wenn es einem wider Erwarten gelingt, sie anzumelden, wer weiß denn, ob sie nicht eines Tages sang- und klanglos wieder verschwindet? In den überregionalen Nachrichten kommen solche Fälle niemals vor, aber die lokalen sind voll davon. Viele Arbeitskräfte schleichen sich einfach heimlich davon und verschwinden. Wenn du es dir mit ihnen verscherzt hast, beklauen sie dich vielleicht auch noch oder sie lassen dich von ihren Freunden zusammenschlagen.

Du kannst den Menschen nicht ins Herz sehen. Vielleicht hat Kumei irgendwas, was sie in sich hineinfrisst, uns hat sie jedenfalls nichts erzählt. Sie sagt ja überhaupt nie was außer: ›Vielen Dank, Onkel und Tantchen, Sie sind so gut zu mir.‹ Wenn wir so gut zu ihr sind, warum jagt sie uns dann so einen Schreck ein?« Und damit zündete Minguang sich mit dem Stummel ihrer Zigarette die nächste an.

Ich beobachtete ihren Mann, der hin und her ging, schmutziges Geschirr und Abfall hinaustrug. Da sagte ich: »Ich fass mal mit an. Dann ist hier im Handumdrehen Klarschiff, und Sie beide können ins Bett gehen.«

»Nein, nein, stellen Sie die Teller wieder hin! Sie können sich doch für uns nicht die Finger schmutzig machen! Gleich wenn Sie Ihre Suppe getrunken haben, ab mit Ihnen, nach Hause! Ihr Sohn wartet bestimmt schon auf Sie.«

Dann drückte Minguang die Zigarette aus, die sie gerade erst angemacht hatte, zauberte wie aus dem Nichts eine Schürze hervor und band sie sich um. »Das geht ganz fix. Bis Sie aufgegessen haben, sind wir mit den vier Tischen fertig.«

Sie hatte vollkommen recht. Als ich den Boden meiner Suppenschale sehen konnte, war der kleine Raum blitzblank und für den kommenden Tag vorbereitet, obwohl ich sicher war, dass sich in der Küche das schmutzige Geschirr türmte. Ich verabschiedete mich mit dem Gefühl, dass die beiden in dieser Nacht kein Augen zutun würden.

Es war schon nach halb zwei Uhr morgens, als ich nach Hause kam. Mein dreieinhalb Jahre alter Sohn Panpan schlief, das Gesicht schweißnass. Seine junge *a-yi* (ein Haus- bzw. Kindermädchen) Fen saß am Fenster und fächelte sich Luft zu. Sie sah mich besorgt an und fragte: »Warum kommen Sie so spät, Schwester Xinran? Haben die Hörer noch so lange mit Ihnen über ihre Probleme geredet?«

»Nein, ich dusche schnell, und dann erzähl ich dir alles, ja? Die Wohnung ist ja der reinste Backofen. Warum hast du die Klimaanlage nicht an?«

»Ich kann es aushalten, und Panpan ist so klein. Sobald er eingeschlafen ist, macht ihm die Hitze nichts mehr aus. Dadurch sparen wir ein bisschen Geld, und Sie müssen nicht mehr so viel für Ihre Sendungen arbeiten und noch dazu schreiben und unterrichten.«

»Ach Fen, Geld sparen ist doch nicht alles im Leben. Es wäre doch besser für dich, wenn du ein paar Stunden gut schlafen würdest, damit du dich am nächsten Morgen richtig frisch fühlst«, hielt ich ihr vor, während ich meinen Pyjama holte.

»Sie können mit Ihrer Ausbildung Geld verdienen. Ich bin nicht so schlau. Ich kann nur mit meinen Händen und Füßen Geld verdienen. Wenn ich etwas Geld für Sie sparen kann, dann gehört ein bisschen Schweiß zu meiner Arbeit dazu.«

In Wahrheit, dachte ich, während ich unter der Dusche stand, lernen wir in den paar Jahren Schule doch nur, mit An- und Verkauf unseren Lebensunterhalt zu bestreiten. Das ist doch viel primitiver und unwürdiger als die Arbeit, die diese jungen Wanderarbeiterinnen leisten. Sie tun, was sie können, um für uns Geld zu sparen, und das aus reiner Herzensgüte. Leider werden ihre Ehrlichkeit und ihr guter Wille kaum anerkannt oder belohnt.

Fen war seit achtzehn Monaten bei uns. Ich hatte sie über das Arbeitsamt gefunden. Genau wie Kumei konnte auch sie eine herzzerreißende Geschichte erzählen: Sie war erst seit drei Monaten verheiratet gewesen, als ihnen das kleine strohgedeckte Häuschen, in dem sie mit ihrem Mann lebte, durch Enteignung weggenommen wurde, um der Shanghai-Nanjing-Schnellstraße Platz zu machen. Weder für das Haus noch für das Grundstück erhielt das Paar eine finanzielle Entschädigung, und so hatten die beiden keine Unterkunft und keine Möglichkeit, ihren Lebensunterhalt zu bestreiten.

Zu dem Zeitpunkt war Fen im achten Monat schwanger und magerte von Tag zu Tag mehr ab. In seiner Verzweiflung brach ihr Mann in ein Lebensmittellager ein und stahl zwanzig Eier und zwei Kilo Süßkartoffeln. Zu seinem Pech drang in derselben Nacht auch eine Bande von Berufsdieben dort ein, und am nächsten Tag gab die staatliche Sicherheitsbehörde eine scharf formulierte Bekanntmachung heraus, in der sie die Diebe aufforderte, sich zu stellen. Aus lauter Angst tat der Ärmste wie geheißen. Zwar konnte die Polizei sich denken, dass er ohne Komplizen nicht ein ganzes Lebensmittellager hätte ausräumen können, aber sie verkündete trotzdem voller Stolz, der Fall sei gelöst und der Verhaftete sei der ›Bandenchef‹. Er wurde zu einer Gefängnisstrafe von vierundzwanzig Jahren verurteilt, und Fen und sein gerade mal einen Monat alter Sohn blieben allein zurück. Fen fuhr mit dem Säugling sogar in die Kreisstadt und fragte, ob sie ihrem Ehemann seinen neugeborenen Sohn zeigen dürfe, doch die Erlaubnis wurde ihr verweigert.

Ihr blieb nichts anderes übrig, als sich an die Eltern ihres Mannes zu wenden und sie um Hilfe zu bitten. Die beiden Alten sagten, sie würden den Kleinen aufziehen, weil er ja schließlich ihr Enkel war. Aber sie könnten nicht auch noch ihre Schwiegertochter aufnehmen und die nächsten vierundzwanzig Jahre durchfüttern. Fen war wütend über diese ungerechte Behandlung. Mit dem letzten bisschen Geld, das sie für den Notfall zurückgelegt hatte, besorgte sie sich umgehend einen Wanderarbeiterausweis und kaufte die billigste Busfahrkarte nach Nanjing. Als ich sie sah, kaute sie auf einem trockenen Stück Brot, und die resolute Art, mit der sie das tat, überzeugte mich, dass sie bestimmt eine gute Haushaltshilfe wäre. Arbeitskräfte, die über das Arbeitsamt vermittelt werden, sind inzwischen auch unfallversichert, also nahm ich sie mit zu mir nach Hause.

Ich wurde nicht enttäuscht: Alles, was sie bereits konnte, machte sie gut, und was sie noch nicht konnte, lernte sie mit großem Eifer. Aber vor allem war sie eine von Grund auf gute Seele, so gut, dass es mich manchmal verlegen machte. Wenn sie zum Beispiel in den Sender kam, weil sie irgendwas mit mir zu besprechen hatte, konnte es vorkommen, dass sie einen muffigen, verschwitzten Trainingsanzug, den ein Kollege über einen Stuhl gehängt hatte, zum Waschen mit nach Hause nahm, als wäre das das Selbstverständlichste von der Welt. Anschließend bat sie mich, das gute Stück mit zur Arbeit zu nehmen und unauffällig wieder dorthin zu hängen, wo sie es gefunden hatte. Aber die jeweiligen Besitzer reagierten oft erbost. Sie fürchteten, die Landpomeranze würde sich nicht an die Waschanleitung halten und ihnen die Markensportsachen ruinieren, für die sie zwei Monatsgehälter hingeblättert hatten. Ich versuchte, Fen das behutsam beizubringen, aber sie verstand die Empörung meiner Kollegen nicht. Sie meinte: »Eine gute Fee vollbringt ihre guten Werke immer heimlich. Auch wenn Ihre Kollegen sich beklagen, in Wahrheit freuen sie sich. Ist ja auch klar, schließlich hat ihnen ja jemand geholfen. Hören Sie nicht auf sie, Schwester Xinran, ich kenn mich da aus!« Letztendlich musste ich mir eine kleine Notlüge einfallen lassen – die Sicherheitsbestimmungen seien verschärft worden und Angehörige dürften nicht mehr in den Sender kommen –, um Fen davon abzuhalten, weiter gute Werke zu tun.

Nachdem ich in jener Nacht geduscht hatte, erzählte ich Fen in groben Zügen, was ich nach der Arbeit noch erlebt hatte. Dann stellte ich die Klimaanlage an und ging in mein Schlafzimmer. Ehe Fen die Tür zu ihrem Zimmer schloss, hörte ich sie murmeln: »Oje, noch eine Frau, die schweres Leid mit sich herumschleppt!«

Am nächsten Tag wurde ich in ein entlegenes Dorf geschickt, um über den Fall einer Frau zu berichten, die schwer misshandelt worden war. Ich blieb drei Tage dort, und die Gedanken an Kumei traten in den Hintergrund. Zu dieser Zeit erhielt ich in der Redaktion fast jede Woche Briefe oder Anrufe, die von Wanderarbeiterinnen berichteten, die genau wie Kumei versucht hatten, sich das Leben zu nehmen, aber in meinem persönlichen Umfeld in Nanjing hatte ich noch von keinem solchen Fall gehört. Natürlich sah ich täglich Tagelöhner, die vom Land in die Stadt gekommen waren. Ärmlich gekleidet und wettergegerbt, lebten sie praktisch auf der Straße, blieben für sich und arbeiteten still und leise rund um die Uhr. Sie bildeten die unterste Klasse der urbanen Gesellschaft. Aber wir Übrigen, mich selbst eingeschlossen, waren so damit beschäftigt, mit den dramatischen Veränderungen Schritt zu halten, die sich in unserem Leben und in der Welt um uns herum ereigneten, dass wir die Masse der Wanderarbeiter und ihre kläglichen Lebensumstände einfach übersahen. Nur wenn irgendetwas passierte, das Frauen wie Kumei und Fen ins Rampenlicht rückte, nahmen die Bürger, denen es gutging, die Menschen, die bis dahin förmlich unsichtbar waren, überhaupt erst wahr. Das bedeutete aber noch lange nicht, dass sie auch den Wert dieser Menschen anerkannten.

Über eine Woche war vergangen, als ich das nächste Mal ins Tiny Home Chef kam. Kumei lächelte mich matt an und widmete sich dann gleich wieder ihrer Arbeit. Minguang sah erschöpft aus. Sie warf der bleichen jungen Frau einen verstohlenen Blick zu und sagte dann leise zu mir: »Gestern Nacht hab ich plötzlich Angst bekommen, ich weiß selbst nicht, warum. Also bin ich leise runtergeschlichen, um nachzusehen, was sie macht. Und bei Gott, ich kam gerade noch rechtzeitig. Sie saß im Dunkeln und trank irgendwas aus einer Plastikflasche. Ich hab sie angeschrien, sie soll damit aufhören, und hab ihr die Flasche weggenommen. Als ich das Licht anmachte und ihr Gesicht sah, war ich entsetzt. Noch nie hab ich eine solche Traurigkeit gesehen, ich kann Ihnen das gar nicht beschreiben.

Ich hab sie gefragt, was denn eigentlich mit ihr los ist, aber ich hab kein Wort aus ihr rausbekommen. Ich habe stundenlang bei ihr gesessen, aber sie hat bloß geweint und geweint und wollte nicht reden. Schließlich hab ich vor Übermüdung einfach eine Decke auf einem von unseren Tischen ausgebreitet und mich hingelegt, und irgendwie haben wir die Nacht gemeinsam überstanden. Ich glaube, sie hat überhaupt nicht geschlafen, hat sich die ganze Nacht hin und her gewälzt. Heute Morgen dann hatte ich wirklich die Nase voll. Wenn sie mir nicht erzählen will, was los ist, dann heißt das doch wohl, dass sie mich nicht respektiert, oder?

Ich hab Ying angerufen und ihr gesagt, dass sie herkommen und mit Kumei reden soll, sonst würde ich ihr kündigen. Ying ist dann heute Nachmittag gekommen, und das Lokal war leer, also hat sie Kumei in eine Ecke gezogen, und die beiden haben miteinander getuschelt. Schließlich, als wir schon dabei waren, das Abendessen vorzubereiten und ich das Gemüse putzte, kamen sie beide zu mir, und Kumei ist vor mir auf die Knie gefallen und hat gesagt: ›Bitte verzeihen Sie mir, bitte schicken Sie mich nicht nach Hause!‹

So was hab ich mein Lebtag noch nicht erlebt … Ich hab sie hochgezogen, aber ich wusste wirklich nicht, was ich sagen sollte. Dann hat Ying sich eingeschaltet: ›Eigentlich will Kumei damit sagen, dass es da etwas gibt, womit sie einfach nicht fertig wird, aber es hat nichts mit euch beiden zu tun. Ihr seid immer sehr gut zu ihr gewesen, tausendmal besser als ihre eigene Familie. Hab ich recht, Kumei?‹ Kumei hat heftig genickt, als hätte sie Angst, ich würde ihr nicht glauben.

Ying musste wieder zurück, um ihr Lokal aufzumachen, und ich hatte Gäste, also hab ich nichts weiter gesagt. Wir hatten heute Abend wahnsinnig viel zu tun, und Kumei hat sich benommen, als wäre nichts passiert – sie war so flink und tüchtig wie sonst auch. Mein Mann hat zweimal zu mir gesagt: ›Wir sollten sie behalten, sie ist so gut.‹ Xinran, wenn ich sehe, wie blass und mager sie ist, dann wird mir irgendwie mulmig. Ich würde sie wirklich gern behalten, aber dann krieg ich es wieder mit der Angst. Es ist gar nicht so leicht, gut zu sein. Ich denke, in ein paar Tagen schau ich mich nach einer anderen Hilfe um. Diesmal will ich eine richtige Quasselstrippe, auch wenn ich mich dann bestimmt mit ihr streite, aber zumindest wird sie nicht so sein wie Kumei, bei der ich ständig wie auf glühenden Kohlen sitze, weil ich nicht weiß, ob sie noch lebt.«

Als ich an jenem Tag nach Hause ging, erzählte ich Fen, was Minguang gesagt hatte. Auch Fen trug ihr Herz nicht gerade auf der Zunge, und sie half mir oft, Menschen zu verstehen, denen etwas auf der Seele lag, die es aber nicht über sich brachten, mit jemanden darüber zu reden.

Als ich zu Ende erzählt hatte, hob Fen eine Hand ans Herz und machte mit der anderen eine Geste der Hilflosigkeit: »Schwester Xinran, ihr Städter redet über alles miteinander, aber wir auf dem Land sind da anders. Wir lachen und reden nicht laut, vor allem die Frauen nicht, und erst recht die nicht, die keinen Sohn geboren haben. Wenn du keinen Sohn und Erben vorweisen kannst, der den Fortbestand der Familie sichert, dann ist selbst die Hölle für dich noch zu gut. Und selbst wenn du einen Sohn geboren hast, hast du noch immer kein Recht, den Mund aufzumachen, solange du bei deinen Schwiegereltern lebst. Erst wenn du selbst Schwiegermutter bist, hast du die Chance, deine Meinung zu äußern. Überlegen Sie doch mal … Wie viele Frauen bringen sich um, nachdem sie Schwiegermütter geworden sind? Die Leute aus der Stadt sagen immer, Männer und Frauen sind gleich, aber auf dem Land glaubt das kein Mensch. Natürlich wird Kumei ihrer Chefin nicht erzählen, was los ist. Das würde sie niemals wagen. Sie denkt, dass Minguang sie dann für verrückt halten wird und sie loswerden will.

Wir können nicht lesen und schreiben, und deshalb sind wir einfach anders. Ich lebe nun schon eine Weile bei Ihnen, aber wenn ich höre, wie Sie am Telefon mit Ihren Bekannten plaudern, dann verstehe ich Sie noch immer nicht. Oder die Sache mit dem Bügeln. Wir hängen die Wäsche einfach zum Trocknen raus und lassen sie von

Wind und Sonne glätten. Warum soll man da Geld für Strom ausgeben und eigentlich ganz ansehnliche Sachen platt bügeln? Ich versteh das nicht … Sogar Baumrinde hat Furchen. Das sieht hübsch aus und fühlt sich gut an. Ein Baum mit einem völlig glatten Stamm wäre doch hässlich, oder? Und so ist das auch mit Anziehsachen. Jedenfalls, wenn Sie wirklich wissen wollen, was für Probleme Kumei hat, wenn Sie wirklich wollen, dass sie es sich von der Seele redet, dann müssen Sie ihr klarmachen, dass sie nicht dumm ist.«

Ich fing an, Sachen für meinen Sohn rauszulegen. »Wie kann ich sie dazu bringen, mir zu vertrauen? Was würdest du an meiner Stelle tun?«, fragte ich Fen ernsthaft.

»Was ich tun würde? Seite an Seite mit ihr arbeiten? Sie ein paar Tage hier bei uns wohnen lassen? Ich weiß es wirklich nicht …« Fen hatte Wäsche gefaltet. Jetzt hielt sie inne.

»Vertraust du mir?« Sobald ich die Frage ausgesprochen hatte, bereute ich sie auch schon. Natürlich würde sie beteuern, dass sie mir vertraute. Hastig schob ich nach: »Warum vertraust du mir?«

»Weil Sie gern Sachen von mir lernen, zum Beispiel, als ich Ihnen beigebracht hab, wie man Pfannkuchen macht. Da war ich so stolz, dass ich etwas konnte, was Schwester Xinran nicht konnte. Oder als Sie mich gebeten haben, Ihnen das Lied *Freunde* beizubringen. Ich dachte mir, so eine bekannte Radiomoderatorin kann nicht mal ein Lied singen, wie schade! Immer, wenn ich Ihnen irgendwas beigebracht habe, hab ich Ihnen vertraut.«

Bis zu dem Moment hatte ich nicht erkannt, was »Vertrauen« eigentlich bedeutete, und später habe ich Fens

Erklärung oft im Rahmen meiner Arbeit nutzen können. Indem ich zur Schülerin wurde, konnte ich lernen, wie Bauern redeten und wie sie Dinge mit eigenen Händen herstellten. Auf diese Weise bekam ich auch mit, was viele Frauen wirklich dachten.

Zwei Wochen vergingen, dann war ich wieder im Tiny Home Chef. Die kränkliche Blässe auf Kumeis Wangen war einem gesünderen Rosa gewichen, und als ich mit Minguang sprach, erwähnte sie nichts mehr von ihren Bedenken. Ich dachte, Kumei hätte sich ins Stadtleben eingefunden wie schon zahllose andere Frauen vom Land und dadurch den Schmerz ihrer Vergangenheit hinter sich lassen können. Doch eines Nachmittags erhielt ich eine Nachricht von Minguang auf meinem Pager: »Bitte, Xinran, kommen Sie in die Notaufnahme, Volkskrankenhaus! Ich flehe Sie an!«

Ich wusste, es musste etwas Ernstes sein – Minguang war eine starke Frau, die nur im absoluten Notfall »flehen« würde. Ich sprang auf mein Motorrad und war eine halbe Stunde später im Krankenhaus, wo Minguang neben einem Bett auf und ab tigerte, in dem Kumei schlief, das Gesicht aschfahl auf dem weißen Kissen.

»Xinran! Wie lieb, dass Sie gekommen sind! Schauen Sie nur! Schauen Sie sich das an – die ganze Zeit ging es ihr gut, und dann versucht sie wieder, sich umzubringen! Sie will nicht weg von hier, aber sie will auch nicht hier leben. Was tut sie mir nur an? Ich verkrafte solche Schocks nicht mehr. Diesmal muss sie gehen, ich höre jetzt auf, eine gute Frau zu sein. In ihrem Heimatort gibt es kein einziges Telefon, und Ying reagiert nicht auf ihren Pager. Ich weiß überhaupt nicht, wo das Mädchen steckt!« Minguang wirkte völlig aufgelöst, und in ihrer Stimme lag eine hilflose Angst.

»Wann ist sie eingeliefert worden?«, fragte ich, um Näheres zu erfahren.

»Heute Morgen war ich unterwegs, auf einem Autorentreffen. Als sie mittags noch immer nicht aufgestanden war, hat mein Mann nach ihr gesehen. Er fand sie bewusstlos auf dem Boden, in ihrem Erbrochenen. Er hat gleich den Krankenwagen gerufen und dann mich geholt. Mal ganz abgesehen von dem Geld, das uns das kostet, es ist jedes Mal ein Schock, und ich schaff das nicht mehr. Ich hab meinem Mann gesagt, wir schließen das Lokal für ein paar Tage. Dann sehen wir weiter … Wir müssen der Sache auf den Grund gehen, sonst …«

»War gestern Abend irgendwas anders als sonst?«, fragte ich, bemüht, irgendeine Erklärung zu finden.

»Es schien ihr gutzugehen. Wir hatten eine Geburtstagsfeier im Lokal, und das Geburtstagskind hat ihr sogar ein Stück Kuchen geschenkt.«

Kumei schlief besinnungslos, wahrscheinlich hatte sie noch nie in einem so bequemen Bett gelegen. Sie sah aus, als schwebte sie irgendwo zwischen Leben und Tod.

Ich ging zu der zuständigen Ärztin, die mir sagte, dass Kumei überleben würde, aber eine schwere Magenblutung gehabt habe. Offensichtlich hatten die Chemikalien in den Reinigungsmitteln, die sie geschluckt hatte, ihr den Magen verätzt. »Warum hat sie das gemacht?«, fragte sie mich.

»Ich weiß es nicht. Vielleicht …« Doch ich hatte tatsächlich nicht die geringste Ahnung, warum.

Kumeis Leid und Minguangs Hilflosigkeit wühlten mich zutiefst auf. Hier ging es nicht darum, ob Kumei gebildet

oder ungebildet war. Tatsache war, wenn eine Frau beschloss, sich das Leben zu nehmen, bedeutete das fraglos, dass sie furchtbare Probleme hatte und sie nicht lösen konnte. Ich hatte das Gefühl, dass ich zumindest versuchen sollte, ihr zu helfen. Also ging ich zum öffentlichen Telefon des Krankenhauses und rief Fen an. Ob sie bereit wäre, mir dabei zu helfen, Kumei bei uns zu Hause zu pflegen, fragte ich sie. »Natürlich!«, antwortete sie. »Sie sind ständig unterwegs, um Menschen auf dem Land zu helfen. Jetzt hab ich mal die Gelegenheit, jemandem in der Stadt zu helfen.«
Als ich Minguang erzählte, was ich mir überlegt hatte, fiel sie vor Dankbarkeit praktisch auf die Knie, um mir die Füße zu küssen.
»Xinran, wenn Sie Kumei ein paar Tage bei sich aufnehmen und sich mit der Hilfe Ihrer *a-yi* um sie kümmern, wäre ich Ihnen ewig dankbar. Aber ich will ganz ehrlich sein. Ihnen ist doch wohl klar, dass Kumeis Schicksal, sobald sie hier rauskommt, in Ihren Händen liegt und ich nichts mehr damit zu tun habe? Das ist keine Geschichte in einem Buch, das ist eine schwere Verantwortung. Haben Sie sich das gut überlegt? Falls nicht, werde ich nur die Kosten hier begleichen und Kumei dann zum Arbeitsamt bringen. Damit bleibt uns ein weiterer Schock erspart. Es ist kaum möglich, sich ihr gegenüber anständig zu verhalten. Denken Sie noch mal richtig drüber nach …«
»Ist schon gut«, fiel ich ihr ins Wort. »Ich will es versuchen. In meiner Sendung bringe ich so viele Geschichten von und über Frauen, und manchmal fassen Frauen neuen Mut, wenn sie hören, dass es anderen ähnlich ergeht und sie nicht völlig allein sind und keiner je von ihnen erfährt. Und wo es Hoffnung gibt, da gibt es auch einen Weg. Meine *a-yi* hat in

jungen Jahren auf dem Land ein schweres Leben gehabt. Vielleicht verstehen sich die beiden gut, und Kumei kann sich leichter öffnen.«

In dem Moment schlug Kumei die Augen auf. So dehydriert, wie sie inzwischen war, sah sie aus, als starre sie uns aus einer dürren Wüste heraus an. Sie hatte geweint, bis sie keine Tränen mehr hatte. Unwillkürlich rutschte mir die Frage heraus: »Warum …«

Kumei gab keinen Laut von sich, sondern schloss nur elendig die Augen. Aber dann öffnete sie sie mit einem entschlossenen Ruck wieder, setzte sich auf und wollte aus dem Bett steigen. Völlig verblüfft machten Minguang und ich keinerlei Anstalten, sie aufzuhalten, auch als sie sich die Schuhe anzog. Aber dann hielten wir sie an beiden Armen fest, weil sie fast zu Boden stürzte.

»Ich rufe die Ärztin. Falls sie sagt, dass Kumei entlassen werden kann, nehme ich sie mit zu mir«, sagte ich zu Minguang und eilte zum Ärztezimmer. Als ich vierzig Minuten später mit dem Entlassungsbrief zurückkam, saßen Minguang und Kumei stumm auf der Bettkante.

Auf der Fahrt im Taxi zu mir nach Hause wirkte Kumei extrem verängstigt. Offensichtlich hatte sie noch nie in einem Auto gesessen, aber zum Glück war es nur eine kurze Strecke. Als wir in der Wohnung ankamen, hatte Fen schon ein Klappbett in ihrem Zimmer aufgestellt und war dabei, die Möbel so umzuräumen, dass es aussah, als hätten sie schon immer so gestanden. Ich gab Kumei in ihre Obhut und nahm ein Taxi zurück zum Krankenhaus, wo noch immer mein Motorrad stand. Von dort fuhr ich zum Kindergarten, um Panpan abzuholen. Nachdem ich ihn zu Hause abgeliefert hatte, ging es zurück zum Sender, um die tägliche Ausgabe von *Worte im Abendwind* vorzubereiten. Später rief ich Fen an, und sie sagte, Kumei sei eingeschlafen.

Als ich nach der Sendung heimkam, sah ich im Mondschein die Silhouetten der beiden vor dem Fenster, wo sie anscheinend ins Gespräch vertieft waren, und irgendwie rührte mich das. Sie hatten offensichtlich Freundschaft geschlossen – Kumei sagte gerade etwas zu Fen –, und ich ließ sie allein, weil ich das Gefühl hatte, dass sie noch mehr ungestörte Zeit miteinander brauchten.

Sie mussten spätnachts zu Bett gegangen sein, aber am nächsten Morgen waren sie schon vor mir wieder auf den Beinen und hatten die ganze Hausarbeit ohne einen Laut erledigt. Panpan war begeistert, dass wir nun noch eine *a-yi* hatten, und die beiden hatten es sogar geschafft, dass er sich anstandslos anziehen ließ. Ich hatte immer darauf bestanden, für Panpan das Frühstück zu machen, weil meiner Überzeugung nach ein angenehmes und frisch zubereitetes Frühstück den besten Start in einen guten Tag darstellte. Ich fand es wichtig, dass Eltern den Morgen zu einem Schwerpunkt des Familienlebens machten, zu etwas, worauf sich das Kind freute, vor allem, wenn es zu jenen Kindern gehörte, die morgens nicht aufstehen und abends nicht ins Bett wollen. An diesem Tag jedoch beschloss ich, Kumei und Fen zu bitten, für uns alle das Frühstück zu machen. Als ich sah, wie harmonisch sie zusammenarbeiteten, war ich Fen ungeheuer dankbar, denn ich konnte bereits eine erfreuliche Veränderung bei Kumei feststellen.

Der vierte Tag, den Kumei bei uns verbrachte, war ein Freitag, und als ich am Abend von der Arbeit nach Hause kam, sagte ich ihr, ich würde am Samstag nicht zum Sender fahren. Wir würden vormittags gemeinsam die Hausarbeit erledigen, und nachmittags könnten wir alle mit Panpan in den Park gehen. Falls sie das wollte, könnte ich Minguang und ihrem Mann vorschlagen, sich dort mit uns zu treffen. Kumei warf Fen einen ernsten Blick zu und nickte dann. Es war genau, wie Minguang gesagt hatte: Kumei hatte tatsächlich Angst, ich würde ihr nicht glauben.

Nachdem wir uns alle im Park getroffen hatten, suchten wir uns ein Plätzchen auf der Wiese, und Fen nahm Panpan mit, um mit ihm zu spielen. Ehe sie ging, flüsterte sie Kumei etwas ins Ohr. Kumei blickte wieder sehr ernst und nickte. Dann erzählte sie ihren Arbeitgebern und mir, warum sie so traurig war.

Sie stammte aus den Bergen im Westen der Provinz Hunan und war als Braut an eine Familie in Nord-Anhui verkauft worden. Am Tag ihrer Ankunft in Yuanyang wurde sie zwangsverheiratet. Der Mann war ein stämmiger, überaus wortkarger Bauer. Schon bald wurde Kumei schwanger.

Als die Niederkunft näher rückte, verbrannte ihre Schwiegermutter jeden Tag Weihrauch und betete vor dem Schrein, um Guanyin, die Göttin der Gnade, anzuflehen, sie möge die Familie mit einem Enkelsohn segnen. Bei Kumei setzten die Wehen ein, und da es die Geburt des ersten Enkelkindes war, versammelte sich an dem Abend die ganze Familie in der Küche, um auf die erhoffte Nachricht zu warten, dass Kumei einen Sohn geboren hatte. Kumei hatte schreckliche Angst davor, es würde ein Mädchen sein, denn dann wären alle zornig auf sie.

Die Hebamme holte das Kind, und noch ehe es seinen ersten Schrei getan hatte, sah sie im schwachen Schein der Öllampe nach. Dann seufzte sie. Die enttäuschten Schwiegereltern und die übrigen Verwandten, die draußen gewartet hatten, fluchten und gingen, einer nach dem anderen. Die Hebamme sagte ein paar Worte, strich ihren Lohn ein und ging ebenfalls. Kumei wusste nicht, was sie machen sollte. Ihr Neugeborenes tat mühsam die ersten Atemzüge, während sie unter Tränen versuchte, es zu wickeln. Schon in ihrer Kindheit hatte sie die Erwachsenen sagen hören, dass das erste Enkelkind, so es ein Mädchen war, nicht überleben durfte. Falls doch, zerstöre es die Wurzeln der Familie. Das erste überlebende Baby musste ein Junge sein.

Kumei betrachtete die Schüssel, die die Hebamme vor der Geburt für sie mit Wasser gefüllt hatte. Es war das »Plage-töten-Wasser«, um das neugeborene Mädchen darin zu ertränken. Bei einem Jungen hieß die Schüssel, in der das Baby gewaschen wurde, das »Wurzeln-wässern-Bad«. Sie wusste, es war ihre Pflicht, das Leben ihrer Tochter zu beenden, indem sie sie in der Schüssel ertränkte, und so tat sie es. Im Jahr darauf wurde sie wieder schwanger und gebar leider wieder ein Mädchen. Diesmal nahm ihr die Schwiegermutter das Kind aus den Armen und drückte es in der Schüssel unter Wasser. Aber das Baby klammerte sich ans Leben, und als alle außer ihrem Ehemann gegangen waren, stellte Kumei fest, dass es noch lebte.

Sie flehte ihren Mann an, das Baby in die Stadt zu bringen, ihm eine Chance zu geben, am Leben zu bleiben, aber er hörte nicht auf sie. Sie hatte kaum vierundzwanzig Stunden lang so etwas wie das Gefühl, Mutter zu sein, aber sie machte sich keine Illusionen, dass ihr Kind wirklich heranwachsen würde. Stattdessen war ihr nur allzu bewusst, dass sie eine Verfehlung begangen hatte. Sie war diejenige, der es nicht gelungen war, der Familie einen Erben zu schenken. Dann suchte sich ihr Mann Arbeit in der Stadt, und als er nicht zurückkam, war ihr klar, dass sie der Grund dafür war. Seine enttäuschten Eltern wollten sie loswerden: Sie hatte Unheil über die Familie gebracht. Zu ihrem Glück nahm Ying sie schließlich mit in die Stadt. Sie hatte seit ihrer Kindheit nichts als böse Worte und grobe Behandlung erfahren, doch bei Minguang und ihrem Mann wurde sie nicht nur freundlich aufgenommen, sondern verdiente sogar zum ersten Mal ihr eigenes Geld. Sie fühlte sich wie im Himmel.

Doch dann erlebte sie im Tiny Home Chef, wie eine Fünfjährige dort ihren Geburtstag feierte. Sie war fassungslos. Wie war es möglich, dass die Menschen in der Stadt sich so liebevoll um ihre Töchter kümmerten? Die Kleine sah aus wie ein Mädchen aus einem Märchen. Zum ersten Mal konnte Kumei sich richtig vorstellen, wie es gewesen wäre, Mutter einer kleinen Tochter zu sein. Wenn ihre beiden Mädchen überlebt hätten, wären sie jetzt genauso rosarot und niedlich. Und wenn sie solche Röcke wie die Mädchen aus der Stadt gehabt hätten, wären sie auch genauso hübsch gewesen. Wenn es doch nur möglich gewesen wäre, sie hierher mitzunehmen! Aber sie hatten ja noch nicht mal die Chance gehabt, auch nur einen einzigen Tag zu leben. Sie wurde von einer solchen Verbitterung übermannt, dass sie schließlich verzweifelte und versuchte, sich das Leben zu nehmen. Zumindest hätte sie so die Chance, die kleinen nackten Körper noch einmal in die Arme zu schließen.

Als Kumei mit ihrer Geschichte fertig war, fragte sie uns unter Tränen: »Warum durften meine Töchter nicht leben?

Warum musste ich meine eigenen Töchter töten? Ich wünschte, sie hätten nur mal einen Bissen von diesem köstlichen Geburtstagskuchen kosten können, nur einen einzigen Bissen! Ich wünschte, sie hätten solche hübschen Sachen anziehen können, nur mal für einen einzigen Tag!«

Wir saßen stumm da, und Kumeis Worte hallten uns in den Ohren wider. *Warum durften meine Töchter nicht leben?*

Als ich China 1997 den Rücken kehrte, arbeitete Kumei noch immer im Tiny Home Chef. Minguang machte aus Kumeis Geschichte eine Novelle, die ich in meiner Sendung vorlas. Unter den vielen Leserbriefen, die ich daraufhin erhielt, waren Dutzende, in denen Frauen mir schilderten, dass auch sie ihre erstgeborene Töchter verloren hatten.

Später erzählte mir Minguang, warum Kumei Reinigungsmittel und Spülmittel geschluckt hatte. Da sie Analphabetin war, hatte sie gedacht, Putzmittel seien dasselbe wie Pflanzenschutzmittel.

Im ländlichen China begehen zahllose Frauen Selbstmord, indem sie Pflanzenschutzmittel schlucken. Laut einem Bericht der Vereinten Nationen aus dem Jahr 2002 war China das Land mit der höchsten Selbstmordrate bei Frauen, und das Schlucken von Pflanzenschutzmitteln war die häufigste Methode. China ist eines der wenigen Länder, in denen mehr Frauen als Männer Selbstmord begehen. Selbstmord steht bei den Todesursachen an fünfter Stelle, und Frauen sind am gefährdetsten. (BBC-News-Webseite über China, 04/2002. Vgl. Anhang C.)

5

Zusatzkind-Partisanen: ein Vater auf der Flucht

> Sie weint fast jede Nacht und sagt, dass sie von den Mädchen geträumt hat. Ich glaub das eigentlich nicht. Wir arbeiten tagsüber so schwer, dass wir keine Zeit für Träume haben.

In den 1990er Jahren wurde in China der Ausdruck »Zusatzkind-Partisanen« bekannt. Er stammte aus einem Sketch, den CCTV (der staatliche Fernsehsender) 1990 im Rahmen seiner Neujahrsshow brachte und in dem ein Bauernehepaar, das bereits drei Töchter hat, sein Dorf verlässt, um die Vorschriften zur Geburtenkontrolle zu umgehen und zu versuchen, doch noch einen Jungen zu bekommen. Während sie von Ort zu Ort ziehen, schimpfen sie vor sich hin und streiten miteinander. Der Sketch propagierte die Haltung der Regierung, indem er die Schwierigkeiten darstellte, die durch »Zusatzkinder« entstehen, aber er zeigte auch, wie schwer das Leben dieser heimatlosen Bevölkerung war.

Danach setzte sich in den Medien die Bezeichnung »Zusatzkind-Partisanen« für Paare durch, die das Weite suchten und oftmals mit dem Zug, falls sie es sich leisten konnten, durch China fuhren oder gar ins Ausland reisten, damit die Frau fernab von ihrem eingetragenen Wohnsitz schwanger werden und gebären konnte. Ich stieß auf Geschichten, die bewiesen, dass diese Menschen schneller umherzogen und zäher kämpften als die Soldaten der kommunistischen Roten Armee auf dem Langen Marsch, mit dem sie sich der Umklammerung durch die nationalistischen Kuomintang-Truppen entzogen.

Ich bin sicher, dass jeder, der durch die Randgebiete der großen Städte kam, diese »Partisanen« sehen musste. Sie waren keine herkömmlichen Straßenbettler, tauchten nur selten in den Stadtzentren auf, und falls doch, dann jedenfalls nur kurz, weil dort die alten Damen, die die Nachbarschaftskomitees in jeder Straße und jedem Wohnblock leiteten, die Menschen genauestens beobachteten. Diese alten Frauen widmeten sich ihren sozialen Pflichten mit Hingabe – sie hatten seit ihrer revolutionären Jugend für »das Wohl des Volkes und den Ruhm des Landes« gekämpft und ließen sich durch nichts davon abbringen, genau so weiterzumachen. Sie waren schon vor Tagesanbruch auf den Beinen, trugen ihre roten Armbinden und kontrollierten jeden Winkel ihres Zuständigkeitsbereichs. Ihre Pflichten waren weit gespannt. Sie halfen der Polizei bei der Aufklärung von Mordfällen und Einbrüchen, sorgten dafür, dass Passanten ordentlich gekleidet und Fahrräder ordentlich abgestellt waren, und sie wiesen sogar Erwachsene zurecht, die zuließen, dass ihre Kinder kalte Snacks aßen. Kurz gesagt, es gab praktisch nichts, wofür diese alten Damen sich nicht zuständig fühlten.

Vor den 1990er Jahren hatte China ein höchst unzuläng-

liches Rechtssystem. Wie also schaffte es die Zentralregierung dieses riesigen Landes, eine Milliarde Bürger dazu zu bringen, sich ihren Anordnungen zu fügen? Die allgegenwärtigen lokalen Hüter von Gesetz und Ordnung spielten dabei jedenfalls eine nicht unwesentliche Rolle. Nach Einführung der Ein-Kind-Politik hatten sie ein besonders wachsames Auge auf Menschen, die Gäste bei sich zu Hause aufnahmen. Als ein guter Freund von mir mit seinem Kind einen Besuch bei den Großeltern machen wollte und auf dem Weg dorthin ein paar Tage bei mir in Nanjing Zwischenstation einlegte, quälten die Beamten sich keuchend und ächzend hinauf zu meiner Wohnung im vierten Stock und wollten wissen, ob er denn auch eine Bescheinigung habe, die belegte, dass es sein einziges Kind war.
Die »Zusatzkind-Partisanen« verfügten jedoch weder über befristete Aufenthaltsgenehmigungen für die Stadt noch über Schreiben aus ihren Dörfern, die ihnen die Erlaubnis gaben, sich als Tagelöhner zu verdingen, noch über Ein-Kind-Bescheinigungen. In den Großstädten befanden sie sich im Zentrum des von der Regierung kontrollierten Territoriums, sozusagen hinter den feindlichen Linien. Sie konnten rasch durchreisen, aber sie durften nicht bleiben. Viele dieser kühnen »Partisanen« waren im Grunde gute Menschen und mutige Eltern, die sich auf die Straßen der Städte wagten, weil sie hofften, ihre »ungeplanten« Töchter dort lassen zu können. Sie wussten, dass Stadtmenschen deutlich besser lebten als sie und auch Mädchen viel besser behandelten. Diese bäuerlichen »Partisanen« brachten es nicht über sich, ihre neugeborenen Töchter zu töten, wie das rückständigere Dorfbewohner taten. Aber geprägt von alten Traditionen und der Unwissenheit, in der sie aufge-

wachsen waren, glaubten sie dennoch fest daran, dass sie einen Sohn brauchten, weil ihr Leben sonst gescheitert war und sie nicht in den Himmel kamen. Ihre Ahnen in der Unterwelt wären erbost, weil sie keinen Sohn hervorgebracht hatten, der den Fortbestand der Familie sicherte, und sie könnten niemals in Frieden ruhen. Diese Menschen waren hin- und hergerissen zwischen den aufgeklärten Werten der modernen Gesellschaft und der Brutalität alter Traditionen, bei der menschliche Gefühle leicht verlorengehen konnten.

Zudem waren sie Zeugen der wirtschaftlichen und politischen Reformen, mit denen China sich öffnete. Da sie in ihrem »Partisanenkrieg« gegen die Behörden von Ort zu Ort zogen, das Land per Zug mal in die eine, mal in die andere Richtung durchquerten, erlebten sie unmittelbar, wie Stadt und Land sich veränderten und wie die Kluft zwischen Arm und Reich größer wurde. Niemand durchschaute den Wirtschaftsboom so gut wie sie, niemand kannte sich so gut wie sie mit juristischen Schlupflöchern oder mit der Korruption der Provinzregierungen aus, und dadurch war es diesen bäuerlichen »Partisanen« überhaupt erst möglich zu existieren.

Meine erste persönliche Begegnung mit ihnen hatte ich auf einer Zugfahrt von Zhengzhou nach Chengdu. Wir waren auf der Longhai-Linie unterwegs, der nördlichsten der drei Ost-West-Strecken. (Die Longhai-Linie hat eine Gesamtlänge von 1736 km und verläuft von Lianyungang im Osten nach Lanzhou im Nordwesten.) Das chinesische Schienennetz wurde in den 1950ern ausgebaut und hatte anfänglich drei Ost-West-Routen und drei Nord-Süd-Routen. Inzwischen verfügt es über zwei weitere Nord-

Süd-Strecken. In den 1980ern zeugte das wahnsinnige Gedränge von Reisenden, die versuchten, in einem Zug einen Platz zu ergattern, von den Unzulänglichkeiten des Bahnsystems. Journalisten wie ich hatten gewisse Reiseprivilegien und wurden von den anderen Fahrgästen als »fette Katzen« bezeichnet, doch im armen und rückständigen China waren Dienstreisen trotz solcher Privilegien stets eine furchtbar unbequeme Angelegenheit, sozusagen eine »ausländische« oder »Ozean«-Strafe. (Dienst- oder Geschäftsreisen galten als etwas, das typisch für Ausländer war, und da die meisten von ihnen über den Pazifischen Ozean nach China kamen, wurde das Schriftzeichen *yang,* das »Ozean« bedeutet, auf Menschen oder Dinge übertragen, die aus dem Ausland nach China kamen, und stand schließlich schlicht für »ausländisch«.)
Die Züge boten nur sehr wenige Schlafmöglichkeiten, und um eine Koje in einem Vierbettabteil der Soft-Sleeper-Klasse zu ergattern, musste man schon Rang und Namen haben. Wer nicht mindestens Armeeoberst oder Bürgermeister einer Großstadt war, ging leer aus. Provinzkader aus Bezirksstädten oder kleineren Ortschaften waren zu unwichtig, um sich Hoffnungen auf ein Soft-Sleeper-Abteil machen zu können. Wenn sie Glück hatten, konnten sie sich ein Hard-Sleeper-Bett organisieren. Hard Sleeper waren erst im Zuge der Reformen neu eingeführt worden. (Ähnlich wie die alten *Couchettes* in französischen Zügen hatten sie sechs harte Kojen pro Abteil, je drei übereinander auf jeder Seite, aber keine Tür.)
Wir drei Journalisten, die wir an jenem Tag im Zug saßen, waren von drei verschiedenen Pressestellen, und wir wollten nach Chengdu, um über eine nationale Wirtschafts-

konferenz zu berichten. Wir hatten für die lange Fahrt nur Sitzplätze bekommen – unser Status reichte nicht mal aus, um uns ein Plätzchen in einem Hard-Sleeper-Abteil zu sichern. Das Bahnpersonal, das Hard-Sleeper-Fahrkarten verkaufte, war extrem arrogant, und rückblickend denke ich, dass die Mitarbeiter vermutlich zu den ersten öffentlichen Bediensteten zählten, die mit Beginn der Reformen begriffen, dass sie ihre Position ausnutzen konnten, um sich finanzielle Vorteile zu verschaffen. Zugegeben, auch viele Journalisten haben die ihnen gewährten Privilegien ausgenutzt, um ihre Schäfchen ins Trockene zu bringen, sonst hätten sie vielleicht der galoppierenden Korruption im heutigen China frühzeitig Widerstand entgegengesetzt.

Wir stiegen in den Zug und suchten uns unsere Plätze. Der vierte Platz blieb leer, bis ein Mann mittleren Alters hereinkam und sich setzte. Er trug einen verblichenen alten Tarnanzug der Armee und war höflich und unaufdringlich. Er hatte keinen Koffer dabei, nur eine billige Plastiktasche, die anscheinend jenen Proviant enthielt, den die meisten Chinesen auf langen Reisen mitnehmen: Fladenbrot, Essiggurken und gekochte Eier. Ansonsten hatte er nichts bei sich, das irgendeinen Hinweis auf seine Arbeit oder Herkunft geliefert hätte.

Es ist eine Berufskrankheit von Journalisten, Fragen zu stellen. Meiner Meinung nach sind die Chancen, in dieser weiten Welt mit ihrer Milliardenbevölkerung irgendwann neben einer ganz bestimmten Person zu sitzen, so verschwindend gering, dass jede Zufallsbegegnung im Grunde schicksalsgegeben sein muss. Eine lange Reise ist eine großartige Gelegenheit, seine Mitreisenden kennenzulernen, und ich bin schon immer unendlich neugierig gewesen. Aber nicht ich stellte die erste Frage, sondern einer meiner Kollegen.

»Guten Abend. Wohin fahren Sie denn?«, fragte er höflich.

»Guten Abend«, erwiderte der Mann. »Reisen Sie alle drei zusammen? Sie sehen aus wie leitende Kader.« Das war eine forsche Gesprächseröffnung.

»Nein, nein. Wir sind Journalisten und arbeiten für einen Radiosender, einen Fernsehsender und für eine Zeitung. Und Sie?«

»Dann sind Sie also alle bei den Nachrichten. Wie ungewöhnlich. Ich hab ehrlich Hochachtung für Menschen, die die Nachrichten machen. Sie zeigen uns Übrigen, wohin sich die Dinge entwickeln, Sie leben jeden Tag mit neuen Nachrichten. Was für eine faszinierende Arbeit! Und wohin fahren Sie alle?« Ich fand, dass er sich fast wie ein Journalist anhörte.

»Nach Chengdu, um über eine Konferenz zu berichten. Und Sie? Sie hören sich an, als kämen Sie aus dem Süden.«

»Chengdu, ja? Sehr angenehme Stadt, schöne Gegend. Da kann man prima einkaufen. Und was die Frauen dort angeht, die sind schlauer als die Männer.«

»Tatsächlich? Wir zwei sind noch nie da gewesen. Xinran hier schon. Das klingt, als wären Sie häufig dort.«

»Nein, eigentlich nicht, nur einmal. Aber ich hab so einiges über die Stadt gelernt, zum Beispiel die *Achtzehn Wunder von Chengdu*.«

»Und die wären?«

»Ich werde sie Ihnen verraten. Obwohl, die wechseln im Laufe der Zeit.« Und dann fing er an, sie aufzuzählen:

1. Die Menschen in Chengdu werden krank, wenn sie nicht jeden Tag ins Teehaus gehen.
2. Die schlauen Frauen von Chengdu sind bezaubernd.
3. Die Männer von Chengdu lieben die schönen Frauen, die ihnen ständig in den Ohren liegen.
4. In Chengdu essen sie zu jeder Mahlzeit eingelegtes Gemüse.
5. Die Verkäufer von Spielersnacks preisen jede Nacht lauthals ihre Waren an.
6. An jeder Straßenecke wird Mahjong gespielt.
7. Wenn eine Maus stirbt, versammeln sich alle und gaffen.
8. Sobald die Sonne rauskommt, nehmen alle sofort ein Sonnenbad.
9. Keiner kann besser tratschen und angeben als die Menschen in Chengdu.
10. In Chengdu bekommen Gäste eine Fuß- oder Kopfmassage.
11. Tagediebe führen ein sorgenfreies Leben.
12. Sogar erfolgreiche Geschäftsleute gehen gern in schmuddelige Lokale.
13. Die Leute bauen an jeder Straßenecke ihre Schachspiele auf.
14. Die jungen Fräuleins von Chengdu werden zu jungen Damen.
15. Alle Frauen tragen Lederschuhe.
16. Je mehr Zeitungen es gibt, desto besser verkaufen sie sich.
17. Fahrräder werden mit Schirmhalter verkauft.
18. Mit dem Fahrrad kommt man schneller zur Arbeit als mit dem Bus.

Und dann redete er munter weiter: »Bohnen aus dem Bezirk Pi, Pi-Tong-Schnaps, Stickereien aus Sichuan, Knoblauch, Chuan-Xiong-Kräuterarzneien, Ginseng vom Yunding, Da-Hong-Pao-Sichuanpfeffer, Blutorangen und Mandarinen, pelzige Orangen, Schweinewürste, Chilischoten, Schneebirnen, Navelorangen, Gelbfische … Für all diese Dinge ist Chengdu berühmt.« Jetzt klang er wie ein Werbespot der Fremdenverkehrsbehörde von Chengdu, wenngleich praktisch jede Region Chinas eine Liste mit »Wundern« hat und diese sich ständig ändern. (Zu den *Wundern von Chengdu* siehe auch Anhang D.)

Unser Mitreisender war offensichtlich nicht dumm. Wir staunten, wie geschickt er bei aller Gesprächigkeit unseren Fragen auswich und die Unterhaltung immer wieder von sich selbst weglenkte. Was mochte er von Beruf sein? Seinen Äußerungen nach zu schließen, war er schon ziemlich viel herumgekommen. Er wirkte nicht wie jemand vom Land, der einen Tarnanzug trug, weil er sich schick darin fand, aber mit seinem wettergegerbten Gesicht und dem Schweißgeruch, den er verströmte, konnte er auch kein Arbeiter aus der Stadt sein. Meine Neugier war geweckt, und während des ersten Teils der Zugfahrt versuchte ich immer wieder herauszubekommen, woher dieser Mann denn nun kam.

Wir waren am Abend abgefahren, und bald darauf ebbten der Lärm und das Stimmengewirr unserer Mitreisenden ab. Als es im Abteil still wurde, lehnten sich meine Kollegen gegen die Fensterscheiben und nickten ein. Ich dagegen hatte schon seit vielen Jahren Rückenprobleme, die durch die harten Sitze im Zug noch verstärkt wurden. Daher rutschte ich ständig hin und her, um mir Linderung zu verschaffen. Der Mann gegenüber bekam mein Unbehagen offensichtlich mit und hielt, ohne dass ich ihn darum gebeten hätte, die Beine angezogen, damit ich mehr Platz hatte.

Nach etwa einer Stunde stand er auf. Ich dachte, er wollte zur Toilette, doch zu meinem Erstaunen ging er in die andere Richtung. Verwundert sah ich ihm nach, wie er sich behutsam durch den vollen Waggon schob. Der Speisewagen war geschlossen, die Toilette war in der entgegengesetzten Richtung: Was hatte er vor? Ich vermutete, dass er zu einem Bekannten in einem anderen Abteil wollte …

Etwa eine halbe Stunde später kam er zurück und hatte ein kleines Mädchen dabei. Die Kleine mochte vielleicht achtzehn Monate alt sein und hatte riesige Augen. Sie saß ganz brav auf seinem Schoß, lutschte am Daumen und starrte mich eindringlich an. Ehe ich Gelegenheit hatte, hallo zu sagen oder zu fragen, wer sie war, sagte der Mann: »Das ist meine Tochter. Sie hat bei ihrer Mutter gesessen, aber ich dachte, dort ist es zu eng, und die Leute da sind nicht so nett wie Sie. Also hab ich sie hergeholt. Außerdem hat ihre Mutter so Gelegenheit, ein bisschen zu schlafen.«

Dass er so fürsorglich zu seiner Frau war, beeindruckte mich. In den vielen Hörerinnenbriefen, die ich bekam, war nur äußerst selten von Männern die Rede, die bereit waren, sich um ihre Kinder zu kümmern. Die Kleine schlief im Handumdrehen in den Armen ihres Vaters ein.

Der Mann streichelte die Hände und Füße seiner schlafenden Tochter. Ich sah ihm dabei zu und musste unwillkürlich mit einem Gefühl der Bitterkeit an meinen eigenen Vater denken. Er hatte mir nie ein Vater sein wollen, und deshalb habe ich ihn auch nicht kennengelernt. Auch an meine Mutter habe ich nicht viele Erinnerungen dieser Art. Falls sie mich je gestreichelt oder liebkost hat, dann muss ich noch so klein gewesen sein, dass ich mich nicht mehr daran erinnern kann. Ich bin bei keinem von beiden aufgewachsen. Nacheinander hatten mir der »Große Sprung nach vorn«, der Aufbau von Chinas Armee und Industrie, und die Kulturrevolution meine Familie geraubt. Ich habe nicht mal einen Geburtstag mit ihnen gefeiert. Ich war in einer Zeit aufgewachsen, in der das Vaterland und die Revolution Vorrang vor allem anderen hatten.

All diese Gedanken gingen mir durch den Kopf, und plötzlich schossen mir Tränen in die Augen, drohten meine Wangen hinabzulaufen … Aber ich war fest entschlossen, nicht vor anderen zu weinen. Ich bin in dem Glauben erzogen worden, dass Weinen ein Zeichen von Schwäche ist. Ich rieb mir das Gesicht, als wäre ich gerade aufgewacht. Da erhob sich der Mann und sagte leise zu mir: »Wir steigen gleich aus. Auf Wiedersehen!«

»Auf Wiedersehen!«, erwiderte ich ebenfalls flüsternd.

Die Kleine war aufgewacht und kletterte hoch bis zur Schulter ihres Vaters, wo sie sich festhielt, am Daumen lutschte und mich mit diesen großen, strahlenden Augen ansah. Ich winkte ihr zu, und sie nahm den Daumen aus dem Mund und winkte zurück: »Auf Wiedersehen!« Ich hob die Finger an die Lippen und warf ihr eine Kusshand zu, und sie ahmte die Geste nach und warf mir eine Kusshand zurück. Ich tippte mir mit dem Daumen auf die Nase, und sie tat mit ihrem Däumchen dasselbe. Ich hob beide Hände hoch an den Kopf und wackelte mit ihnen, als wären sie Hasenohren. Sie hob die Händchen rechts und links an die Wangen und wackelte ebenfalls damit.

Ich weiß noch, was wir als Letztes machten, ehe die beiden verschwanden: Es waren die »Orchideenfinger«, meine große »Orchidee« neben ihrer kleinen. (Das ist eine Fingerhaltung im chinesischen Tanz, die an die Blütenblätter einer Orchidee erinnert: Hand und Finger gestreckt, Mittelfinger nach unten zum Daumen geneigt.)
Der Zug rollte in einen Bahnhof. Es war ein kurzer Aufenthalt – bloß drei Minuten. Zu dieser späten Stunde stiegen nur wenige Fahrgäste aus. Ich schaute aus dem Fenster, als der Zug sich wieder in Bewegung setzte, aber ich konnte weder den Mann noch seine Tochter in der kleinen Schar, die ausgestiegen war, entdecken. Ich vermutete, dass sie irgendwo anders auf dem Bahnsteig waren.
Ich suchte weiter nach einer bequemen Sitzhaltung, und eine gutherzige Kollegin bestand darauf, dass wir die Plätze tauschten und ich mich ans Fenster setzte. Das war viel besser: Ich konnte mich an die Scheibe lehnen und meinen schmerzenden Rücken ein wenig entlasten. Aber der schwache Schweißgeruch des Fremden lag noch immer in der Luft und hielt mich wach, also legte ich den Kopf ans Fenster und starrte hinaus. Die Welt draußen war pechschwarz, durchsetzt mit einigen wenigen Lichtpunkten, die, wie ich wusste, die abgelegenen Hütten der Gleisinspektoren markierten. Sie lebten das ganze Jahr über hier draußen und kontrollierten die Weichen, da oft Steine, die von den Berghängen rollten, die Strecke blockierten.
Schließlich erreichten wir den Bahnhof Xi'an. Es war ein großer Bahnhof, und der Zug machte hier fünfzehn Minuten halt – lang genug, dass Passagiere aussteigen konnten, um neuen Proviant zu kaufen und sich ein wenig die Beine zu vertreten. Ich stieg nicht aus, sondern schaute nur

durchs Fenster. Ganz in der Nähe stand ein Handkarren mit Essen darauf, und davor sah ich ein Meer aus Händen. Keiner stellte sich brav in eine Warteschlange. Mir kam der Gedanke, dass es bei allen Bemühungen, den altruistischen Geist des Kommunismus im Menschen zu wecken, nicht gelungen war, den kapitalistischen Glauben zu überwinden, dass die eigenen Interessen immer und überall Vorrang hatten.

Der Zug hatte sich gerade wieder in Bewegung gesetzt, als ich die Kleine entdeckte, mit der ich Fingerspiele gemacht hatte. Sie saß neben einem der Karren, lutschte noch immer am Daumen und hielt ein großes Dampfbrötchen, ein *mantou,* in der anderen Hand. Sie starrte geistesabwesend auf den anfahrenden Zug. Ihr Vater war nirgends zu sehen, aber ich drückte das Gesicht gegen die Fensterscheibe und zeigte ihr die »Orchideenfinger«. Es war nur meine Art, mich noch einmal von ihr zu verabschieden. Ich dachte nicht, dass sie mich würde sehen können, obwohl der Zug sich sehr langsam bewegte. Umso überraschter war ich, als sie auf einmal ein Händchen in meine Richtung hob und ebenfalls die »Orchideenfinger« machte. Was für eine aufgeweckte Kleine!

Der Zug nahm Fahrt auf und tauchte erneut in die dunkle Nacht. Die Erinnerung an das goldige kleine Mädchen ließ mich nicht los. Ich war wirklich sehr neidisch auf ihre Eltern; ich hatte mir eine Tochter ersehnt, aber leider hatte es nicht sein sollen. Im Grunde war »wünschen« etwas, das ich mir nicht mal im Traum erlaubte. Ich gehörte zu der Generation von Chinesen, deren Leben geprägt wurde durch eine Abfolge von Krisen: Wir waren während der schrecklichen Hungersnot des »Großen Sprungs nach vorn« geboren worden. 1965 kam ich in die Grundschule, doch schon 1966 wurden fast alle Schulen und Hochschulen im Zuge der Kulturrevolution geschlossen. 1975 dann, als ich eigentlich zur Universität hätte gehen sollen, schickte man uns zur Arbeit aufs Land. In den 1980ern, als wir Mütter und Väter werden konnten, wurde die Ein-Kind-Politik eingeführt. Das Leben war sehr hart, bis die Wirtschaftsreformen China öffneten, und dann kam in den 1990ern die Arbeitslosigkeit …

Plötzlich riss mich eine Lautsprecherdurchsage aus meinen Gedanken: »Genossin Xinran vom Rundfunk möchte bitte ins Büro des Fahrdienstleiters in Wagen sieben kommen, um einen dringenden Telefonanruf entgegenzunehmen!«

Die meinten mich. Ich bekam einen Schreck: War meinem Sohn etwas zugestoßen? Aber das konnte es nicht sein. Der Sender würde eine Privatangelegenheit nicht als so dringend einstufen. War vielleicht irgendeine Katastrophe passiert? Im Radio zu arbeiten bedeutete eine größere politische Verantwortung als die Arbeit für Fernsehen oder Zeitungen, weil so wenige Leute einen Fernseher besaßen und so viele Analphabeten waren. Der Leiter des Senders hatte mir das mal erklärt, in einem Gespräch kurz nachdem ich beim Radio angefangen hatte. Er meinte, wir Radioleute würden, falls es je einen Versuch gäbe, die Regierung zu stürzen, in vorderster Linie stehen, weil wir das Sprachrohr unserer Staatslenker seien.

Ich hastete zu Wagen sieben. Auf dem Weg dorthin meinte ich, aus den Augenwinkeln den Mann zu sehen, der mir gegenübergesessen hatte, verwarf den Gedanken aber gleich wieder als lächerlich. Schließlich hatte ich mit eigenen Augen seine kleine Tochter auf dem Bahnsteig gesehen. Wie hätte ihr Vater da noch im Zug sein können? Der Fahrdienstleiter reichte mir das Telefon. Die Zentralregierung, so wurde mir mitgeteilt, hatte eine Nachrichtensperre verhängt. Führende sowjetische Politiker waren zu Besuch in China, und während ihres Aufenthaltes durften weder die Reformpolitik in der Sowjetunion noch die Normalisierung der chinesisch-sowjetischen Beziehungen in den Medien erwähnt werden. Diese Einschränkung galt in den nächsten vierundzwanzig Stunden für alle Nachrichtensender. (Niemand sah die Studentendemonstrationen voraus, mit denen die sowjetischen Besucher empfangen wurden.)

Solche dringenden Anweisungen, Vorsicht bei der Nachrichtenauswahl walten zu lassen, waren nichts Neues für mich, aber im Grunde fand ich die Sache überzogen. Wie hätte ich denn internationale Nachrichten bringen können, während ich noch im Zug unterwegs war? Sie hätten mir doch einfach eine Nachricht beim Radiosender von Chengdu hinterlassen können. Außerdem hatten die Kollegen in Chengdu sicherlich dieselbe Anweisung erhalten. Es war eine typische Überreaktion der Offiziellen, die demonstrieren wollten, dass sie die Befehle ihrer Vorgesetzten buchstabengetreu ausführten, weil sie Angst hatten, sonst ihre Posten zu verlieren. Heutzutage ist jungen Chinesen und erst recht den Menschen im Ausland nicht mehr bewusst, dass zur Kaiserzeit Beamte aller Dienstgrade dem Kaiser nicht mal den Rücken zuwenden durften, und einen Befehl nicht zu befolgen wäre völlig undenkbar gewesen.

Während ich mich auf dem Rückweg zu meinem Platz durch die überfüllten Waggons schob, dachte ich noch im-

mer darüber nach, wie schwierig es war, als Journalistin gute Arbeit zu leisten, wenn einem solche willkürlichen Restriktionen dabei in die Quere kamen.
Plötzlich wollte es eine Laune des Schicksals, dass ich praktisch Auge in Auge vor dem Vater des kleinen Mädchens stand. Er saß neben einer hochschwangeren Frau, eine Reisetasche in der Hand. Als er mich bemerkte, wirkte er zu Tode erschrocken. Wir starrten einander stumm an.
»Wo ist Ihre Tochter?«
»Sie …«
»Sie was?« Auf einmal fiel bei mir der Groschen. Ich war entsetzt. Er hatte sie doch wohl nicht im Bahnhof Xi'an zurückgelassen? Aber es war unübersehbar, dass seine Frau ein weiteres Kind erwartete, und wenn sie schon eine Tochter hatten, konnten sie nirgendwohin. Das Familienplanungsbüro würde sie suchen und streng bestrafen. Hatten diese Eltern ihre kleine Tochter tatsächlich mitten in der Nacht in der Fremde ausgesetzt? Ich wollte es nicht glauben …
Ich sah den Eltern an, dass sie nicht wussten, was sie sagen oder machen sollten. Mir wurde heiß im Gesicht, und ich war kurz davor, sie anzuschreien: Wie könnt ihr euer eigenes Kind im Stich lassen? Sie ist noch so klein, wie soll sie überleben? Habt ihr mal darüber nachgedacht, welche Angst sie jetzt hat?
Der Mann sah meinen Ausbruch offenbar kommen und stand auf. Er bugsierte mich energisch zur Toilette am Ende des Wagens und schob mich hinein. Dann stellte er sich in die offene Tür, um mir den Weg zu versperren, und sagte leise: »Ich flehe Sie an, Genossin, bitte!«
»Sie … Ihre eigene Tochter – auf einem Bahnsteig zurück-

zulassen!«, stammelte ich vor Empörung, unfähig, einen zusammenhängenden Satz zu bilden.
»Ja, ich hab ihr ein Dampfbrötchen gekauft. Der Mann, der die verkauft, wird sich um sie kümmern.«
»Kennen Sie ihn?«
»Nein.«
»Woher wollen Sie dann wissen, dass er sich um sie kümmern wird? Sie sind ihr Vater, empfinden Sie denn keine Liebe für sie? Was ist mit den Gefühlen ihrer Mutter?«
Kaum hatte ich das ausgesprochen, musste ich daran denken, wie er seine Tochter gestreichelt hatte.
Er sah aus, als wäre er den Tränen nahe. »Sie ist unser Fleisch und Blut. Natürlich lieben wir sie. Aber die Kinder verkraften es nicht, ständig mit uns auf der Flucht zu sein.«
»Kinder? Soll das heißen, Sie haben mehr als ein Kind?« Ich wollte meinen Ohren nicht trauen.
»Sie war das vierte Mädchen, wir …« Seine Stimme wurde so leise, dass ich ihn kaum noch verstehen konnte.
Und so kam es, dass ich auf dieser Zugtoilette zum ersten Mal die Geschichte von »Zusatzkind-Partisanen« hörte. Es ist eine Erinnerung, die mich noch heute mit Schmerz erfüllt.
Der Mann stammte aus einem Dorf in der Provinz Jianxi, das von einer einzigen Sippe beherrscht wurde. Er war der älteste Sohn der Familie, der erste von drei Brüdern. Seit seiner Heirat waren er und seine Frau ständig unterwegs. Als seine Frau im dritten Monat schwanger war, sagten seine Eltern, sie sollten in die Stadt ziehen, weil sie dort eher ein Auskommen finden würden. Und falls das Kind ein Mädchen würde, müssten die Dorfbewohner nie erfahren, dass sie geboren worden war. Das Letzte, was seine

Eltern zu ihnen sagten, ehe sie aufbrachen, war: Kommt nicht ohne Enkelsohn zurück! Was sie meinten, war: Beschämt uns nicht, indem ihr uns einen Sohn und Erben verweigert, der den Fortbestand der Familie sichert.
Der Mann wusste, falls seine Frau und er nicht innerhalb von zehn Jahren einen Sohn hervorbrachten, würden ihm das Land und sonstige Privilegien, auf die er als ältester Sohn ein Anrecht hatte, aberkannt werden. Also versprach er, seinen Eltern einen Sohn zu bringen. Nur so würden sie erhobenen Hauptes leben können, und seine Sippe hätte eine Zukunft. Doch Gott erhörte seine täglichen Gebete nicht, und seine Frau brachte in siebeneinhalb Jahren vier Töchter zur Welt.
Er schaute aus dem Fenster und sagte tonlos: »Wir sind seit siebeneinhalb Jahren auf der Flucht, wir haben China der Länge und Breite nach durchquert. Kurz nach der Geburt des ersten Mädchens wurde meine Frau wieder schwanger. Als ihr Bauch dicker wurde, fingen die Leute an, sie zu beäugen und zu sagen: ›Ihr wollt doch nicht etwa ein Zusatzkind haben, oder?‹ Wir mussten ständig unterwegs sein, damit uns die Beamten vom Familienplanungsbüro nicht schnappten und zwangen, einen Jungen abzutreiben.«
»Sagten Sie nicht eben, dass alle vier Kinder Töchter waren?«
»Ja, aber jedes Mal hofften wir, es würde der Junge werden, den wir uns wünschten«, sagte er gereizt, weil ich ihm nicht so schnell folgen konnte. Auf diesen Gedanken war ich gar nicht gekommen.
»Aber warum müssen Sie Ihre Töchter aussetzen? Manche Leute, die wie Sie durchs Land ziehen, nehmen doch ihre Kinder mit.«

»Die Kinder mitnehmen? Wenn es nicht das Erstgeborene ist, wo wollen Sie das Kind dann zur Welt bringen? Sie können eine Geburtserlaubnis kaufen – für zigtausend Yuan –, aber woher sollen wir so viel Geld nehmen? Ich werde nie vergessen, wie verstört meine älteste Tochter war, als die Familienplanungsbeamten hereingestürmt kamen, um nach ihrer Mutter zu suchen. Die Beine haben ihr gezittert wie verrückt. Wenn man mit einem Kind unterwegs ist, braucht man Geld, um Essen und Kleidung für Mutter und Kind zu kaufen. Wenn die Mutter nicht isst, kann das Baby in ihrem Bauch nicht gedeihen, und wenn die Mutter isst, was soll dann das Kind essen?«

»Sie haben Geld für die Zugfahrkarten, wieso haben Sie dann keins für Essen?«

»So einfach ist das nicht. Bitte lassen Sie mich ausreden! Nachdem die Kinderhändler unsere älteste Tochter mitgenommen hatten, war ich am Boden zerstört. Und meine Frau hat drei Monate lang nur geweint. Sie hatte keine Milch mehr, als die zweite Tochter zur Welt kam. Das Baby wäre fast verhungert. Wir haben es durchgebracht, indem wir ihm Reiswasser eingeflößt haben«, sagte der Mann mit heiserer Stimme. »Als meine Frau das dritte Mal schwanger wurde, haben wir lange hin und her überlegt und dann beschlossen, die zweite Tochter in die Großstadt zu bringen. Die Leute dort sind wenigstens einigermaßen gebildet, und, wer weiß, vielleicht würden gute Menschen sie zu sich nehmen.«

»Aber in den Städten wird die Ein-Kind-Politik so streng befolgt. Wie haben Sie es geschafft, nicht erwischt zu werden?«

»Wir können den Teufel sozusagen mit seinen eigenen

Waffen schlagen. Aber so was sollte ich nicht sagen, und das hab ich auch nicht gemeint. Ich meine, dass es in den Vororten jede Menge Möglichkeiten gibt, irgendwo unterzukommen und sich auszuruhen. Verlassene Fabriken, alte Lagerhäuser, Materiallager auf Baustellen, wo immer Bedarf an Wachleuten ist. Das bringt nicht viel Geld, aber zumindest muss man nicht draußen schlafen. Meine Frau ist tüchtig und hat für die Wanderarbeiter Wäsche gewaschen und geflickt, um ein bisschen Geld zu verdienen. Kurz vor der Geburt des Babys haben wir ihnen gesagt, wir würden nach Hause fahren, damit das Kind dort zur Welt kommt. Wir haben die billigsten Fahrkarten gekauft, sind so weit weggefahren, wie wir konnten, und in einer kleinen Stadt ausgestiegen, wo uns niemand kannte.«

»Mussten Sie denn keine Geburtserlaubnis vorlegen?«

»Wir sind danach gefragt worden, aber wir haben ihnen einfach etwas mehr Geld gegeben. Außerdem, wir sind Fremde, die Leute wissen, dass wir nicht bleiben werden, also helfen sie einem bei der Geburt.«

»Wie haben Sie einen Arzt gefunden?«

»Unterwegs trifft man viele Leute wie unsereins. Da lernt man schnell alle Kniffe und Tricks. Und an den Strommasten neben den Gleisen hängen Listen mit Leuten, die bereit sind, Babys auf die Welt zu holen und Abtreibungen zu machen. Heutzutage ist die Nachfrage nach solchen Leuten groß, weil doch jeder einen Sohn in der Familie haben will.«

Er sagte die Wahrheit, das wusste ich: Alles, was er erzählte, passte zu Hinweisen, die mir zu Ohren gekommen waren, und zu den wenigen Recherchen, die ich bis dahin hatte anstellen können. Als Arzt konnte man eine einträgliche

Nische in der Grauzone zwischen Gesetz und Familientraditionen finden. Aber mich interessierte vor allem, was mit seinen Töchtern passiert war. »Dann sind Ihre Töchter alle …«

Er ließ mich den Satz nicht beenden. »Ja, alle. Wir haben unsere Töchter ausgesetzt, an Straßen oder auf Bahnsteigen, überall in China. Die Sie gesehen haben, war die vierte, und so eine hübsche Kleine.« Seine Stimme erstarb.

»Machen Sie sich keine Sorgen darüber, was den Mädchen alles passieren könnte?«

»Was nützt es, sich Sorgen zu machen? Wenn sie Glück haben, überleben sie. Wenn nicht … Mädchen sind dazu geboren zu leiden. Es ist furchtbar, dass sie keine Jungen sind.«

»Und Ihre Ehefrau? Die ist immerhin auch eine Frau.«

»Ja, sie wird nicht so damit fertig wie ich. Sie weint fast jede Nacht und sagt, dass sie von den Mädchen geträumt hat. Ich glaub das eigentlich nicht. Wir arbeiten tagsüber so schwer, dass wir keine Zeit für Träume haben.«

»Wollen Sie weiter auf der Flucht bleiben?«

»Wenn ich einen Sohn hätte, würde ich schnurstracks nach Hause zurückkehren. Ich konnte ein wenig Geld beiseitelegen, und selbst wenn wir hungern, gehe ich nicht an das Gesparte. Ich warte nur sehnsüchtig auf den Tag, an dem meine Frau es hinkriegt.«

»Und wenn sie nie einen Sohn zur Welt bringt?« Ich wusste, die Frage war grausam, aber die Möglichkeit bestand nun mal.

»Wieso? Ich hab noch immer zweieinhalb Jahre. Und wenn es so weit ist, gehe ich nach Hause zurück und werde Oberhaupt unserer Sippe.«

»Aber Ihre Frau hat so viel gelitten, körperlich und psychisch!«
»Für eine Frau, die keinen Sohn hat, gibt es nichts, wofür es sich zu leben lohnt. Ich bin gut zu ihr. Vielleicht ist sie unglücklich, aber ich bin auch unglücklich. Wenn wir einen Sohn hätten, würde ich auch ein paar Töchter haben. Ich würde für sie sorgen. Bitte lassen Sie meine Frau in Ruhe, ich flehe Sie an, und bitte melden Sie uns nicht! Wir steigen bei der nächsten Möglichkeit aus, in Ordnung?«
»Fahren Sie, wohin Sie wollen! Ich werde Sie nicht melden, um Ihrer vier Töchter willen.«
Als ich zurück zu meinem Platz ging, konnte ich mir seine Frau genauer ansehen. Ihr Gesicht war faltig und von Furchen des Schmerzes durchzogen. Männer werden das emotionale Band zwischen einer Frau und dem Baby, das sie neun Monate lang unter dem Herzen getragen hat, niemals verstehen. Jede Verletzung, die diesem Kind zustößt, ist für die Mutter zehntausendmal schlimmer als ein Schnitt in ihr eigenes Fleisch.
Ich musste meine Reise fortsetzen. Ich glaube, als wir im nächsten Bahnhof hielten, stiegen der Mann und seine Frau aus und verschwanden in der Menge. Was würde aus dieser Mutter werden, fragte ich mich. Falls sie eine fünfte Tochter gebar, würde sie ihr Baby dann einfach in irgendeinem namenlosen Bahnhof wie diesem zurücklassen, in einer Ecke des Bahnsteigs, auf den Toiletten oder wo? Ich konnte nur beten, dass diese Frau einen Sohn bekam, ehe das tagtägliche Leiden und die Strapazen der Reisen sie umbrachten. Wenn sie den ersehnten Sohn dann endlich hatte, würde er wahrscheinlich liebevoll gewickelt werden, sie würde wieder in den Zug steigen und triumphierend

in das Dorf ihres Mannes heimkehren. Es war kaum zu glauben.
Vor meinem geistigen Auge sehe ich noch immer die vierte Tochter des Mannes, wie sie ihre kleinen »Orchideenfinger« macht …
Während ich diese Zeilen in Sydney schreibe, sitzen auf dem Dach des Nachbarhauses zwei wunderschöne grüne Papageien mit orangegelber Brust und füttern ihr Junges. Wenn Vögel so empfinden können und ihre Kinder niemals verlassen würden, wie bringen es dann Menscheneltern übers Herz, ihre eigenen Kinder im Stich zu lassen? Wieder und wieder. Ich kann und will nicht glauben, dass veraltete Traditionen in Verbindung mit staatlichen Vorschriften ein menschliches Wesen wirklich dazu zwingen können, das schönste und ursprünglichste aller menschlichen Gefühle aufzugeben: den Elterninstinkt. Es sollte nicht möglich sein, aber es ist möglich.

6

Die Rote Mary aus dem Waisenhaus

> Ich habe nie erfahren, wer ich bin. Meinen Namen haben mir die Missionarinnen im Waisenhaus gegeben. Es war ein ausländischer Name, Mary, aber während der Kulturrevolution, als ich in den Dreißigern war, haben die Roten Garden mich in Rote Mary umgetauft.

Den Dokumenten zufolge, die ich auftreiben konnte, entstanden die ersten chinesischen Waisenhäuser zu Beginn des zwanzigsten Jahrhunderts, als zum dritten Mal westliche Missionare nach China kamen. (Die ersten beiden Phasen von Missionstätigkeiten in China waren während der Tang-Dynastie, 618–907 n.Chr., und im dreizehnten Jahrhundert.) Man nannte sie »Kinderhäuser« oder »Evangeliumsanstalten«. Das Erste wurde 1896 zum Andenken an die Missionsschwester Fu-ji-li von der protestantischen angloamerikanischen Mission in der Church of the Four Saints in der Stadt Chengdu, Provinz Sichuan, gegründet. (»Jili Fu« oder Jenny Ford, eine Kanadierin, die mit der Women's Missionary Society nach Chengdu kam und dort 1897 verstarb.) Es folgten andere protestantische

Waisenheime in Chongqing, ebenfalls in Sichuan, sowie in den Provinzen Fujian und Zhejiang. Es gab auch katholische Waisenheime, deren Zahl sich bereits 1920 auf über einhundertfünfzig belief.

Angeblich soll es in der Vergangenheit auch staatliche Waisenhäuser gegeben haben, aber da ich dafür keinerlei Belege finden konnte, gehört diese Behauptung wohl eher in den Bereich der Legenden. Vor 1990 waren sämtliche chinesischen Waisenhäuser, die ich mit eigenen Augen sah oder von denen mir berichtet wurde, von der Gesellschaft vergessene Einrichtungen. Das Land und seine Regierung interessierten sich einfach nicht dafür. Viele Offizielle betrachteten sie als nationale Schande, während die Bevölkerung sie für menschliche Müllhalden hielt. Eine Frage nach dem örtlichen Waisenhaus wurde meist mit Erstaunen quittiert. Niemand sprach es offen aus, aber in den Reaktionen schwang stets mit: Wieso wollen Sie denn da rumschnüffeln? Oder: Die Mädchen da sind doch alle wurzellose Waisen, lassen Sie die Finger davon!

Während das übrige China fast ein Jahrhundert lang vom Krieg zerrissen und von gesellschaftlichen und kulturellen Umwälzungen erschüttert wurde, führten Waisenhäuser ein fast vollkommenes Schattendasein. Erst mit dem Wiederaufleben eines (staatlich geförderten) Gemeinsinns in den 1990ern wurde der Öffentlichkeit bewusst, wie dramatisch sich die Zahl dieser Einrichtungen erhöht hatte.

Gegen Ende der 1980er Jahre hatte ich schon einige Waisenhäuser besichtigt, und sie waren ausnahmslos unerträglich deprimierend. Damals bestand ein sogenanntes Waisenhaus praktisch nur aus einem einzigen, nicht besonders großen Raum, in dem nicht nur die Kinder schliefen, sondern auch ein paar Mitarbeiter, und der obendrein als Büro diente. Bestenfalls war vielleicht noch eine kleine Küche dabei. Es gab keine Innentoilette, keinen Garten, und es fehlte an der grundlegendsten Ausstattung zur Kinderpflege. Auch spielen konnten die Kinder nirgendwo. Doch in den 1990ern, als die Reformen endlich auch in diese vergessenen Winkel der chinesischen Gesellschaft vordrangen, wurden Waisenhäuser von neureichen Bürgern mit Spenden unterstützt. (Zuvor hatte von der staatlichen Führungsschicht bis hin zu einfachen Leuten in Kleinstädten und auf dem Land praktisch niemand Nahrungsmittel oder Geld erübrigt, um damit Waisenkindern zu helfen, die wahrscheinlich ohnehin verhungern würden. Und die Armen hatten genug damit zu tun, das eigene Überleben zu sichern. Da war Wohltätigkeit ausgeschlossen.)

Bis dato waren Milchprodukte in ganz China stets Mangelware gewesen, und Waisenhäuser hatten andere Mittel und Wege finden müssen, um die Kinder zu ernähren: In Nordchina gab man ihnen Weizenmehlbrei, im Süden Reisschleimsuppe. Oft trieb das endlose Wimmern der hungrigen Babys die Waisenhausmitarbeiter dazu, sie in den nächsten Ort zu bringen und dort nach einer barmherzigen Mutter zu suchen, die gerade niedergekommen war und bereit war, die Babys kurz an die Brust zu nehmen.

Ich gewann den Eindruck, dass solche Waisenhäuser bis in die 1990er Jahre fast nur Geld für Kleidung und Bettzeug hatten. Die Babys lagen dicht an dicht auf einem langen Holzbock oder wurden zu zweit oder zu dritt in Körbe gesteckt, die auf dem Land zur Lagerung von Trockengütern verwendet wurden. In besseren Waisenhäusern stand

immerhin ein Gemüsekorb pro Baby zur Verfügung. Die meisten Neugeborenen wurden damals in etwas gewickelt, das sich »Kerzensack« nannte, das heißt, ihre Arme und Beine wurden mit weichen Stoffen aus Baumwolle oder Seide eng am Körper anliegend festgebunden. Die unteren Gliedmaßen waren komplett umschlossen, und nur das Gesicht war frei, wobei der Kopf hinten und seitlich von einem Zipfel der Umhüllung geschützt wurde, der spitz am Hinterkopf hochstand. Wenn man den gewickelten Säugling aufrecht hielt, erinnerte er an eine Kerze mit einer Flamme an der Spitze.
Ich weiß nicht, ob der »Kerzensack« wegen seiner Form so genannt wurde, aber ich weiß, dass er eine Wickelmethode war, die sich viele Nationalitäten in China aneigneten, vor allem für die Nacht und im Winter. Inzwischen habe ich in anderen Teilen der Welt ähnliche Wickelmethoden gesehen und auch ähnliche Erklärungen dafür gehört: damit das Neugeborene »gesund und schön heranwächst«. In China bedeutet »gesund und schön heranwachsen« auch »den Hinterkopf flach schlafen«, weil wir einen abgeflachten Hinterkopf schön finden und versuchen, eine »dümmlich vorspringende Stirn und einen löffelförmigen Hinterkopf« tunlichst zu vermeiden.
Die Waisenhäuser waren jedoch personell extrem unterbesetzt, und die Beschäftigten hatten weder die Zeit noch das Geld, sich darum zu kümmern, dass ihre Schützlinge gesund heranwuchsen, von schön gar nicht erst zu reden. Da beispielsweise Bettzeug knapp war, mussten sich im Winter mehrere Babys eine kleine Steppdecke teilen. Im Sommer schliefen sie nackt, ohne jeden Schutz vor Moskitos und anderen stechenden Insekten. Als ich versuchte, mehr

über die Waisenkinder zu erfahren, waren weder die Zentralregierung noch die einfachen, für Waisenhäuser zuständigen Beamten in der Lage, mir irgendwelche schriftliche Unterlagen zur Verfügung zu stellen. Leider sind kaum urkundliche Belege über das China des zwanzigsten Jahrhunderts vorhanden. (In meinem vorangegangenen Buch *Gerettete Worte* habe ich versucht, die Gründe für dieses Phänomen zu erläutern.)

In den 1990ern jedoch, nachdem die Regierung ihre Haltung zu Adoptionen geändert hatte und mehr und mehr westliche Familien Adoptionen beantragten, wurden chinesische Waisenhäuser dem Vergessen entrissen und nahmen eine zunehmend zentrale Position in der chinesischen Außenpolitik ein. In kürzester Zeit wurde das Betreiben von Waisenhäusern zum Bestandteil des Wirtschaftsbooms, und ihre Zahl stieg explosionsartig an. Meiner Ansicht nach gibt es jedoch zwei Dinge in China, deren Ausbau und Entwicklung nicht wünschenswert waren: erstens Gefängnisse und zweitens Waisenhäuser. Es wäre dringend notwendig gewesen, sie zu reformieren und zu verbessern, nicht aber, sie als Mittel zur Förderung der wirtschaftlichen Entwicklung zu nutzen. Eine höhere Anzahl von Gefängnissen und Waisenhäusern ist für kein Land eine Erfolgsgeschichte – im Gegenteil, es ist eine nationale Tragödie.

Um es klar zu sagen: Bis heute habe ich noch kein einziges chinesisches Waisenhaus betreten, in dem ich den Eindruck hatte, dass die Kinder so gerecht und fair behandelt wurden, wie sie es verdienten. Noch 2007, nachdem die Mothers' Bridge of Love die medizinische Betreuung etlicher Kinder finanziert hatte und ich sie nach ihrer Genesung besuchen wollte, wurde ich Zeugin des unbarmherzigen Drucks, unter dem Waisenhäuser standen. In diesem speziellen Fall planten wir einen Höflichkeitsbesuch in einem Waisenhaus, das wir seit Jahren unterstützten und mit dessen Personal wir zusammengearbeitet hatten, aber wir wurden trotzdem abgewiesen. Der Grund dafür war, dass ich aus dem Ausland kam und die Leute fürchteten, wir wollten für irgendwelche westlichen Medien chinesische Missstände aufdecken. Die Behörden hatten bereits eine Einrichtung mit harten Strafen belegt, nachdem eine amerikanische Adoptivfamilie heimlich das nähere Umfeld des Waisenhauses gefilmt und das Videomaterial dann ins Internet gestellt hatte. Für die Gemeindeverwaltung war das der Beweis dafür, dass »die Sicherheits- und Kontrollmaßnahmen des Waisenhauses unzureichend waren und die Armut der Dorfbewohner für einen kapitalistischen Angriff auf den Sozialismus missbraucht worden war«.

Obgleich sich dieser Vorfall nicht im Zusammenhang mit »unserem« Waisenhaus ereignet hatte, waren diejenigen, die Kontakte zur Außenwelt pflegten, gewarnt worden, was dazu führte, dass Wohltätigkeitseinrichtungen politisch sensibel reagierten und schwerer zugänglich wurden als Fort Knox. Ich verstand durchaus die Angst von kleinen Beamten und Waisenhausleitern, die es mit einem System zu tun hatten, in dem Recht und Gesetz unsicher waren und sich die Grundregeln unaufhörlich veränderten. Sie waren kaum fachlich ausgebildet, wie sollten sie da in der Lage sein, Entwicklungshilfe und Gelder von ausländischen Spendern zu verwalten und ein »korrektes Bild nach außen« zu wahren? Ihre Entscheidungen basierten jedenfalls nicht auf gesunder Logik, sondern auf (für sie) lebenswichtigen Überlegungen wie: Was werden meine Vorgesetzten davon halten? Und: Kann ich deswegen meinen Job verlieren?

Vor den 1990er Jahren gab es in »Rotchina« drei Arten von Beschäftigten in Waisenhäusern: diejenigen, die selbst im Waisenhaus aufgewachsen waren, Helfer aus örtlichen buddhistischen Tempeln und alleinstehende Frauen, vor allem Witwen. Männliches Personal gab es kaum. Die weitaus meisten Beschäftigten stammten aus Verhältnissen, an die sie sich nicht gern erinnerten, und führten ein hoffnungsloses Dasein, das sich darin erschöpfte, Waisenkinder aufzunehmen, großzuziehen oder zu beerdigen. Ihr einziges Interesse war es, dafür zu sorgen, dass die Kinder bestimmte Entwicklungsstufen erreichten: *drehen mit drei* (die Babys sollten sich mit drei Monaten umdrehen können), *sitzen mit sechs* (mit sechs Monaten sollten sie aufrecht sitzen können), *krabbeln mit acht* … und so weiter. Ihr Hauptziel war es, für jedes Kind eine Familie zu finden; wie es dem Kind langfristig erging und was mal aus ihm werden würde, interessierte sie nicht. Wieder und wieder geschah es, dass ich an der Tür mit den Worten abgewimmelt wurde: »Erzählen Sie in Ihren Sendungen bloß nichts über diese Mädchen, die keine Familien und keine Mütter haben!«

Schon immer hatte ich den Wunsch gehabt, jemanden zu interviewen, der mal eine leitende Position in einem Waisenhaus hatte, um die wenigen Informationsschnipsel überprüfen zu können, die ich im Laufe von zig Jahren gesammelt hatte, doch das Glück war mir nicht beschieden. Aber vielleicht erhörte der liebe Gott ja doch meine Gebete, denn im Frühjahr 2007, als ich mich wieder in

China aufhielt, um einige letzte Fakten für *Gerettete Worte* zu prüfen, wurde ich schließlich für meine Hartnäckigkeit belohnt. Auf dem Rückweg nach Großbritannien machte ich Station in Shanghai, wo ich zufällig eine ehemalige Waisenhausmitarbeiterin kennenlernte, die inzwischen in Rente war.

Ich begegnete ihr in einem kleinen Nudelrestaurant an der Huaihai Central Road. Sie saß allein an einem Tisch – an jedem anderen saßen mindestens zwei Leute –, und nachdem der Kellner meine Bestellung entgegengenommen hatte, erklärte er, ich würde mich zu ihr setzen müssen. Sie wirkte, als wäre sie dem alten Shanghai entsprungen, völlig fehl am Platz in der riesigen, modernen Stadt. Ich schätzte sie auf ein Alter zwischen sechzig und siebzig; ihr weißes Haar war zu einem traditionellen Knoten gebunden, eine Frisur, wie sie heutzutage nur noch einige Tänzerinnen tragen und die damals schon lange als unzeitgemäß galt. Ich weiß noch, dass sie eine bronzefarbene Jacke aus Leinen und Satin trug, die vorne altmodisch schräg geknöpft war, und dazu eine schwarze Jacquardhose. Mir fielen vor allem ihre Schuhe auf, weil ich diese Art von bestickten Stoffschuhen mit hübschem Muster und weichen, bequemen Gummisohlen schon immer gemocht hatte. Damals gab es bei diesen Schuhen erhebliche Preisunterschiede, je nach Qualität von Obermaterial und Sohle, und sie konnten von zehn bis dreihundert Yuan kosten. Vor ihr auf dem Tisch standen eine Schale Yangchun-Nudeln und zwei Beilagen, die typisch für Shanghai sind. Gelbfisch und Sojabohnen mariniert in Wein, Honig und Salz (wir nennen das »betrunkene« Beilagen). Als ich mich zu ihr gesellte,

war sie dabei, ihre Nudeln einzeln in den Mund zu saugen – ja, ehrlich! Immer nur eine einzelne Nudel. Ich hatte bisher nur meinen Sohn Panpan so kindlich mit Essen spielen sehen, aber noch nie einen Erwachsenen.
Als die alte Dame merkte, dass ich sie beobachtete, wurde sie leicht verlegen und legte rasch die Nudel, die sie mit ihren Essstäbchen hielt, zurück in die Schale. Dabei murmelte sie: »Es ist lange her, dass ich solche Nudeln gegessen hab.« Ihr Dialekt klang nach Südchina, aber ich hätte nicht genau sagen können, woher sie kam. Nun wurde ich verlegen und sagte: »Verzeihung, ich wollte Sie nicht stören. Ich hab bloß gedacht, ich könnte mir auch so etwas bestellen wie das, was Sie da haben. Auch für mich ist es lang her, dass ich ›betrunkenes‹ Gemüse gegessen hab.«
»Dann wohnen Sie also nicht in Shanghai?« Sie schaute zu den anderen Gästen hinüber, als würde sie mich mit ihnen vergleichen. Meine Kleidung hob sich offensichtlich von den Markenklamotten der Shanghaianer ab und wäre von ihnen sicherlich als provinziell eingestuft worden.
»Meine Familie stammt ursprünglich aus Shanghai, aber ich bin in Beijing und an anderen Orten aufgewachsen. Und Sie?«, fragte ich, weil mein Reporterinstinkt sich meldete.
»Ich bin auch gebürtig aus Shanghai, aber ich bin von hier weg, als ich noch recht jung war, und seitdem nicht mehr hier gewesen. Erst letzte Woche hat sich mir die Gelegenheit geboten, und ich muss sagen, es ist unglaublich, ich kann es wirklich nicht fassen.« Sie zeigte aus dem Fenster auf die Restaurants mit ihren westlichen Neonreklamen.
»Und wie lange waren Sie fort?« Ich stellte die Frage zögernd.

»Fast sechzig Jahre …« Sie hob mit ihren Essstäbchen eine Nudel aus der Schale und betrachtete sie nachdenklich.
»Sechzig Jahre!«, entfuhr es mir etwas lauter als beabsichtigt, was von den übrigen Gästen mit missbilligenden Blicken quittiert wurde.
»Ja, ich hab Shanghai 1948 verlassen«, sagte sie und schob sich überaus bedächtig den Nudelfaden in den Mund.
Bald darauf wurden meine Nudeln serviert, und auch ich nahm eine einzelne Nudel, um sie mir langsam, Stück für Stück mit den Essstäbchen in den Mund zu schieben. Sie lächelte. »Wie ich sehe, bin ich nicht die Einzige, die Nudeln so isst.«
»Mh-hm. Sie kennen doch das chinesische Sprichwort, in dem es heißt, wer große Bissen nimmt, ist schnell satt, aber wer kleine Happen isst, genießt den Geschmack. Wie ich sehe, sind Sie eine größere Feinschmeckerin als ich, also folge ich Ihrem Beispiel.«
»Na, da bin ich mir nicht so sicher. Ich hab viele Jahre in einem Waisenhaus gelebt. Große Bissen waren bei dem wenigen Essen, das wir damals hatten, gar nicht möglich, und erst viel später konnte man kleine Happen essen und satt werden.«
Ich hoffte, sie würde nicht bemerken, wie meine Augen bei ihrer Antwort aufleuchteten, denn ich begriff, dass sie mir vieles würde erzählen können. Aber sie hatte es bemerkt und wunderte sich über mein Interesse. Als Erstes fragte ich nur, was sie in dem Waisenhaus gemacht habe.
»Ich weiß nicht, ob ich Ihnen das erzählen soll. Über so etwas redet man nicht, und es ist jetzt alles vergangen und vergessen.« Dann wandte sie den Kopf und schaute aus

dem Fenster auf die schicken Männer und Frauen, die draußen vorbeihasteten.

»Würden Sie wohl einen Moment warten? Ich bin gleich wieder da.« Ich ging zu der Bedienung und bestellte eine Auswahl an typischen Shanghaier Beilagen: kaltes Hähnchen in Reiswein, Entenmägen in Wein, gedünsteten Tofu und verschiedene Gemüse – Bohnensprossen, Sojabohnen in Sojasoße, all die Sachen, die meine Großmutter früher für uns zu Hause zubereitet hatte.

Sobald ich wieder am Tisch saß, erzählte ich der alten Dame alles: Ich arbeitete an einem Buch. Ich hatte außerdem eine Stiftung mit dem Namen Mothers' Bridge of Love gegründet. Es war mir nie gelungen, irgendwas über das frühere Leben in chinesischen Waisenhäusern herauszufinden … Und schließlich flehte ich sie an, mir die Geschichte ihres Lebens in einem Waisenhaus zu erzählen.

Sie blickte verlegen. »Ich glaube, das ist keine gute Idee. Es könnte Menschen aufwühlen.« Ich wusste, welche »Menschen« sie meinte.

»Aber Sie sind jetzt Rentnerin, nicht wahr? Sie sind wieder in Shanghai. Meinen Sie nicht, Sie sollten Kindern erzählen, was in der Vergangenheit geschehen ist? Sonst gerät all die gute Arbeit, die Sie und Ihre Kolleginnen geleistet haben, doch schlicht in Vergessenheit.«

Doch sie zögerte noch immer. Dann zählte ich beispielhaft einige Fragen auf, die mir in den Briefen von jungen, ins Ausland adoptierten Chinesinnen immer wieder gestellt wurden, darunter diejenige, die am häufigsten vorkam: »Warum hat meine chinesische Mutter mich nicht gewollt?«

Ihre Augen wurden feucht. »Wenn sie nur wüssten … ihre armen, armen Mütter!«

»Sie wissen es nicht, weil es ihnen nie jemand gesagt hat. Genau darum geht es mir: Ich will ihnen vermitteln, was in ihren Müttern vorgegangen ist.«

»Ich weiß nicht, was in ihren Müttern vorgegangen ist, aber eines weiß ich auf jeden Fall: Sie haben gelitten.«

Die von mir zusätzlich bestellten Speisen wurden gebracht und füllten unseren kleinen Tisch. Irgendwie schienen die vertrauten Gerichte sie in ihre Kindheit zurückzuversetzen. Sie ließ den Blick über das viele Essen schweifen, sah dann mich an, dann wieder das Essen und dann wieder mich: »Das sind alles Sachen, die ich für mein Leben gern esse. Die ganze Zeit, während ich fort war, hab ich von ihnen geträumt.«

»Dann würde ich sagen, wir lassen sie uns in aller Ruhe schmecken. Und wenn wir fertig sind, entscheiden Sie, ob Sie mir Ihre Geschichte erzählen wollen oder nicht.« Und schon fischte ich mit den Essstäbchen ein Stück Entenmagen vom Servierteller und legte es in ihre Schale.

Der Genuss, mit dem wir beide uns jedes Häppchen im Munde zergehen ließen, verriet, dass wir diese traditionellen Speisen schon sehr lange hatten entbehren müssen. Fast schien es, als fürchteten wir, es würde diese Leckereien nie wieder geben, sobald wir mit dem Essen fertig waren. Wir aßen alles ratzekahl auf, und als die Bedienung kam, um das Geschirr abzuräumen, sah ich, wie die Augen der alten Dame den Tellern folgten, bis sie durch eine Tür im hinteren Bereich des Restaurants verschwanden. Dann glitt ihr Blick zurück zum Tisch, auf dem noch immer zwei Tassen Chrysanthementee und eine Schale mit Melonenkernen standen. Es gehört sich nicht, dass der Gastgeber nach einer Mahlzeit den Tisch vollständig abräumt, und eine Tasse Tee und ein Schüsselchen mit Melonenkernen oder Erdnüssen symbolisieren Gastfreundschaft.

Sie schaute auf ihre Uhr und sah sich dann in dem langsam leerer werdenden Restaurant um. Es war jetzt nach halb zwei. Die meisten Chinesen essen vor ein Uhr zu Mittag und vor sechs Uhr zu Abend. Selbst diejenigen, die im Ausland gelebt haben oder in China für ausländische Firmen arbeiten, die eine Fremdsprache sprechen und sich von Kopf bis Fuß ausländisch kleiden, haben noch immer einen chinesischen Magen, der sich durch kein Geld der Welt oder irgendwelche neuen Moden ändern lässt.

Schließlich seufzte sie und sagte: »Nun denn, mir bleibt nicht mehr viel Zeit, und selbst wenn es gegen die Regeln verstößt, es ist meine letzte Chance, für diese kleinen Mädchen etwas Gutes zu tun.« Und so kam es, dass sie mir ihre Geschichte erzählte:

Ich habe nie erfahren, wer ich bin. Meinen Namen haben mir die Missionarinnen im Waisenhaus gegeben. Es war ein ausländischer Name, Mary, aber während der Kulturrevolution, als ich in den Dreißigern war, haben die Roten Garden mich in Rote Mary umgetauft. Im Waisenhaus hieß ich aber weiter einfach nur Mary. Die Missionarinnen meinten, ich würde wohl aus einer reichen Familie stammen, weil die Sachen, die ich anhatte, als ich 1931 im Alter von knapp zwei Wochen am Fenster des Waisenhauses abgelegt wurde, aus Seide waren, bestickt mit kleinen Blümchen. Außerdem war ich in ein Brokattuch eingewickelt, das mit goldgestickten Küken auf silbernem Grund verziert war, und anscheinend war auch noch eine kleine handgearbeitete Tasche dabei, aber ich weiß nicht, was sich darin befand. Die Missionarinnen waren sich da nicht einig – ein Silberarmband, ein Silbermedaillon, ein paar Yuan-Shikai-Dollar. (Yuan Shikai, 1859 – 1916, war ein chinesischer Militärführer und Politiker, der am Sturz des letzten Qing-Kaisers beteiligt war, zweiter Präsident der Republik China wurde und schließlich versuchte, die chinesische Monarchie mit sich selbst als Kaiser neu zu beleben.) Jedenfalls wurde die Tasche für mich aufbewahrt, und man sagte mir, ich würde sie bekommen, wenn ich getauft werde. Aber es ging alles verloren, als eine der Missionarinnen sich der Marionettenregierung von Wang Jingwei anschloss, die 1945 von Shanghai in den Süden nach Hongkong floh.

Es herrschte allgemeine Panik. Wir hatten den besonderen Schutz und die Unterstützung der Marionettenregierung genossen, und nun sagten die Shanghaianer, wir Waisenkinder wären Verräter, weil wir uns an die Japaner verkauft hätten. Sie werden das vermutlich nicht wissen, aber nach 1945 wurden Verräter ausnahmslos hingerichtet, und ich denke, das Schicksal blieb uns nur deshalb erspart, weil sich Ausländer für uns einsetzten.

Aber ich fange besser von vorne an: Ich bin in dem Waisenhaus aufgewachsen, und ich weiß noch, dass wir jeden Tag vor den Mahlzeiten und vor dem Zubettgehen unsere Gebete sprechen mussten. Ich lernte schon in sehr jungen Jahren lesen und schreiben, natürlich chinesisch, aber wir konnten auch alle ein paar Brocken Englisch. Zum Beispiel *Amen* und *God bless you,* weil wir das dauernd benutzten. Ich fing schon sehr früh an, mich mit um die kleineren Kinder zu kümmern. Als ich siebzehn war, wurde ich selbst eine richtige »Missionarin« im Waisenhaus, obwohl wir da schon keine richtigen Missionarinnen mehr waren. Die Kommunistische Partei glaubte nicht an Gott. Wir hatten gehört, dass sie die Religion verbieten wollte, weil sie Opium für das Volk sei, und dass Frauen sogar kollektiver Besitz werden sollten. Die Gerüchte, die damals kursierten, waren wirklich beängstigend. Bis auf die Leiterin des Hauses hatte keine von uns irgendwelchen Kontakt zur Außenwelt, und sie erzählte uns nie etwas. Wir waren dazu erzogen worden, ohne zu fragen zu tun, was uns gesagt wurde.

In einer sehr kalten Nacht des Jahres 1948 rief sie uns alle zusammen und sagte, wir sollten alles vorbereiten für die Flucht nach Süden; es würde bald losgehen. Bereits am nächsten Morgen vor Tagesanbruch bestiegen wir ein Boot. Es war klein, und ich glaube, außer uns war sonst niemand darin. Kurz nachdem wir abgelegt hatten, gerieten wir in ein schweres Unwetter, so dass wir gezwungen waren, in Taizhou in der Provinz Zhejiang Schutz zu suchen. Kaum waren wir an Land, befahl uns die Leiterin, mit niemandem zu sprechen, und falls es wirklich unvermeidbar wäre, sollten wir nicht sagen, aus welchem Waisenhaus wir kamen. Dort wurde ich dann offiziell getauft, aber wir blieben nur einen Monat. Ein großes Boot holte uns ab, und wir wurden weiter in den Süden, nach Fujian, gebracht, um dort auf das nächste Boot nach Hongkong zu warten. Aber es kamen keine Boote mehr, und wir blieben, wo wir waren.

Kurz darauf wurde China befreit, und die Regionalregierung kümmerte sich so um uns, wie die Wang-Jingwei-Regierung es getan hatte. Wir wurden mit Essen versorgt und in einer Kirche untergebracht. Wir waren Katholiken, aber die Kirche war eine orthodoxe. Wenn ich heute daran zurückdenke, beschleicht mich der Verdacht, dass diese Arbeiter- und Bauernkader keine Ahnung hatten, was ein Kruzifix war. Jedenfalls, damals hörten wir ständig, die nationalistische Kuomintang-Regierung würde einen Gegenangriff aufs Festland planen. Wenn wir einkaufen gingen, sahen wir oft antiamerikanische und antibritische Parolen, die die Kommunistische Partei anbringen ließ. Und manchmal steckten Leute heimlich Propagandaflugblätter der Kuomintang oder eine Rede von Tschiang Kai-schek in unsere Einkäufe. Ich weiß bis heute nicht, warum sie sich alle gegenseitig bekämpften.

Es dauerte nicht lange, und es kam erneut zu Unruhen. Wer in den dreißiger Jahren den Japanern geholfen hatte oder der Kuomintang in den vierziger Jahren oder wer in der Fünfzigern Antikommunist war, galt als Verräter und musste ausgemerzt werden. Unser Waisenhaus bekam das mit ganzer Härte zu spüren. Die leitende Missionarin wurde verhaftet und starb bald darauf im Gefängnis. Unser »imperialistisch-feudales« Waisenhaus wurde aufgelöst. Ich weiß noch, wir waren ein Dutzend Frauen und vierzehn Kinder im Alter zwischen zwei und zwölf. Diejenigen, die Angehörige hatten, zu denen sie gehen konnten, bekamen ein bisschen Geld und wurden weggeschickt. Ich und noch zwei andere Frauen konnten nirgendwohin. Die kleinen Jungen wurden weggebracht – ich glaube, sie wurden adoptiert, aber damals gab es weder geregelte Abläufe noch Dokumente. Ich denke, die Regierung fing gerade erst an, ihre Bürger aktenmäßig zu erfassen.

Letztlich bildeten wir drei übrig gebliebenen Mitarbeiterinnen und acht kleine Mädchen eine »Waisengruppe«, die in einer baufälligen alten Werkstatt mit einigen wenigen

Räumen untergebracht wurde. Man schickte uns eine Parteisekretärin, und wir wurden offiziell ein »Patriotisches Waisenhaus«. Im Grunde machten wir nichts anderes als vorher auch, nur dass jetzt alles, was irgendeinen religiösen Beigeschmack hatte, aus unserem Alltag verbannt worden war. Aber still und heimlich habe ich weitergebetet. Ich war schließlich mit Gott verheiratet!

Was die Kinder betrifft ... Manche von ihnen heirateten und manche wurden Lehrerinnen. Sie müssen wissen, es gab damals nur wenige, die lesen und schreiben konnten. Schließlich waren nur noch zwei übrig. Zunächst hatten wir alle genug zu essen, genug Kleidung und ein Dach über dem Kopf, doch nach 1957, in den »drei Jahren Hungersnot«, änderte sich das. Vor allem nach 1959 hörten wir von verhungernden Menschen. Wir hatten seit zehn Jahren keine Babys mehr aufgenommen, aber nun kam es wieder häufiger vor, dass Menschen ihre Kinder bei uns abgaben, und das ging so weiter, bis 1966 die Kulturrevolution begann. Wenn wir dann morgens die Tür des Waisenhauses öffneten, lag manchmal ein Kind davor, das bereits verhungert war. Manche waren schon seit mehreren Tagen tot, und trotzdem brachten die Eltern sie zu uns. Warum, frage ich mich. Besonders zu Beginn des Jahres 1960 waren verhungerte Menschen ein alltäglicher Anblick. Im Winter ging das noch, aber als dann der Sommer kam, war der Gestank der verwesenden Leichen unerträglich. Wir hatten Glück: Uns standen garantierte Lebensmittelrationen zu. Der für die Lebensmittelverteilung zuständige Kader sorgte sehr gut für uns. Später hörten wir, dass er selbst verhungert war. Als wir die Nachricht erfuhren, weinten wir. Heutzutage kann sich kein Mensch mehr vorstellen, wie jemand, der für die Verteilung von Lebensmitteln verantwortlich ist, selbst verhungern kann.

Als die Kulturrevolution begann, holte man mich zu »Kampfsitzungen«, in denen ich meine »Verbrechen« gestehen sollte. Man warf mit folgende vier Verbrechen vor: Erstens, ich hatte eine schlechte Herkunft. (Obwohl ich nicht mal wusste, wer meine Eltern waren – ich wusste gar nichts. Aber die wenigen Dinge, die man mir mitgegeben hatte, als ich ausgesetzt wurde, galten als Beweis.) Zweitens, ich hatte mich auf die Seite der Japaner geschlagen und mich zum Instrument ihrer Propaganda gemacht. (Tatsächlich war ich zu der Zeit, in der ich angeblich als Abgesandte der Marionettenregierung arbeitete, erst sechs oder sieben Jahre alt. Wie hätte ich da wissen können, was das Wort Verräter überhaupt bedeutet? Es war absurd!) Drittens, ich war Dienerin der Religion des US-Imperialismus. (Dabei war ich doch gläubige Christin, nichts anderes.) Viertens, ich war eine Überläuferin, weil ich versucht hatte, vor der Volksbefreiungsarmee nach Süden zu fliehen. Eijeijei! Bei diesen Rotgardisten wusste man nicht, ob man lachen oder weinen sollte. Sie nannten mich Rote Mary und bildeten sich ein, damit hätten sie aus mir eine Revolutionärin gemacht. Dann schickten sie mich zur »Reform durch Arbeit« in ein Lager in der Provinz Hubei. Als dort bekannt wurde, dass ich in einem Waisenhaus gearbeitet hatte, musste ich meine »Reformierung durch Arbeit« im Waisenhaus in einer Kleinstadt bei Jingzhou ableisten.

Die Zustände in dem Haus waren erbärmlich, völlig desolat. Sechs Babys, noch kein Jahr alt, lagen nebeneinander auf einer Matte auf dem Boden ohne irgendwelchen

Schutz vor Mücken. Und so was nannte sich Waisenhaus! Eine alte Frau über sechzig kümmerte sich um die Kinder und baute gleichzeitig selbst Gemüse an. Sie ließ die Kinder den ganzen Tag schreien. Meistens fütterte sie sie mit Reisschleim, und anstatt sie ordentlich zu wickeln, spülte sie einfach den Urin und den Kot mit kaltem Wasser von der Matte. Nachts schlief sie mit den Babys zusammengedrängt auf derselben Matte, genau wie sie schutzlos den Moskitos ausgeliefert. Wenn ich daran zurückdenke, treibt es mir heute noch die Tränen in die Augen. So konnte ich nicht leben. Das war kein Waisenhaus, das war eine Kindertötungsanstalt.

Am nächsten Tag ging ich zu dem Kader, der mich dorthin geschickt hatte, und erzählte ihm weinend, in welchem elenden Zustand die Kinder waren. Er war ein Bauer mittleren Alters, und als er mich zu Ende angehört hatte, klopfte er auf den Bambuslattenrost des Bettes, auf dem sie während der heißen Sommermonate schliefen, und sagte: »Heute Nachmittag lasse ich euch zwei Lattenrostbetten rüberschicken – eins für die Babys und eins für dich und sie, und die sollen auch gleich Moskitonetze anbringen. Im Augenblick kann ich keine weiteren Betten erübrigen, also musst du dir eins mit ihr teilen. Und in ein paar Tagen schicke ich euch zwei Mädchen von der Gebildeten Jugend (Schüler, die während der Kulturrevolution zur Arbeit aufs Land geschickt wurden), die sollen euch bei der Arbeit im Garten helfen.« Und genauso kam es. Die alte Frau sagte, es wäre das erste Mal, dass sie je in einem Bett geschlafen hatte. Und als die Schülerinnen dann kamen, wurde die Lage deutlich besser. Sie waren ganz vernarrt in die Babys, und die sechs kleinen Würmchen fingen endlich an, etwas Gewicht zuzulegen. Sie wurden ganz drall und rosig, und alle fanden sie richtig süß. Offenbar waren die Eltern von fünf dieser Kleinen während der Kulturrevolution im Kampf getötet worden, und die sechste war von einem Rotgardisten hergebracht worden, der sie auf dem Feld gefunden hatte.

Das Konzept von Waisenhäusern existierte damals eigentlich nur in den großen Städten. Auf dem Land war es noch ganz selbstverständlich, dass neugeborene Mädchen getötet wurden, und selbst in den großstädtischen Waisenhäusern starben die meisten Babys schlicht an Verwahrlosung. Anständig ausgestattete Waisenhäuser gab es erst später. Jedenfalls noch nicht in den 1980er Jahren, außer vielleicht in den Großstädten. Kleine und sogar mittelgroße Städte hatten keine richtigen Waisenhäuser. Die Einrichtungen nannten sich zwar so, aber in Wahrheit bestanden sie nur aus einem Raum mit einer Holzpritsche und ein paar Töpfen und Pfannen zum Kochen – nicht mehr als eine Notunterkunft, wo ein paar arme Würmchen versorgt wurden.

Später wurde ich nach Hubei und Shanxi geschickt, um dort Waisenhäuser aufzubauen, und ich stellte fest, dass es praktisch keinerlei Unterlagen gab. Schwer zu sagen, warum. Wir Chinesen dokumentieren nicht alles so gründlich, wie die Westler das tun – da gibt es Leute, die alles aufschreiben, sobald eine Organisation gegründet wird, sogar Sachen, die mit Gebäuden und Wartung zu tun haben. Aber in China wird alles verbrannt, weil die Leute Angst haben, dass sie beim nächsten Machtwechsel für irgendwelche Unzulänglichkeiten, die dann ans Licht kommen könnten, bestraft werden. Es ist wirklich ein Jammer.

Soweit ich weiß, entstanden in kleineren Städten auf dem Land erst Ende der 1980er und Anfang der 1990er Jahre die ersten richtigen Waisenhäuser, die mit denen in den Großstädten vergleichbar waren. Ein Grund dafür war, dass viele Bauern ihre Dörfer verließen, um sich Arbeit zu suchen. Wenn die Familien es nicht fertigbrachten, ungewollte Babys zu töten, brachten die Wanderarbeiter sie in die nächste Stadt, in der Hoffnung, dass die Kinder dort aufgenommen und versorgt würden. Außerdem gab es Paare, die sich nur einen Sohn wünschten, keine Tochter, und wegen der Ein-Kind-Politik kein weiteres Kind haben durften. Diese Leute wussten, wohin sie gehen mussten, um das Baby zu bekommen, und wo sie es dann abgeben konnten. Dann waren da die jungen Frauen oder Studentinnen in der Stadt, die vor der Hochzeit schwanger wurden, das hab ich selbst gesehen, und es waren sehr viele. Die gaben ihrem Baby oft irgendein Andenken mit, einen Brief oder ein Buch oder irgendein Erinnerungsstück aus jener Zeit. Die Bauern machten so was nicht. Es gab noch einen weiteren Grund, warum immer mehr Waisenhäuser entstanden, nämlich die Liberalisierung, die internationale Adoptionen ermöglichte. Die ausländischen Adoptivfamilien zahlten den Waisenhäusern Geld, mit dem diese wirtschaften konnten.

Ich weiß nicht mal, wie teuer es für Ausländer war, ein Baby zu adoptieren. Schon seltsam, dass wir, die wir in Waisenhäusern gearbeitet haben, das nie erfahren haben. Eine chinesische Familie musste für einen Jungen bis zu zehntausend Yuan zahlen, das weiß ich allerdings. (Sie war entsetzt, als ich ihr erzählte, dass Ausländer 2007 für die Adoption eines kleinen Mädchens drei- bis fünftausend

US-Dollar bzw. zwischen fünfundzwanzig- und fünfundvierzigtausend Yuan zahlten. Eine chinesische Familie wiederum musste zehntausend Yuan zahlen, um einen Jungen zu adoptieren, aber nur zwei- bis dreihundert Yuan für ein Mädchen.) Das Geld ist bestimmt in die Taschen hoher Beamter geflossen – in den Waisenhäusern ist jedenfalls nie so viel angekommen. Aber die heutigen Waisenhäuser sind viel besser als früher. Zwischen damals und heute besteht ein himmelweiter Unterschied, was Essen, Kleidung und Ausstattung betrifft. Ich habe schon Waisenhäuser gesehen, die die reinsten Unternehmen geworden sind. Aber immer noch besser, als Babys nebeneinander auf den Boden zu legen, wo sie von Ungeziefer totgebissen werden.
Sie können sich nicht vorstellen, wie untauglich die für die Waisenhäuser zuständigen Kader waren, überall. Entweder konnten sie die Kinder nur praktisch betreuen, aber nicht unterrichten, weil sie selbst Analphabeten waren, oder sie verwandelten die Waisenhäuser in geschäftliche Unternehmen oder nutzten sie als Sprungbrett für ihre Karriere. Als die ersten Ausländer kamen, um unsere Babys zu adoptieren, haben die Kader sie wie reiche Prominente behandelt. Wir mussten die Babys, die zur Adoption standen, hübsch anziehen, vorzugsweise in Sachen mit ausländischer Schrift drauf, um den Schein zu wahren. Aber diese Kader hatten nicht verstanden, dass Ausländer gerade deshalb auf uns herabsahen, weil wir uns mittlerweile auf Fastfood und westliche Imbissketten wie McDonald's stürzten. Sie waren unfähig. Sie kannten noch nicht mal den Unterschied zwischen Pinyin (die Umschrift chinesischer Schriftzeichen in lateinische Buchstaben, z.B. »Beijing«) und Eng-

lisch! Und das waren unsere führenden Köpfe! Solchen Leuten waren unsere Babys ausgeliefert.
Um das Jahr 2000 herum bemerkten die Wanderarbeiter, die in die Großstädte kamen, dass Ausländer chinesische Mädchen adoptierten, und erst da wurde ihnen überhaupt klar, dass es Stellen gab, die neugeborene Mädchen aufnahmen. Die Kader vom Land, die ihre Heimatorte zuvor noch nie verlassen hatten, waren fassungslos, als sie in die Städte kamen und sahen, wie sich die Dinge verändert hatten. Wenn sie dann nach Hause zurückkehrten, ordneten sie an, wo immer möglich Waisenhäuser zu gründen. Sie hielten sie für eine Möglichkeit, »das Problem der Überbevölkerung zu lösen, Geld ins Land zu holen und die regionale Wirtschaft anzukurbeln«, wie sie es ausdrückten. Ich weiß das alles, weil ich von 1996 an von überall in China Einladungen bekam, bei der Gründung von Waisenhäusern als Beraterin mitzuhelfen. Sonst hätte ich niemals die Möglichkeit gehabt, nach Shanghai zurückzukommen.
Heute bin ich im Rahmen der sogenannten Zivilverwaltungsstrategie Beraterin für mehrere Waisenhäuser. In China existiert kein richtiges System für den Einsatz von Menschen und Ressourcen in der Zivilverwaltung, und Leute, die wie ich tatsächlich in Waisenhäusern gearbeitet haben, sind ziemlich rar. Ich weiß nicht, was Modernisierung heißen soll, insbesondere die Modernisierung von Waisenhäusern, aber ich weiß, was ich gesehen und erlebt habe, als ich in einem Waisenhaus aufgewachsen bin und später in einem gearbeitet habe. Außerdem kann ich auf diese Weise etwas für diese armen kleinen Würmchen tun. Es werden noch immer jede Menge Babys ausgesetzt. Jedes Jahr nach der Ernte und nach dem Neujahrsfest kommen

Wanderarbeiter zurück in die Städte und bringen neugeborene Mädchen mit. Übrigens auch Jungen, aber nur ganz wenige, und die haben meistens irgendwelche gesundheitlichen Probleme. Manchmal entscheiden sich auch Familien in der Stadt, ein Baby ins Waisenhaus zu geben, und Krankenhäuser schicken verlassene Babys immer dorthin. Und das sind alles Mädchen. Die Eltern verschwinden einfach ohne ein Wort.

Es kommen sogar Leute, um Babys zu verkaufen. Eigentlich sollte ich Ihnen das gar nicht erzählen, aber da ich schon so viel gesagt habe, können Sie auch alles erfahren. Kinder werden gekauft und verkauft, und manche Waisenhäuser kaufen Kinder. Wie gesagt, manche Kader haben ein Geschäft daraus gemacht, und Geschäft heißt ja nichts anderes als kaufen und verkaufen, nicht wahr? Genau genommen stammen aus dieser Quelle die Gelder für den Aufbau moderner Waisenhäuser. Der Staat sollte das eigentlich im Auge behalten. Aber was ist der Staat denn anderes als seine Menschen – die Kader, die in den Behörden arbeiten? Jedenfalls, vergessen Sie den Staat, entscheidend ist, was an der Basis passiert. China ist zu groß, hat zu viele Menschen, und es verändert sich alles zu schnell. Ich glaube, es kann niemand so richtig kontrollieren, was alles vor sich geht, und schon gar nicht, was diese mickrigen kleinen Beamten in den Waisenhäusern so treiben.

Aber warum ging die Zahl der internationalen Adoptionen nach 2006 dann zurück? Es fing an, als im Nordwesten Chinas Waisenhäuser eingerichtet wurden, möglicherweise im Zuge der wirtschaftlichen Entwicklung, und vielleicht wollten sie den Schwerpunkt der internationalen Adoptionen in den Nordwesten verlagern. Die Waisenhäuser in den östlichen Städten sind jetzt praktisch leer bis auf einige wenige behinderte Kinder, die keiner haben will. Aber in der Mitte und im Westen Chinas werden die Waisen nicht gut versorgt. In der Provinz Ningxia habe ich Häuser gesehen, wo die Bedingungen genauso fürchterlich waren wie früher in Hubei. Es gibt da im Sommer zwar keine Moskitos, aber die Winter sind bitterkalt, und das ist noch schlimmer. Die armen Babys! Das können Sie sich nicht vorstellen.

Und die Mütter der Kinder … Manche legen ihre Kinder einfach ab und schleichen sich davon. Andere kommen zurück und fragen, wie es ihnen geht. Am Anfang tun sie meistens so, als wollten sie sich für jemand anderen erkundigen, aber wenn das Baby im Adoptionszentrum registriert ist und manchmal auch, wenn es schon von seinen Adoptiveltern abgeholt wurde, kommt die Mutter und gibt mir indirekt zu verstehen, dass sie die leibliche Mutter ist. Ach, diese armen Frauen vermissen ihre Töchter so sehr. Es ist ihnen egal, wenn Leute blöde Bemerkungen machen, und sie riskieren, vom Familienplanungsbüro mit einer Strafe belegt zu werden, weil sie mehr als nur ein Kind bekommen haben, aber sie kommen trotzdem und erkundigen sich nach ihren Babys. Die Beschäftigten im Waisenhaus haben etwas von der Göttin Guanyin in sich und sind mitfühlend, deshalb halten sie den Mund. Manche von diesen bedauernswerten Frauen verlieren förmlich den Verstand vor lauter Sehnsucht nach ihren Babys. Oh ja! Es ist nicht zu beschreiben.

Ich denke oft, wenn meine eigene Mutter einen anderen Weg gesehen hätte, hätte sie mich nicht in ein Waisenhaus gebracht. Als junge Mitarbeiterin im Waisenhaus hatte ich keine großartigen Gefühle, was die Kinder anging, mit denen ich tagtäglich zu tun hatte. Später dann, als die schlechten Zeiten kamen, blieb keine Zeit zum Nachdenken, weil wir Essen auftreiben mussten, um die hungrigen Mäuler einigermaßen zu stopfen, und ansonsten froh waren, wenn wir mal eine Mütze Schlaf kriegten. Erst als sich das Leben wieder beruhigte, kam mir der Gedanke, dass jedes kleine Bündel, das einem Baby mitgegeben wurde, mit der Liebe der Mutter gefüllt war. Die Mütter haben ihren Babys meist kleine Erinnerungsstücke mitgegeben. Aber soweit ich weiß, hat keines der Häuser, in denen ich gearbeitet habe, die Sachen behalten. Sie wurden weggeworfen wie alles andere auch. Ich habe deshalb schon oft an die Behörden geschrieben, aber sie reagieren nicht. Diese Andenken sind ja nicht wertvoll, aber sie sagen etwas über die Herkunft des Kindes aus. Von den Waisenhausverwaltungen kriegte ich immer bloß zu hören, sie hätten keinen Platz, so einen »Plunder« aufzubewahren. Manchmal wanderten die Sachen noch am selben Tag in den Ofen, als Brennmaterial.

Es gab alle möglichen kleinen Andenken. Sogar Worte. Manche Mütter hatten lange, herzzerreißende Briefe auf die Kleidung des Babys geschrieben. Andere hatten Sachen bestickt oder kleine Kreuze oder Xe auf den Stoff genäht. Die Ärmsten von ihnen hinterließen einen blutigen Fingerabdruck. Bei manchen Babys war zunächst nichts in der Art zu finden. Aber wenn man dann genauer hinschaute, entdeckte man zum Beispiel auf einem winzigen Fingernagel ein Kreuz oder ein X. Vielleicht waren die Eltern zu mehr nicht in der Lage gewesen, weil sie zu unglücklich oder ihre Lebensumstände zu schwierig waren, aber war ihnen denn nicht klar, dass die Fingernägel des Babys wachsen und geschnitten werden würden? Wir haben nie Fotos gemacht, sind damals gar nicht auf die Idee gekommen, und überhaupt, welche Mitarbeiterin in einem Waisenhaus hätte sich denn zu der Zeit einen Fotoapparat leisten können?

Die Kinder hatten nur selten irgendwelche Male auf der Haut. Aber viele Babys wiesen Spuren von Verbrennungen auf, meistens zwischen den Beinen. Ich habe einige Hebammen danach gefragt, und alle haben sie dasselbe geantwortet: Es waren Verbrennungen von Öllampen oder Kerzenwachs. Wenn Dorfhebammen ein Baby geholt hatten, schauten sie als Erstes nach, ob es ein Junge oder ein Mädchen war, weil die ganze Familie darauf wartete, das zu erfahren. Manche von den Verbrennungen waren an den Geschlechtsteilen der Babys, und weil der Bereich feucht ist, verheilten die Verletzungen der armen Kleinen schlecht.

Es stimmt, kleine Babys können noch nicht verstehen, was mit ihnen geschieht, aber ihre Mütter leiden entsetzlich, weil sie sie lieben. Gebildete Frauen haben es da ein wenig leichter – zumindest wissen sie, dass ihre Babys ins Ausland adoptiert werden, meistens von wohlhabenden Familien, und dass sie als Töchter aufgenommen werden, nicht als Kinderbraut oder Zwangsarbeiterinnen. Die Ungebildeten tun mir leid, unendlich leid. Sie haben selbst so ein schweres Dasein, dann gebären sie unter Schmerzen eine Tochter, um sich anschließend auszumalen, was für grässliche Dinge die ausländischen Familien ihren kleinen Töchtern antun. Wissen Sie, manchmal flehen die Frauen mich an, den Ausländern etwas auszurichten: Zwingt die Kleine nicht

zu früh zum Arbeiten, sonst wächst sie nicht richtig! Gebt nicht zu viel Wasser in die Milch oder in den Reisbrei, sonst hat sie Hunger! Manche sagen: Sie hat so volles schwarzes Haar, flechtet es doch für ein paar Tage, wenn sie möchte! Schneidet ihr nicht die Zöpfe ab, um Haarwaschmittel zu sparen! Manche möchten die neuen Eltern auch bitten, dass sie die Kleine »im linken Arm wiegen, damit sie durch den Klang eures Herzschlags leichter einschläft«.
Diese armen Frauen haben ihre Babys neun Monate lang im Bauch getragen, und sie abzugeben ist, als würden sie sich das eigene Fleisch herausschneiden. Sie können nicht mit ihren Töchtern schmusen, und sie haben keinerlei Vorstellung, wie die neuen Eltern sie behandeln. Sie leben immerzu mit der qualvollen Angst um ihre Töchter …

Marys Stimme erstarb. Es fiel ihr zu schwer weiterzureden, und auch ich war in Gedanken versunken. Wie sehr diese Frauen litten, weil sie von ihren Kindern Abschied nehmen mussten. Ich vergaß, den Kassettenrekorder abzuschalten, und erst später, als ich das Gespräch niederschrieb, wurde mir klar, wie lange wir schweigend dort an jenem kleinen Restauranttisch gesessen hatten.
Am Ende unseres Gesprächs nannte Mary mir zwei Namen, Na und eine weitere Mary, die ich Grüne Mary genannt habe. Sie sagte, dass Na zwischen Shanghai und den USA hin und her pendele, während die Grüne Mary eine hohe Beamtin in Beijing sei. Beide könnten mir mehr dazu sagen, warum Neugeborene ausgesetzt wurden. Außerdem bat sie mich, ihren Namen zu ändern, wenn ich das, was sie mir erzählt hatte, niederschrieb, ihr die Originalkassette zuzusenden und danach keinen Kontakt mehr

zu ihr aufzunehmen. Ich erwiderte, dass viele der von mir interviewten Frauen dasselbe wollten, und versprach, ihren Wunsch zu respektieren. Doch ich wusste, dass ihre Geschichte und die der anderen Frauen darin mich nie wieder loslassen würden …

Als wir uns verabschiedeten, sagte Mary zu mir: »Bitte veröffentlichen Sie das, was ich Ihnen erzählt habe, damit diese kleinen Mädchen es lesen können und ihre chinesischen Mütter nie vergessen.«

Am 13. Februar 2008, während ich am ersten Entwurf dieses Kapitels arbeitete, fand in Australien eine feierliche Zeremonie statt. Im Namen der australischen Regierung entschuldigte sich Premierminister Kevin Rudd bei den Kindern der australischen Ureinwohner, die ihren Müttern weggenommen worden waren, um »erzogen« zu werden. Und in Darling Harbour, Sydney, steht die hundert Meter lange sogenannte Welcome Wall, in der die Namen zahlloser Immigranten eingraviert sind. Ich hatte das Gefühl, dass Zivilisation und Demokratie in Australien endlich den Weg zur Koexistenz vieler Rassen geebnet hatten. Das Einwanderungsland geht endlich ehrlich mit seiner Vergangenheit um und versucht jetzt einfühlsam Möglichkeiten zu schaffen, so dass Kinder zukünftig ungestört und gesund in den Armen ihre Mütter aufwachsen können.

7

Von der Mutter, die noch immer in den USA wartet

Ich kann diese Geschichte nicht selbst schreiben, und sie bedrückt mich schon seit Jahren.

Ich habe nur sehr wenige chinesische Mütter kennengelernt, die auch nur eine Vorstellung davon hatten, wie Töchter in westlichen Familien erzogen werden. Die meisten dieser Mütter leben ein einsames Leben ohne die Möglichkeit, ihre Bürde mit jemandem zu teilen. Und jede Hoffnung seitens der Adoptivfamilien, ihre chinesischen Kinder mögen irgendwann Gelegenheit haben, ihren leiblichen Müttern dafür zu danken, dass sie sie am Leben erhielten, ist nahezu illusorisch. So weit, wie der Westen von möglichen Informationsquellen in China entfernt ist, und so rar, wie diese Quellen obendrein gesät sind, kommt die Suche nach der leiblichen Mutter eines Kindes der sprichwörtlichen Suche nach der Nadel im Heuhaufen gleich. Vor den 1990er Jahren hatten die meisten einfachen Chinesen auf dem Land keinen Anspruch auf eine Geburtsurkunde oder eine vergleichbare Registrierung ihrer Person. Die Lage wird nicht nur dadurch erschwert, dass die chinesische Regierung kaum Informationen zu Adoptionen herausgibt, sondern auch dadurch, dass die verschiedenen Regionen unterschiedliche Verfahrensweisen haben und Adoptionen traditionell mit einem gewissen Gefühl der Scham einhergehen. Nach Ansicht der meisten Chinesen geht es niemanden etwas an, wenn sie ihre Kinder aussetzen oder zur Adoption geben oder sich scheiden lassen. Diese Dinge werden als Privatsache zwischen Eheleuten betrachtet, genauso wie ihr Sexualleben. Viele Paare erzählen ihren Kindern nicht mal, dass sie adoptiert sind. Eine kinderlose Familie ist eine Tragödie; ein Paar ohne Kinder hat versagt.

Seit Menschengedenken wurden Babys in China ausgesetzt. Einfache Leute taten es in dem Glauben, sie wären es ihren Ahnen schuldig, ihnen einen Sohn und Erben als Erstgeborenen zu schenken. Der Adel und die kaiserlichen Familien taten es häufig, um ihren Reichtum und ihre Macht zu schützen. In keiner gesellschaftlichen Schicht waren Menschen bereit zuzugeben, dass die Flamme am Schrein der Ahnen, die nur der älteste Sohn am Leben erhalten konnte, erlöschen würde. Das galt auch für die höchste Spitze der Gesellschaft: Jeder Kaiser musste ein »wahrer« Kaiser sein, der seine Macht und seine Privilegien rechtmäßig geerbt hatte.

Scheidung, wie wir sie heute in China verstehen, ist ein Produkt der modernen chinesischen Gesellschaft. Bis zur Zerschlagung des kaiserlichen Feudalsystems im Jahr 1911 konnte ein Mann seine Frau verstoßen, aber eine Frau hatte absolut keine Möglichkeit, ihre Ehe zu beenden. Im Zuge der heftigen Umwälzungen und politischen Umbrüche des zwanzigsten Jahrhunderts wurde Scheidung (und Wiederverheiratung) mehr und mehr zu einer Möglichkeit, Karriere in der Politik zu machen und ein besseres Leben zu führen. Niemand hätte Außenstehenden gegenüber offen zugegeben, dass er sich hatte scheiden lassen, um einer zutiefst lieblosen Ehe zu entrinnen. Erst in den 1980er Jahren wurde es den Chinesen möglich, frei und selbstbestimmt in Sachen Ehe zu entscheiden und sich eine Familie zu suchen, wie sie sie sich wirklich wünschten. Von da an wurde Scheidung endlich zu einem Thema, über das man offen reden konnte.

Adoption bedeutete im alten China, das Kind eines Verwandten bei sich aufzunehmen. Hauptsächlich waren Jungen davon betroffen. Sie wurden Mitglied der Adoptivfamilie und hatten dann auch Anspruch auf einen Anteil am Familienvermögen. Mädchen wurden kaum auf diese Weise adoptiert. Für gewöhnlich kamen sie als Kinderbräute in eine neue Familie, wurden dort aufgezogen, bis sie alt genug waren, um mit dem Sohn der Familie verheiratet zu werden. Bevor dieses System 1950 abgeschafft wurde, erduldeten fast alle Kinderbräute ein grausames Schicksal: Sie genossen nicht dieselbe Stellung wie die anderen Töchter, hatten nicht die normalen Rechte, die mit der Heirat in eine neue Familie einhergingen, und wurden von klein auf als billige Arbeitskräfte ausgebeutet. Die traditionellen Bindungen zwischen Blutsverwandten blieben ungeheuer stark, da sie mit dem Erbe des Vermögens ebenso verbunden waren wie mit der Pflicht der Kinder, für ihre alten Eltern zu sorgen. Die Menschen fürchteten, die angenommenen Kinder, die sie unter großen Opfern großgezogen hatten, würden ihre Adoptivfamilien verlassen, sobald sie alt genug waren, um in ihre Heimatdörfer zurückzukehren und dort für ihre leiblichen Eltern zu sorgen, die doch nichts dazu beigetragen hatten, sie großzuziehen. Daher wurde angenommenen Kindern fast nie erzählt, woher sie stammten.

Diese Einstellung änderte sich ab 2005 allmählich, als der Staat chinesische Familien darin bestärkte, verlassene Kinder zu adoptieren. In der Praxis waren aber nur sehr wenige dazu in der Lage, da tiefverwurzelte gesellschaftliche Haltungen und die Ein-Kind-Politik dagegensprachen. Außerdem fragen sich viele, wie die übrige Gesellschaft darauf reagieren wird. Werden Adoptivfamilien oder diejenigen, die ihre Kinder abgeben, in der Lage sein, Vorurteile zu überwinden und einen neuen Familienbegriff zu entwickeln? Das sind Fragen, auf die Antworten gefunden werden müssen, und ch denke, das wird seine Zeit dauern.

Als ich die Stiftung The Mothers' Bridge of Love gründete, geschah das mit dem Ziel, Adoptivfamilien dabei zu helfen, mehr über das Leben der leiblichen Mütter, über chinesische Geschichte und Kultur zu erfahren, um eine Brücke zwischen der aufnehmenden Gesellschaft und der Herkunftskultur der Kinder zu bauen. Wie sich herausstellte, war die schwierigste Aufgabe dabei, mehr über die Mütter herauszubekommen, die gezwungen gewesen waren, ihre Babys abzugeben. Im Zuge meiner Arbeit als Journalistin in China war ich einigen solcher Mütter begegnet, aber um mehr zu erfahren, benötigte ich die richtigen Kontakte auf allen Regierungsebenen. Die Kombination von Traditionsbewusstsein und schwerfälligem Verwaltungsapparat machten das damals unmöglich, so dass ich noch immer mit dieser Aufgabe befasst bin.

Ich wusste, wenn ich die Geschichten dieser Mütter erzählen wollte, musste ich jede Gelegenheit nutzen, und setzte daher Himmel und Hölle in Bewegung, um die beiden Frauen zu treffen, von denen die Rote Mary gesprochen hatte: Na und die Grüne Mary. Von ihnen erhoffte ich mir, mehr über die Gründe zu erfahren, wie und warum Kinder ausgesetzt wurden. Aber es gelang mir nicht, mit Na in China Kontakt aufzunehmen. So traf ich sie erst im Oktober 2007, als ich gerade für mein Buch über *The Mothers' Bridge of Love* in den USA auf Lesereise war. Eine Freundin von ihr hatte an einem Treffen von Adoptivfamilien teilgenommen, das ich in Boston organisiert hatte. Am nächsten Tag bekam ich viele E-Mails von neuen Freunden, aber nur eine davon war auf Chinesisch. Die Absenderin stellte sich als Marys Kontaktperson vor: Na. Sie war inzwischen amerikanische Staatsbürgerin, und sie schrieb, sie hoffe, sich mit mir in New York treffen zu können, falls ich die Zeit dafür fände.

Ich hatte ohnehin vorgehabt, ein paar Tage in New York zu verbringen, um meine Weihnachtseinkäufe zu machen, daher ergriff ich die Gelegenheit beim Schopf. Wir verabredeten uns in einem Coffeeshop am Broadway. Als ich dort ankam, war der Laden zu meiner Verblüffung rappelvoll, und das vor zehn Uhr morgens an einem ganz normalen Wochentag. Ich wartete in der Hoffnung, dass ein Tisch am Fenster frei würde, und tatsächlich konnte ich einen ergattern. Ich war noch immer zehn Minuten zu früh dran, aber Na schien sich an gute alte chinesische Sitten zu halten und kam ebenfalls zu früh. Ich bemerkte sie, sobald sie zur Tür hereinkam, wahrscheinlich, weil es ungewöhnlich ist, wenn eine Chinesin allein einen Coffee-

shop betritt. Und sie wiederum ließ den Blick nur einmal durchs Lokal schweifen und kam dann schnurstracks auf mich zu.
Na sah nicht älter als dreißig aus. Sie war weder im saloppen europäischen Stil gekleidet, noch trug sie Designerklamotten und teuren Schmuck, wie eine chinesische Staatsbürgerin das getan hätte. Ihre Kleidung entsprach vielmehr dem Edelschick der typischen New Yorkerin. Unter einem blassrosa-blau karierten Rundhalsblazer mit großen Knöpfen trug sie ein cremefarbenes Kaschmirtop mit Stehkragen. Ihr Schmuck bestand aus einer schimmernden Halskette aus geflochtenem Gold und dazu passenden Ohrringen. Ihre Hose war ebenfalls cremefarben, hatte Aufschläge und goldene Zierknöpfe, die zu ihrem Goldschmuck passten.
Na zog ihren Mantel aus und setzte sich, die vollendete cremefarbene Eleganz. Zum Auftakt unseres Gesprächs stellte sie mir Fragen zu den Aktionen von The Mothers' Bridge of Love. Dann sprachen wir über die Schwierigkeiten, mit denen Stiftungen zu kämpfen haben, die von Auslandschinesen geleitet werden, und über ihre mangelnde Anerkennung und Unterstützung im Westen. Nachdem wir eine Weile erörtert hatten, wie man westlichen Familien helfen kann, die chinesische Kultur zu verstehen, kamen wir schließlich auf die Briefe zu sprechen, in denen Adoptivfamilien uns um Hilfe baten. Mehrmals traten Na Tränen in die Augen, und sie wirkte aufgewühlt. Schließlich wurde sie von ihren Emotionen überwältigt und sagte mit bebender Stimme:
»Ich weiß, meine Tochter ist auch dabei.«
Ich war verwirrt. »Ihre Tochter?«

»Ja, meine Tochter. Sie war nur zweiunddreißig Tage bei mir. Dann hab ich mein eigenes Kind weggegeben.« Und sie brach in Tränen aus.

Mir stockte vor Entsetzen der Atem. Wie war es möglich, dass diese modebewusste junge Frau, der es in den USA offensichtlich gut ergangen war, ihre eigene Tochter weggegeben hatte? Aber ich beherrschte mich. Das war nicht der passende Zeitpunkt, um Na mit Fragen zu bombardieren. Ich hoffte, ein Moment der Stille, während wir unseren Kaffee tranken, würde uns beide ein wenig beruhigen. Ein Kellner kam an unseren Tisch und fragte, ob alles in Ordnung sei.

Ich sah zu, wie Na sich mit chinesischen Heart-to-Heart-Papiertaschentüchern die Tränen vom tadellos geschminkten Gesicht tupfte. Dann umfasste sie ihre Kaffeetasse mit beiden Händen, als wollte sie das Zittern damit unterdrücken, und blickte aus dem Fenster auf den Broadway, der sich Richtung Central Park erstreckte.

»2002, in meinem letzten Jahr an der Shanghai University, hatte ich eine Affäre mit einem Professor. Damals war ich eine lebensprühende, unwiderstehliche junge Frau, zumindest hielt ich mich dafür. Meine Eltern waren beide Dozenten an einer anderen Uni. Sie hatten mich sehr streng erzogen und mir niemals erlaubt, allein auszugehen. Erst im vierten Studienjahr, als ich schon zweiundzwanzig war, durfte ich ins Studentenwohnheim ziehen. Ende der 1990er Jahre hatte Shanghai sich durch die wirtschaftlichen Reformen stark verändert. Es war ›verwestlicht‹, und junge Frauen hatten auf einmal jede Menge Freiheiten. Viele Studentinnen schliefen schon im ersten Semester mit ihren Freunden, und zwischen den Männern herrschte eine große Rivalität. Wir waren zu acht in einem Zimmer, und ich war das hässliche Entlein. Alle lachten mich aus, weil ich eine so altmodische Jungfrau war, eine junge Frau, die sich einen Freund wünschte, aber keinen hatte. Mitunter machte mich das völlig fertig, und dann hatte ich das Gefühl, noch weniger wert zu sein als eine Prostituierte. Die anderen wussten wenigstens, was es bedeutete, eine Frau zu sein, und was Männer sich wünschten. Zum Glück zog ich im Spätsommer ins Wohnheim, als alle Betten noch Moskitonetze hatten, so hatte ich immerhin etwas, wohinter ich meine depressive Stimmung verbergen konnte. (›Studentenblues‹ nannten wir das damals.)

Jedenfalls, wenn es abends dunkel wurde, waren diese Netze auch für die anderen wie Schutzschilde, und sie redeten dann ungeniert über ihr Liebesleben. Über alles, hemmungslos; wie ihre Freunde aussahen und über deren Penisse, wie es war, mit jemandem zu schlafen, einen Orgasmus zu haben.

Ehrlich gesagt, wenn ich jetzt daran zurückdenke, kann ich es selbst kaum glauben. Noch eine Generation vor uns hatten die Studenten, selbst wenn sie Eltern geworden waren, im Beisein ihrer Kinder noch nicht mal Händchen gehalten, von Umarmungen und Küssen ganz zu schweigen. Wieso schlugen wir dann so schnell ins andere Extrem um? Anders als meine Kommilitoninnen war ich es nicht gewohnt, allein auszugehen. Ich hatte zurückgezogen zu Hause gelebt, und auf einmal bekam ich diese heißen Gespräche über Sex mit. Ich wusste wirklich nicht, was ich davon halten sollte.

Manchmal merkte ich, wie mein Atem schneller ging und dass es da unten pulsierte.«

Sie stockte und sah mich durchdringend an.
»Vermutlich sind Sie schockiert, wie offen ich rede. Wir Chinesen sind Heuchler, wissen Sie? So sind wir erzogen worden. Wir betrachten selbst biologische Instinkte schwarzweiß, unterteilen sie in gute und böse. Tatsache ist, wir alle verdrängen eine ganze Menge Erinnerungen, während wir heranwachsen. Wir möchten uns ja anderen Menschen gegenüber öffnen, aber wir gestehen uns vieles selbst nicht ein. Aber dann werden diese Erinnerungen zu Geißeln, die uns im Traum züchtigen. Entschuldigen Sie, ich klinge wirklich ziemlich verrucht.«
An dieser Stelle holte ich meinen Kassettenrekorder hervor und fragte, ob ich unser Gespräch aufzeichnen dürfe.
»Nur wenn Sie es so machen wie in *Verborgene Stimmen* und solange sie meinen richtigen Namen nicht nennen. Ich bin Ingenieurin, meine Generation hat Computer noch verteufelt. Ich kann diese Geschichte nicht selbst schreiben, und sie bedrückt mich schon seit Jahren. Wenn Sie sie verwenden wollen, bitte sehr!« Dabei streckte sie mir die geöffneten Hände entgegen, als gäbe sie mir nicht bloß ihre Erlaubnis, sondern böte mir zugleich auch ihr Herz an. Dann erzählte sie weiter.
»Durch die Gespräche meiner Zimmergenossinnen gerieten die moralischen Bollwerke, die meine Eltern zwanzig Jahre lang um mich errichtet hatten, allmählich ins Bröckeln. Schauen Sie mich nicht so an! Das ist die Wahrheit«, beteuerte sie. »Meine ersten Reaktionen waren rein körperlich; emotional war ich nicht sonderlich interessiert. Und ich hatte keine Eile. Aber eines Abends im Spätherbst wurde das anders, als das Gespräch auf den jüngsten Professor an unserer Fakultät kam.

Ich hatte keine Lust auf irgendwelche abgehobenen akademischen Diskussionen mit ihm, und anders als meine Kommilitoninnen beneidete ich ihn auch nicht um seine Bilderbuchfamilie – eine hübsche Frau, die als Kassiererin in einem Hotel arbeitete, das Ausländern gehörte, nebst Sohn und Tochter, Zwillingen. Darum ging es nicht. Was mich jedoch wirklich interessierte, war, dass er nie ein Auge auf andere Frauen warf. Er schien gegen jede Versuchung gefeit zu sein. Ich staunte über seine Treue und fand es faszinierend, wie die Liebe Menschen verändern kann. Zwei Monate lang folgte ich ihm praktisch überallhin und beobachtete, was er machte. Sein Verhalten war wirklich untadelig. Wenn er nicht an der Uni war, im Schwimmbad oder im Büro, dann war er zu Hause.
Er wohnte auf dem Campus. Sie hatten eine Eckwohnung im zweiten Stock, und abends war es ganz einfach, sie aus verschiedenen Blickwinkeln zu beobachten. Vor dem Gebäude lag ein Sportplatz, keine anderen Häuser, daher zogen sie fast nie die Vorhänge zu. Er schien sehr häuslich zu sein, zumindest sah ich ihn häufig in der Küche beim Kochen, und an den Wochenenden hielt er die Kleinen auf dem Arm und plauderte mit den Großeltern. Es war wirklich eine Bilderbuchehe.
Ich wiegte mich in dem Glauben, dass er nicht bemerkt hatte, wie ich ihn verfolgte, aber eines Tages bat er mich in sein Büro. Das war an sich nichts Ungewöhnliches – schließlich besuchte ich seine Seminare. Aber sobald ich ins Zimmer trat, kam er gleich zur Sache: ›Wieso verfolgen Sie mich?‹ Ich wäre am liebsten im Erdboden versunken. Ich muss dunkelrot angelaufen sein.«
Na schmunzelte und hob die Hände vors Gesicht.

»Ich beschloss, ihm einfach die Wahrheit zu sagen. Ich erklärte ihm, dass ich herausfinden wollte, ob es heutzutage wirklich noch glückliche Familien und treue Ehemänner gab. Er fragte mich: ›Und? Gibt es welche? Haben Sie irgendwelche Beweise gefunden?‹ Ich sagte: ›Ich glaube schon – Sie zum Beispiel!‹ Er schien verblüfft. Nach einer Pause sagte er: ›Wissen Sie, Männer sind nicht wie Frauen. Sie reagieren völlig anders, nicht nur psychologisch, sondern auch physiologisch. Ihre Gefühle sind anders, ihre Sichtweise der Dinge, ihre Haltung zu Sexualität und Verantwortung.‹

Seine brüske Antwort enttäuschte mich. Dasselbe hätte ich auch in irgendeinem Buch über Beziehungen zwischen Männern und Frauen lesen können. Von ihm hatte ich etwas Tiefsinnigeres erwartet.

Aber dann rief er mich irgendwann später erneut in sein Büro, und diesmal sagte er etwas, das mich schockierte: ›Sie sollten nicht alles glauben, was Sie sehen und hören. In Wahrheit bin ich gar nicht der tugendhafte Mann, für den Sie mich halten. Es vergeht kein Tag, an dem ich keine lüsternen Gedanken habe. Und ich habe meine Frau betrogen. Damals waren wir noch nicht verheiratet, aber wir waren schon ein Paar, und ich hatte gleichzeitig eine Affäre mit einer anderen. Ehrlich gesagt, nur die Zwillinge waren der Grund, warum ich mit dem Fremdgehen aufgehört habe. Irgendwie haben sie mein Herz an die Kette gelegt. Und ich konnte es nicht ertragen, die Frau zu verletzen, die mir zwei so wundervolle Kinder geschenkt hatte. Hören Sie auf, von dem perfekten Mann zu träumen! Ich habe Ihnen mein Geheimnis verraten, damit Sie mit Ihren Erwartungen an die Liebe keinen Schiffbruch erleiden. Sie sind anders als die anderen jungen Frauen. Die haben schon Erfahrungen gemacht. Sexuelle Erfahrungen sind für eine Frau das Gleiche wie die Borke an einem alten Baum. Jedes Mal, wenn ein Mann und eine Frau sich miteinander amüsieren, hinterlässt das bei der Frau eine Narbe, die nie richtig verheilt. Aber letztlich suchen und streben Männer nach den gleichen Dingen wie Frauen. Jungfräulichkeit ist ihnen wichtig, und sie suchen nach denselben Antworten wie Sie. Was immer Sie also tun, kommen Sie nicht vom rechten Weg ab! Das würde Ihren Freund verletzen, falls er noch unerfahren ist.‹

An jenem Tag sagte ich kein Wort, aber seine Worte wollten mir nicht mehr aus dem Kopf. Als es Abend wurde, schrieb ich sie auf, versehen mit zahllosen Frage- und Ausrufezeichen. Ich wusste selbst nicht, warum ich das tat, aber allmählich, als die Dinge ihren Lauf nahmen, wurde ein Fragezeichen nach dem anderen zu einem Ausrufezeichen.

Nicht lange danach ging ich zu ihm, um meine Dissertation zu erörtern. Ich weiß nicht mehr, wie es dazu kam, aber nach einer Weile sah ich ihm direkt in die Augen und hörte mich selbst sagen: ›Würden Sie mich berühren? So wie ein Mann eine Frau berührt?‹

›Warum?‹, fragte er.

›Weil ich endlich aufwachen möchte‹, sagte ich. ›Ich möchte erleben, wie es ist, wenn ein Mann und eine Frau zusammen sind.‹

Er sah mich lange an, dann fasste er mich mit einer Hand und bugsierte mich zur Tür seines Büros. Ich dachte schon, er wolle mich hinauswerfen, doch genau in dem Moment, als ich erwartete, dass er die Tür öffnet, begann er, mich mit einer Hand unten am Rücken zu streicheln. Dann liebkoste er meine Ohren und meinen Hals, und schließlich schob er seine Hand in meine Unterwäsche … Das war das erste Mal, dass mich ein Mann so berührte, und das Herz raste mir in der Brust. Ich wandte mein Gesicht instinktiv zu ihm hoch, doch er legte die andere Hand auf meinen Mund und sagte sanft: ›Heb dir das für deinen Mann auf!‹ Dann zog er die Hand aus meiner Unterwäsche, öffnete die Tür und sagte: ›Auf Wiedersehen.‹

Ich habe keine Ahnung, wie ich an dem Tag zurück ins Wohnheim gekommen bin oder was ich am Abend aß. Lachen Sie ruhig, aber ich hatte das Gefühl, als wäre seine Hand noch auf meiner Haut. Im Geist schob ich sie sogar auf meine Brust und dann nach unten, und ich malte mir die Lust aus, die Mann und Frau einander schenken können. Tagelang schwebte ich wie auf Wolken und spürte seine Hand auf meinem Körper.

An dem Wochenende waren meine Eltern, die inzwischen im Ruhestand waren, mit Freunden für drei Wochen in Urlaub gefahren, nach Guilin, und hatten mich gebeten, in der Zeit zu Hause zu wohnen. Ich tat ihnen den Gefallen. Die Wohnung war leer und verlassen, und während ich dort allein herumhockte, konnte ich noch immer die Hand des Professors spüren, als ob sie größer geworden wäre und mit mir machte, was sie wollte. Schließlich hielt ich es nicht länger aus. Unter dem Vorwand, mein Vater hätte ein paar Artikel ins Englische übersetzt und bäte den Professor, doch mal vorbeizukommen und einen Blick darauf zu werfen, ging ich zu ihm. Die ganze Uni wusste, wie gut sein Englisch war. Er überlegte kurz und sagte dann, seine Frau würde für eine Woche mit den Kindern zu ihren Eltern nach Hangzhou fahren, er hätte also abends Zeit, vorbeizukommen und behilflich zu sein.«

Ich hörte Na zu und wollte meinen Ohren nicht trauen, denn ihr Wagemut entsetzte mich auch noch so viele Jahre später. Ich konnte mir nicht vorstellen, dass der Professor tatsächlich zu ihr nach Hause gekommen war. Aber das war er.

»Er kam mit einem großen Wörterbuch«, erzählte Na weiter, »und fragte mich, wo mein Vater sei. Ich antwortete, er habe kurz weggemusst und komme gleich wieder. Dann bot ich ihm an, eine Tasse Tee zuzubereiten. Während der Tee zog, entkleidete ich mich splitternackt, und dann trat ich mit dem Teetablett in der Hand hinter ihn. Er sah sich gerade die Bücher im Regal meines Vaters an und deutete, ohne sich umzudrehen, auf eine Werbebroschüre für den Neudruck der *Siku Quanshu.* (Eine riesige Textsammlung, die auf Anordnung des Quing-Kaisers Qianlong zwischen 1773 und 1782 zusammengetragen wurde.) ›Ach je! Die hätte ich mir furchtbar gern gekauft, aber leider kann ich mir das nicht leisten. Überlegt Ihr Vater, sie zu bestellen?‹

Ich antwortete nicht. Ich stellte einfach den Tee ab und trat dicht hinter ihn, die Hände an den Seiten.

Ich war ganz ruhig. Es war doch viel besser, mich jetzt diesem aufrichtigen Mann hinzugeben, als Gott weiß wem irgendwann in der Zukunft, und außerdem hatte ich ehrlich das Gefühl, ihn zu belohnen. Da ich nichts gesagt hatte, veranlasste ihn wohl das Geräusch meines Atems, sich umzudrehen. Er stand nur wenige Zentimeter von meinem nackten Körper entfernt. Er lief dunkelrot an, dann schloss er mich in die Arme, küsste und liebkoste mich gierig … So begann unsere Liebesaffäre in der Wohnung meiner Eltern. Die ganze Woche über lagen wir uns jede Nacht in den Armen.«

»Und in der ganzen Zeit ist Ihnen nie die Frage in den Sinn gekommen, ob er ein guter oder ein schlechter Mann war?« Ich wusste, dass viele Chinesinnen Schuldgefühle beim Liebesakt hatten.

»Er war einfach nur ein Mann. Unsere Generation ist anders als Ihre. Wir haben uns keine Gedanken gemacht über Schuld oder darüber, was gut und was schlecht ist.«

»Und danach?«, fragte ich unwillkürlich, weil ich mir den Konflikt zwischen den beiden Familien vorstellte.

»Es gab kein Danach. Am Ende der Woche holte er seine Frau und die Kinder ab und kehrte in sein Familienleben zurück. Es war nicht peinlich, wenn wir uns begegneten. Was mich betraf, nun, ich denke, das erste Mal ist bei jedem anders, oder? Jedenfalls redete ich mir das ein. Und meine Mitstudentinnen hatten offenbar alle Ähnliches erlebt. Er schien die Sache noch nüchterner zu betrachten als ich.

Kommen Sie, Xinran!«, sagte sie auf Englisch, als sie meinen Gesichtsausdruck sah. »Es war Lust, nicht Liebe. Ich glaube, das ist der größte Unterschied zwischen unserer Generation und der davor und erst recht den Generationen davor. Für uns waren Sex, Zuneigung und Liebe von Anfang an unterschiedliche Bestandteile des Lebens, selbst für jemanden, der so unerfahren war wie ich. In der Generation meiner Eltern galt, wenn man die ersten beiden hatte, musste daraus zwangsläufig Liebe folgen, ansonsten war man ein Flittchen. Doch in Wirklichkeit habt ihr in einer verlogenen, repressiven Kultur gelebt.«

Als ich Nas Tonband abspielte und diese Worte hörte, brachten sie mich ins Grübeln. War das Liebesleben unserer Generation wirklich so kaputt gewesen? Na erzählte mir, dass ihre einwöchige Affäre unerwartete Folgen gehabt hatte. Als sie das nächste Mal von der Uni nach Hause kam, bemerkte die Mutter den schwangeren Bauch ihrer Tochter. Die Eltern waren außer sich vor Zorn auf diesen Mann, der weder der Ehemann noch der Verlobte ihrer Tochter war und ihr keinerlei Sicherheit bot. Sie waren stets höflich distanziert miteinander umgegangen, aber jetzt hatten sie einen lautstarken Streit. Der Vater wollte Na zur Abtreibung zwingen. Die Mutter war dagegen. Sie sagte, das Baby wachse bereits im Mutterleib heran und könne nicht einfach so getötet werden. Aber in einem waren sie sich einig: Durch Nas Schande hatte die ganze Familie das Gesicht verloren, sogar einschließlich vorangegangener Generationen. Also beschlossen sie, ihr ganzes Geld dafür auszugeben, ihr einziges Kind in den USA studieren zu lassen. Sie sollte gleich nach dem Geburtsmonat abreisen und möglichst für immer dort bleiben, sich Arbeit und einen Mann suchen und keine weitere Schande mehr über die Familie bringen.

»Meine Tochter war ein ›Herbstbaby‹, voll entwickelt und vier Kilo schwer«, erzählte Na. »Für die Geburt war ich zu einer Verwandten meiner Mutter gefahren, die weit weg lebte. Als die Kleine das erste Mal an meiner Brust nuckelte, war ich ungeheuer gerührt darüber, wie sehr dieses kleine Wesen mir vertraute und von mir abhängig war. Ich nannte sie Xinxin, ›Herz an Herz‹ – meines und ihres. Ich hatte dank Unmengen von gekochten Roten Datteln und

Schweinefüßen reichlich Milch, und mein Baby wuchs zu einem drallen Engelchen heran. Nach der Entbindung buchten meine Eltern zwei Zimmer in einem Hotel in Changzhou für uns, weil uns in der Stadt niemand kannte. Meine Mutter hatte Sorge, ich würde nicht allein mit dem Baby fertig, deshalb teilten wir uns ein Zimmer, und mein Vater nahm das andere.

Sie wollten, dass ich meine Tochter in ein Waisenhaus gebe, und sie bearbeiteten mich drei Tage und zwei Nächte lang mit einer Mischung aus Drohungen und gutem Zureden. Ich hielt meine Kleine im Arm, weinte, kniete vor ihnen nieder und flehte sie an, mich nicht zu zwingen, mein Kind wegzugeben. Auch sie weinten und flehten mich an, es zu tun. Wir weinten alle. Schließlich meldeten sich bei meinem Vater alte Herzprobleme, und er musste ins Krankenhaus. Meine Mutter und ich kümmerten uns abwechselnd um ihn und das Baby. Jedes Mal, wenn ich bei meinem Vater im Krankenhaus wachte, hatte ich panische Angst, meine Mutter würde unterdessen über meinen Kopf hinweg eine Entscheidung treffen und mich vor vollendete Tatsachen stellen. Bald wurde auch meine Mutter vor Erschöpfung krank. Wir waren fremd in Changzhou, und ich fand es extrem anstrengend, zwei alte Menschen und ein kleines Baby zu versorgen. Aber die kleine Xinxin gab mir die Kraft dazu.

Eines Tages hielt mir meine Mutter eine Art Sterbebettrede. ›Unser ganzes Leben lang‹, sagte sie, ›haben dein Vater und ich uns bemüht, nach außen hin geschlossen dazustehen, damit niemand uns irgendwas Schlechtes nachsagen kann, wenn wir mal nicht mehr sind. Aber wenn unser einziges Kind sich entscheidet, als alleinerziehende Mutter zu leben, wie können dein Vater und ich dann nach Shanghai zurückkehren? Mal ganz zu schweigen davon, dass wir unsere letzten Jahre in Ruhe und Frieden verbringen wollten und nun nicht mal mehr unseren Freunden und Verwandten ins Gesicht sehen können. Ich hab dich nicht zur Abtreibung gedrängt, weil ich selbst Mutter bin und weil ich finde, dass es einem lebenden Wesen gegenüber ungerecht wäre, es einfach loszuwerden, aber wir sind so einem Leben, zu dem du und dein Baby uns nötigen werdet, nicht mehr gewachsen. Du bist zweiundzwanzig und unser einziges Kind, und seitdem du in meinem Bauch warst, haben wir uns daran erfreut, dich aufwachsen zu sehen. Du bist erst seit einem Monat Mutter und du willst deine Tochter nicht aufgeben, aber du hast nicht darüber nachgedacht, wie deine Eltern all die Empörung verkraften sollen, die dieses Kind auslösen wird. Ich flehe dich an, Tochter, ich flehe dich an! Du siehst doch, wie krank die Sache deinen Vater gemacht hat, und du siehst auch, wie krank sie mich macht … Ich habe mich erkundigt, die Kinder aus allen Waisenhäusern hier in der Umgebung werden von amerikanischen Paaren adoptiert. Wenn deine Tochter von Amerikanern adoptiert wird, wer weiß, vielleicht kannst du sie dann irgendwann in Amerika wiederfinden. Die technische Entwicklung schreitet ja immer weiter voran, da gibt es bestimmt eine Möglichkeit. Wir haben nicht mehr lange zu leben, bitte gönn uns einen ruhigen Lebensabend!‹

Danach traf ich schließlich die Entscheidung, meine Tochter zur Adoption zu geben, weil ich dachte, ich könnte sie in Amerika wiederfinden.« Sie schüttelte langsam den Kopf und senkte den Blick auf den Tisch. Wir schwiegen, und plötzlich nahm ich wieder die Geräusche des voll besetzten Cafés um uns herum wahr.

»Und haben Sie sie gefunden?«, fragte ich endlich.

»Noch nicht. Ich habe erst 2005 erfahren, dass dreißigtausend adoptierte chinesische Kinder in den Staaten leben.«

»Hat Ihre Tochter irgendwelche unverwechselbaren Muttermale?« Ich hatte den Gedanken, dass ich auf der Homepage von The Mothers' Bridge of Love eine Suchmeldung veröffentlichen könnte.

»Nein, sie war ein makelloses kleines Mädchen. Ihr rechtes Ohr war ein bisschen geknickt, weil ich sie immer im linken Arm gehalten hab und es dadurch gedrückt wurde. Aber wie gesagt, nur ein bisschen, und vielleicht hat sich das ja auch wieder gegeben, wenn sie dann anders geschlafen hat.

Ich brachte es nicht fertig, sie selbst zum Waisenhaus zu bringen. Das hat meine Mutter gemacht. Sie hat den Leuten dort erzählt, sie hätte das Baby auf der Straße gefunden. Wissen Sie, was das Schlimmste war? Ich wollte meiner Tochter und mir ein Erinnerungszeichen mitgeben, etwas, woran wir einander erkennen könnten. Deshalb habe ich das Oberteil genommen, das ich immer getragen hatte, wenn ich sie stillte, und legte es Kante an Kante neben das Hemdchen, das ich ihr anziehen wollte. Dann hab ich mit einem roten Kopierstift drei große Schriftzeichen halb auf das eine und halb auf das andere gemalt: Xinxin, zwei Schriftzeichen für Herz, und das Zeichen für Liebe. Ich hoffte, wir würden uns so erkennen, wenn wir die halben Schriftzeichen irgendwann in der Zukunft wieder nebeneinanderlegen könnten. Aber als meine Mutter vom Waisenhaus zurückkam, sagte sie, die Kinder dort würden alle das Gleiche tragen. Keines, so hatte man ihr erklärt, dürfte die Sachen behalten, in denen es ankam, und falls meine Mutter sie nicht mitnehmen wollte, würden sie einfach verbrannt. An diesem Abend hielt ich die restlichen Sachen von meinem Baby an mich gedrückt. Ich weinte nicht. Es war ein seltsames Gefühl, als hätte der entsetzliche Schmerz, den ich empfand, mir alle Tränen weggebrannt. Meine Mutter hat mir nie gesagt, in welches Waisenhaus sie Xinxin gebracht hat, aber ehe ich China das erste Mal verließ, machte ich mich in meiner Verzweiflung auf die Suche nach ihr. Schließlich fand ich heraus, welches Waisenhaus es gewesen sein könnte, doch man hatte es inzwischen abgerissen und die einundzwanzig Kinder auf vier andere Häuser in Nachbarstädten verteilt. Wohin war meine Tochter gekommen? Jedes Mal, wenn ich nach Hause reise, gehe ich anderen Spuren nach. Als ich die Rote Mary kennenlernte, konnte sie mir einige Informationen beschaffen, die mich aber nicht weitergebracht haben, weil die spärlichen Adoptionsunterlagen der Behörden ein streng gehütetes Geheimnis sind. Bislang hab ich nur rausfinden können, dass meine Tochter wohl tatsächlich von einem amerikanischen Paar adoptiert wurde.«

»Vielleicht ist die DNA-Technologie eines Tages so verbreitet, dass unser genetischer Fingerabdruck allgemein zugänglich gespeichert wird. Dann könnten Sie Ihre Tochter mühelos finden. Falls dem so wäre, würden Sie sie zurückverlangen?«

»Nein, das könnte ich nicht.«

»Weil Sie befürchten, Ihre Eltern würden sie nicht akzeptieren, oder das Gefühl hätten, das Gesicht zu verlieren?«

»Nein, das ist mir mittlerweile egal. Ich hab meinem jetzigen Mann vor unserer Heirat von ihr erzählt. Er ist Amerikaner, und er liebt Kinder, daher ist er verständnisvoll. Ich könnte meine Tochter nicht von den Adoptiveltern zurückverlangen, weil ich mit eigenen Augen gesehen habe, wie sehr westliche Familien an ihren chinesischen Kindern hängen. Ja, meine Tochter ist mein Fleisch und Blut und wird Teil meines Lebens sein, solange ich lebe. Aber sie ist auch ein Teil des Lebens ihrer Adoptiveltern geworden, die sich Tag für Tag, Jahr für Jahr um sie kümmern. Ich könnte sie nicht aus ihrer Familie reißen und allen das Herz brechen … Der Schmerz, den ich in mir trage, gehört zu mir, und ich bin daran gewöhnt. Ich werde ihn weiter allein ertragen.«

»Aber warum wollen Sie Ihre Tochter dann finden?«

»Ich möchte sie in die Arme schließen. Ich möchte, dass die kleine Xinxin, die ich in Erinnerung habe, zu einer erwachsenen Tochter wird. Ich hab mich immerzu nach ihr gesehnt und mir Sorgen um sie gemacht, deshalb wäre es ein ungeheurer Trost für mich, sie mit eigenen Augen zu sehen und sie in den Armen zu halten. Ich möchte sie als unbeschwerte Erwachsene sehen. Ich wäre sogar froh, wenn ich hören könnte, wie meine chinesische Tochter fließend Englisch spricht. Und ich würde ihr gern das Oberteil mit meiner Hälfte der drei Schriftzeichen geben, damit sie weiß, wie sehr ihre chinesische Mutter sie geliebt hat …«

Tränen liefen Na übers Gesicht und tropften in ihre Kaffeetasse. Meine auch. Die Tränen von zwei Chinesinnen vermischten sich mit westlichem Kaffee.

Als ich den ersten Entwurf für dieses Kapitel schrieb, sprach ich mit meinem Mann Toby Eady über Nas Geschichte. Er hat seinen biologischen Vater, der im Zweiten Weltkrieg starb, nie kennengelernt. Ich fragte ihn, wann er seinen Vater zum ersten Mal vermisst hatte. Er sagte, zu Beginn der Pubertät, als er anfing, eigene Entscheidungen zu treffen, und sich fragte, wie seine Zukunft aussehen würde. In dieser Phase hätte er sich gern an seinen Vater gewandt. Der Drang war extrem stark und hatte zur Folge, dass er emotional zwischen seinem Adoptivvater und seinem biologischen Vater hin und her schwankte. Aber er konnte seinen Adoptivvater nicht ablehnen, weil die Liebe seiner Adoptivfamilie ihn zu dem gemacht hat, der er heute ist. Ich fand diese Sichtweise absolut nachvollziehbar. Er hatte recht. Keiner von uns kann sich seine biologischen Eltern aussuchen, aber Adoptiveltern adoptieren den Leib und die Seele eines Kindes. Es wird Teil von zwei Familien, in jeder Hinsicht. Und dennoch weiß ich, dass Na in das Gesicht jedes sechs- bis siebenjährigen chinesischen Mädchens in New York blickt und sich fragt …

Als ich zurück in London war, erhielt ich eine E-Mail von Na, in der sie mir mitteilte, dass die Rote Mary, die Frau, die uns beide zusammengeführt hatte, Ende November 2007 plötzlich und unerwartet an einem Herzinfarkt gestorben war. Mit ihrem Tod erledigten sich meine Pläne, doch noch einmal mit ihr zu sprechen und mehr über ihre Geschichte zu erfahren. Aber in gewisser Weise hatte Mary mir bereits die Geschichten vieler, vieler Chinesinnen hinterlassen. Ruhe in Frieden, Mary! Ich werde tun, was ich kann, um diesen chinesischen Mädchen von deinem Leben zu erzählen und ihnen zu vermitteln, dass du sie wie eine Mutter geliebt hast, obwohl du deine eigene nie kennengelernt hast.

8

Eine Moralgeschichte für unsere Zeit

Was ist denn Natur? Was ist Mutterliebe? … Waren Sie schon mal in diesen Dörfern? Haben Sie gesehen, wie erbärmlich es den Mädchen dort ergeht? Sie überleben überhaupt nur mit viel Glück!

Ende der 1980er Jahre, als ich anfing, als Radiomoderatorin zu arbeiten, war es schwierig, Interviewpartnern zu entlocken, was sie wirklich empfinden. Manche hatten zu viel Angst, für ihre Äußerungen bestraft zu werden, andere wussten überhaupt nicht, was sie sagen sollten, weil ihnen bis dahin noch nie jemand zugehört hatte. Wieder andere redeten zwar, aber nur ganz allgemein und unverbindlich, und waren nicht bereit, über ihre Gefühle zu sprechen, weil sie nie gelernt hatten, diese zu verstehen. Ich war mit meiner Weisheit am Ende, denn schließlich war ich in derselben Gesellschaft aufgewachsen wie meine Hörer. Eines Tages machte ich für meinen Sohn Panpan gefüllte rote Paprika und bekam dabei irgendwie einen Paprikakern ins Gesicht. Da ich es nicht bemerkt hatte, blieb er dort kleben, bis ich mit dem Bus zur Arbeit fuhr. Eine Mitfahrerin zeigte auf mein Gesicht und sagte: »Sie

haben da was im Gesicht.« Ich dankte ihr, wischte den Kern weg, und wir gerieten ins Plaudern. Diese Frau war die erste, die mir die Geschichte ihres Lebens erzählte.
Am selben Abend dachte ich lange und gründlich darüber nach, was passiert war, und schließlich wurde mir klar, dass ich die Detailliebe der Frauen als Schlüssel zu ihrer emotionalen Welt nutzen konnte. Von da an schminkte ich mich stets mit Absicht ein wenig achtloser als sonst. Jeder noch so kleine Makel ließ sich in ein wirklich nützliches Instrument verwandeln: Wenn eine Frau mich dann ansprach und darauf hinwies, bedankte ich mich und verwickelte sie in ein Gespräch. Mit der Zeit lernte ich, wie ich meine eigenen Wissenslücken nutzen konnte, um an die Geheimnisse chinesischer Frauen heranzukommen. Als Erinnerungshilfe, was mir die Frau im Bus über weibliche Wahrnehmung beigebracht hatte, lackierte ich mir immer nur einen einzigen Fingernagel. Ich nannte das meinen »roten Punkt«, so rot wie die Paprikaschote. Und jedes Mal, wenn ich im Laufe der Jahre dazu neigte, mich entweder überlegen oder unterlegen zu fühlen, ermahnte er mich, mit den Füßen auf dem Boden zu bleiben.
Aber im Umgang mit Beamten und sonstigen Bürokraten war diese Methode nie wirklich erfolgreich. Hier waren andere Fähigkeiten gefragt. Im November 2006 gab es ein radikales Umdenken in Chinas Adoptionspolitik, was prompt zu einem dramatischen Absinken der Adoptionszahlen führte. Plötzlich durften Adoptionswillige nicht mehr alleinstehend sein, und es wurde strikt darauf geachtet, dass sie nicht zu jung oder zu alt waren. Ausländische Adoptivfamilien grübelten über die Gründe hierfür. Hatte es etwas mit den Olympischen Spielen 2008 in Beijing zu

tun? Plante die Regierung eine neue politische Kampagne, oder sollte die Ein-Kind-Politik abgeschafft werden? Besorgte Adoptiveltern und Adoptionswillige aus der ganzen Welt bombardierten The Mothers' Bridge of Love mit E-Mails.

Wir beschlossen, diesem Wandel in der Adoptionspolitik auf den Grund zu gehen, kamen aber nicht weit: Unsere E-Mails, Briefe und Telefonanrufe blieben sämtlich unbeantwortet, und das einzig Konkrete war eine Erklärung auf der Webseite des China Centre of Adoption Affairs (CCAA), in der um Verständnis für Verzögerungen bei der Bearbeitung von Anträgen gebeten wurde. Laut Anordnung auf Regierungsebene dürfen die Mechanismen der chinesischen Adoptionsbehörde Ausländern gegenüber niemals offengelegt werden. Dasselbe gilt übrigens für den Geheimdienst.

Als jemand, der in China geboren und aufgewachsen und tief in der Kultur des Landes verwurzelt ist, weiß ich, dass man die Hintertür benutzen muss, wenn an der Vordertür »Eintritt verboten« steht. Viele glauben, dass man so ohnehin die verlässlicheren Informationen bekommt. Allerdings hat die Regierung jetzt, da Chinas Reformen fest etabliert sind, angefangen, diese heimlichen Informationskanäle zu legitimieren und unkonventionell zu nutzen. So lässt sie beispielsweise Fehlinformationen durchsickern, damit die Menschen gegenüber derlei inoffiziellen Informationen misstrauisch werden. Außerdem werden Informationen, die durch die Hintertür ans Tageslicht kommen, dazu verwendet, um Auseinandersetzungen an der Vordertür beizulegen, offizielle Quellen zu bestätigen oder Provinzregierungen schärfer zu kontrollieren.

In den Jahren 2006 und 2007 versuchte ich es mit unterschiedlichen Methoden und konnte schließlich zu drei Beamten Kontakt aufnehmen, die auf verschiedenen Ebenen des Adoptionsverfahrens arbeiteten. Sie bestätigten mir im Wesentlichen die Richtigkeit der Gerüchte, die ich gehört hatte. Erstens hatte der Wirtschaftsboom an Chinas Ostküste den Lebensstandard angehoben, wodurch weniger Waisenkinder zur Adoption standen. Selbst die Zahl der Babys, die Wanderarbeiter mit in die Städte brachten, um sie auszusetzen, war erheblich gesunken. Es gab noch einen weiteren Grund, und der hing mit der neuen Politik zusammen, den Nordwesten Chinas zu erschließen, ein riesiges und bis dato unterentwickeltes Gebiet. Ziel war es unter anderem, die Provinzregierung durch die wirtschaftliche Entwicklung in die Lage zu versetzen, in dieser verarmten Region ein Netzwerk von Sozialeinrichtungen aufzubauen. Ausländer waren mehr als bereit, Chinas Waisenhäuser zu unterstützen, und die von ihnen zur Verfügungen gestellten Finanzmittel würden den Prozess beschleunigen.

Ungeklärt war allerdings, wie für eine adäquate personelle Ausstattung der Waisenhäuser gesorgt werden sollte. Das Leben im Nordwesten war entbehrungsreich, der Bildungsstandard niedrig, und die Gehälter und Vergünstigungen, die Waisenhausmitarbeitern angeboten wurden, waren ausnahmslos niedriger als anderswo in China. In den Nordwesten versetzt zu werden war wie eine Reise in die Vergangenheit, und erfahrene Leute aus anderen Gegenden, vor allem solche mit Familie, zogen es eher vor, zu kündigen oder sich herabstufen zu lassen, als dort eine Stelle anzunehmen. Das vor Ort befindliche Personal war dagegen

schlecht ausgebildet und fast noch nie mit Ausländern in Kontakt gekommen. Die Verlagerung von Adoptionszentren aus dem Osten in den Westen Chinas gestaltete sich also deshalb so schleppend, weil das erforderliche Personal erst noch durch Weiterbildungsmaßnahmen in die Lage versetzt werden musste, Auslandsadoptionen abzuwickeln.
Es gab noch einen dritten Grund: In regionalen Zeitungen wurde immer behauptet, adoptierte chinesische Kinder würden von Adoptivfamilien im Westen misshandelt, sexuell missbraucht und für Kinderarbeit eingesetzt. Die öffentliche Meinung in China hatte sich gegen den Westen gewendet, und die Adoptionspolitik der Regierung stieß zunehmend auf Ablehnung. Im Zuge dessen setzte sich ein Klima der Angst durch: Waisenhäuser stellten die Zusammenarbeit mit ausländischen Adoptionsvermittlungen ein, und manche nahmen keine Gelder aus dem Ausland mehr an. Sie wollten weder für das Vergehen »unerlaubter Beziehungen zu Ausländern« bestraft noch mit irgendwelchen negativen Berichten in Zusammenhang gebracht werden, die in ausländischen Medien erscheinen könnten.
Das Konzept von zivilen (also nichtstaatlichen) Organisationen ist für China neu und verwirrt nicht nur Politiker der Zentralregierung, sondern auch die ganz normale Bevölkerung. Diese generell kritische Haltung hat mehrere Ursachen. Zum einen waren solche Organisationen in der chinesischen Geschichte häufig tatsächlich illegal. Zum anderen betrachteten bis 2005 selbst hohe Regierungsbeamte gemeinnützige Arbeit als eine Form der Religionsausübung. Immerhin waren Waisenhäuser und andere Wohlfahrtseinrichtungen in der Vergangenheit allesamt von christlichen Protestanten gegründet worden. Und Reli-

gionsfreiheit existiert in China bis heute nur dem Namen nach. Und schließlich glaubten die einfachen Menschen, dass gemeinnützige Arbeit die Reichen reicher macht und die Berühmten gut dastehen lässt, aber sie konnten sich kaum vorstellen, dass arme Leute irgendwas davon haben, Gutes zu tun.

Erst nach 1980, nachdem sich im Zuge der Wirtschaftsreformen die soziale Stabilität verbessert hatte und der Lebensstandard gestiegen war, begann ein allmähliches Umdenken in die Richtung, dass Wohltätigkeit auch dem Wohltäter guttut, dass Familien Liebe brauchen und das Land seine Familien braucht.

Die meisten Mitarbeiter des CCAA hatten schon früher in irgendeiner Funktion mit Ausländern zusammengearbeitet. Von ihnen konnte man gewisse Informationen bekommen, in schriftlicher Form, unter dem roten Briefkopf der Regierung. Aber es gehörte nicht zu ihren Aufgaben, sich zu irgendetwas zu äußern, das mit menschlichen Gefühlen zu tun hatte. Es war eine Organisation, die reibungslos funktionierte, aber kein Herz hatte. Ihre Pendants auf regionaler oder städtischer Ebene waren sich offenbar ihrer Macht überhaupt nicht bewusst und schienen auch gar nicht die Freiheit zu haben, diese Macht auszuüben. Sie gaben einfach nur Befehle von oben weiter. Und die Leute, die konkret in den Waisenhäusern arbeiteten, wurden durch leidvolle Erfahrung immer vorsichtiger. Keiner wollte einen falschen Schritt tun und deswegen seinen Arbeitsplatz verlieren. Jobs, in denen man mit Ausländern zu tun hatte, waren vor Ort sehr begehrt. Das alles führte dazu, dass es 2006 und 2007 schwieriger denn je wurde, an irgendwelche Informationen über Adoptionen zu gelan-

gen, und das, obwohl China sich durch die Reformen angeblich »geöffnet« und »modernisiert« hatte.
Zum Glück begegnete ich in dieser Zeit, als es fast unmöglich war, an verifizierbare und aktuelle Informationen heranzukommen, zwei sehr unterschiedlichen Frauen, die im Adoptionssystem arbeiteten.
Eine lernte ich per Zufall kennen, weil sie auf einem Flug von Auckland nach Sydney neben mir saß. Sie war in Neuseeland gewesen, um Adoptivfamilien zu prüfen, und auf dem Rückflug nach China musste sie in Sydney umsteigen. Als Landsleute unter fremdem Himmel fanden wir gleich einen Draht zueinander. Zum Schutz ihrer Identität werde ich sie Wan nennen. Wan war sehr jung, aber als gute Staatsbeamtin extrem zurückhaltend in ihren Äußerungen. Sie hatte die Stelle mit den reizvollen regelmäßigen Auslandsreisen bekommen, weil sie Englisch studiert hatte.
Wan erklärte mir: »Das größte Kopfzerbrechen bereiten uns die Amerikaner, die einreisen und ohne Genehmigung drauflosfilmen. China ist ein Land, in dem die Medien kontrolliert werden. Die Medien im Westen nutzen diese Aufnahmen von Waisenhäusern in armen Regionen als Mittel, um unsere Regierung zu kritisieren. Die Behörden greifen hart gegen Waisenhäuser durch, die in den Fokus der Medien geraten. Auf jeden Fall wird ihnen die Finanzierung gestrichen, und in manchen Fällen wird das gesamte Personal entlassen und ersetzt, und sie dürfen keine Kinder mehr zur Adoption ins Ausland schicken. Auch wir werden da mit reingezogen und bekommen Ärger mit der Politik. Den Ausländern geht es immer bloß um die ›zeitgeschichtliche Dokumentation‹. Die Gefühle des chinesischen Volkes spielen für sie keine Rolle. Wenn ich als

adoptiertes Mädchen im Ausland leben würde, wäre es mir nicht recht, wenn die Leute erfahren würden, dass ich aus irgendeinem verwahrlosten und gottverlassenen Bergdorf komme. Das wäre zu beschämend.«

Wan war empört. Ich wunderte mich, dass eine hohe Beamtin des CCAA eine so bornierte und argwöhnische Haltung gegenüber fremden Kulturen und Sitten hatte. Und ich wunderte mich auch, wie tief die lebenswichtige Bedeutung des »Gesichtwahrens« der traditionellen chinesischen Kultur auch bei den jungen Leuten von heute noch verwurzelt war.

»Vielleicht finden die Ausländer es wichtig, dass ihre Adoptivtochter erfährt, welche Herkunft sie hat, weil die ja schließlich zu ihrer Lebensgeschichte gehört«, gab ich zu bedenken.

»Aber es ist ein Aspekt von deren Kultur. Wie viele Chinesen interessieren sich denn schon für ihre Herkunft?« Sie versuchte, ihren Standpunkt zu rechtfertigen. »So schnell, wie sich das Land verändert, können sie den Wandel ohnehin nicht richtig dokumentieren.«

Wenn schon eine junge Universitätsabsolventin so über Dokumentationen der Zeitgeschichte Chinas dachte, wie groß war dann die Chance, das die kleinstädtischen Kader, die keine höhere Schulbildung hatten, die jahrtausendealte Geschichte und das Brauchtum ihrer Region zu schätzen wussten? »Gerade weil sich alles so schnell verändert«, sagte ich, »wollen die ausländischen Eltern ihren Kindern, die in einem fremden Land aufwachsen, irgendetwas geben, das sie daran erinnert, woher sie kommen.«

»Klar, das wissen wir auch. Aber wie viele Chinesen möchten denn schon ihre verarmte Heimat zur Schau gestellt sehen? Sie selbst haben vorhin gesagt, Sie stammen aus Shanghai und sind in Beijing aufgewachsen. Das sind beides Großstädte, und wenn sie anderen das erzählen, hört sich das richtig toll an. Aber ich komme aus einer Kleinstadt in der Provinz Shanxi, und ich bin das allererste Mal in eine Großstadt gekommen, als ich anfing zu studieren. Für Leute wie mich aus Shanxi sind Bergbaustädte wie Datong und Taiyuan schon die reinste Hauptstadt. Wir hatten Hochachtung vor den dortigen Leuten. Aber wenn ich in Beijing von Datong und Taiyuan redete, klang das richtig lächerlich. Die Leute haben mich angesehen, als wäre ich ein verdreckter Bergmann aus Datong, und meistens kriegte ich irgendeine herablassende Bemerkung zu hören. Die kleinen Mädchen werden wie Prinzessinnen aufwachsen. Glauben Sie im Ernst, sie wollen daran erinnert werden, dass sie als Aschenputtel angefangen haben?«

In einem Punkt hatte sie völlig recht: Noch heute sind in China Herkunftsort und Dialekt auf jeder gesellschaftlichen Ebene als Statuszeichen so wichtig wie eh und je.

»Ich denke«, sagte ich, »die westlichen Adoptivfamilien werden den Kindern helfen, die Armut ihrer Herkunft zu verkraften. Schließlich wurden sie von chinesischen Müttern geboren.«

Doch sie konnte meine Argumentation nicht nachvollziehen: »Ich glaube, Sie haben zu viele Bücher gelesen. Da steht so einiges drin, aber die Wirklichkeit sieht völlig anders aus. Mutterliebe ist doch angeblich etwas Wunderbares, aber so viele Babys werden einfach weggegeben, und zwar von ihren Müttern. Diese Frauen sind unwissend und haben eine andere Haltung zu ihren Emotionen als Sie. Wo ich herkomme, reden die Leute darüber, ein neugeborenes

Mädchen zu ersticken oder es einfach in den Bach am Dorfrand zu werfen, wo es von Hunden gefressen wird, als wäre das ein Scherz. Was meinen Sie wohl, wie sehr diese Frauen ihre Babys lieben?«

Ihre Schonungslosigkeit schockierte mich. »Die Gesellschaft, in der sie leben, macht so etwas möglich«, sagte ich. »Wir alle plaudern und lachen mit den Menschen um uns herum, bei der Arbeit, tagsüber. Wir tun das, damit wir dazugehören, weil es das Leben einfacher macht. Aber nachts oder wenn wir allein sind, dann durchleben wir die Gefühle, von denen niemand etwas weiß, und wir müssen sie allein ertragen.«

Sie betrachtete mich einen kurzen Moment. Sie sah mir wohl an, dass ich erschüttert war, und war immerhin so gutherzig, mich nicht verletzen zu wollen, daher antwortete sie: »Sie haben recht, aber trotzdem sind diese Frauen nicht so gebildet wie Sie, und sie empfinden nicht so viel oder so tief.«

Der erste Teil ihres Satzes machte mir Mut, dennoch konnte ich mich einfach nicht bremsen. »Aber Menschen sind die emotionalsten Wesen, die es gibt. Wir können schon Schmerz oder Angst empfinden, wenn wir nur etwas relativ Unwichtiges verlieren, das uns aber etwas bedeutet – einen Stift, ein Buch, eine Tasche. Ein kleines Kind bricht bereits in Tränen aus, wenn ihm seine Eiswaffel auf den Boden fällt. Wie viel mehr muss dann wohl eine Mutter empfinden, die ihr Baby neun Monate im Bauch getragen und sich gefragt hat, wie es wohl sein wird. Sie kann nicht anders, als sich das zu fragen, und sie kann auch nicht anders, als Schmerz zu empfinden. Selbst in bitterarmen Gegenden kümmert sich so manche Frau um ein Kätzchen

oder einen jungen Hund. Da wird sie ganz sicher echte Trauer empfinden, wenn ihr neugeborenes kleines Mädchen getötet oder ihr weggenommen wird.«
»Sie sind anscheinend ein Mensch, der sich wirklich in andere einfühlen kann«, sagte Wan. Und ich sah ihr an, dass sie das nicht einfach so dahinsagte. Sie meinte es ernst. Aber sie schüttelte den Kopf, während sie sprach. Ihr Zynismus machte mich fassungslos. Als ich später die Geschichte der Grünen Mary hörte, musste ich an einiges denken, was Wan gesagt hatte.
Mein Blick wurde von dem Meer aus Wolken vor dem Flugzeugfenster angezogen. Sie nahmen immerzu irgendwelche Formen an, um sich dann wieder gänzlich aufzulösen. In vielen verschiedenen Kulturen lehrte man Kinder, Wolken als Wesen zu betrachten, die um Sonne und Mond herumtollten, Freud und Leid der Menschen teilten und die Träume und Hoffnungen vieler, vieler Frauen mit sich trugen. War die Chinesin, die da neben mir saß, überhaupt in der Lage, dieses Geschenk der Natur zu spüren? Ich blickte weiter auf die Wolken und sagte: »Ich weiß nicht. Ich glaube einfach nur, Mutterliebe ist jedem Lebewesen angeboren. Vielleicht drückt sich diese Liebe auf eine Weise aus, die wir nicht verstehen können, aber sie hat ihre ganz eigenen Ausdrucksformen, davon bin ich felsenfest überzeugt. Ungebildete Mütter in armen chinesischen Dörfern lieben ihre Kinder auf eine Art, die wir Städter nie erlebt haben und vielleicht nicht mal erkennen. Es ist ein bedauerlicher Nachteil der ›modernen‹ Erziehung und Bildung, dass sie uns nur lehrt, das Leben durch die Erfahrungen derer zu ›empfinden‹, die uns vorausgegangen sind. Wir haben keine Möglichkeit, unmittelbar

mit anderen Kulturen zu kommunizieren, so wie Tiere ihre Umgebung und andere Menschen unmittelbar erleben …«

»Haben Sie für Ihre Überzeugungen irgendeinen Beleg?«, fragte sie und blickte an mir vorbei aus dem Flugzeugfenster.

»Ich verbringe viel Zeit auf dem Land«, sagte ich und sah sie an. »Ich habe die Herzenswärme und Großzügigkeit der alten Dorffrauen persönlich erfahren.«

»Ich gebe Ihnen insofern recht, als die Landbevölkerung sehr viel warmherziger ist als die Menschen in den Städten. Städter sind zu sehr damit beschäftigt, um gesellschaftliches Ansehen, Macht und Einfluss zu kämpfen«, sagte sie ernst.

»Es müsste sich doch vieles zum Guten gewendet haben. Ich komme häufig nach China, aber ich bleibe nie lange, deshalb ist es mir fast unmöglich, richtig mitzukriegen, was so alles passiert.« Das machte mir sehr zu schaffen: China wandelt sich so schnell, dass ich mir ein bisschen so vorkomme wie ein wildes Tier, das in Gefangenschaft aufgezogen und dann in die Freiheit entlassen wird – nie werde ich so ganz zu meinen Mitgeschöpfen passen, die in der Wildnis geboren und aufgewachsen sind.

Die Grüne Mary war die zweite im Adoptionssystem arbeitende Frau, die ich kennenlernte. Sie sagte, sie habe sich aus Dankbarkeit gegenüber der Roten Mary selbst so genannt. Die Frauen hatten zwei Jahre zusammengearbeitet, und die Grüne Mary hatte eine Art Handbuch verfasst, in dem solche Dinge erläutert wurden wie die Anstandsregeln von Westlern, die Prinzipien, nach denen die Missionare Waisenhäuser geleitet hatten, oder die Methoden, mit denen Kinder in Waisenhäusern erzogen werden sollten. Da die Rote Mary langsam in die Jahre kam, wollte sie ihr Wissen und ihre Erfahrung an die jüngere Generation weitergeben. Sie ermunterte deshalb die Grüne Mary und eine weitere junge Frau, ihre Erlebnisse aufzuzeichnen und dann selbst in der Praxis zu nutzen. Doch dann verließ die junge Frau das Land mit einem Spanier, der gekommen war, um ein Baby zu adoptieren, und die Rote Mary wurde versetzt, weshalb das Projekt nie zum Abschluss kam.

Immerhin hatte die Grüne Mary so die Grundlagen der Waisenhausleitung gelernt, und sie war intelligent genug, um diese Kenntnisse in ihrer Arbeit umzusetzen. Die Folge war, dass sie noch vor ihrem vierzigsten Geburtstag in eine leitende Stellung befördert wurde. Und sie war es auch, die mir etwas überaus Merkwürdiges und seltsam Ergreifendes erzählte – eine moralische Geschichte für unsere von Arbeit besessene Zeit, eine Geschichte, die mich einige meiner eigenen Gewissheiten hinterfragen ließ.

Da sie mittlerweile Staatsbeamtin war, konnten wir uns nicht in ihrem Büro unterhalten und trafen uns stattdessen in dem vegetarischen Restaurant Pure Lotus, einem Lokal, das von buddhistischen Mönchen betrieben wurde. Begleitet von buddhistischen Gesängen, die im Hintergrund liefen, suchten wir uns ein ruhiges Eckchen.

Ich erklärte der Grünen Mary, warum ich das Gespräch mit ihr gesucht hatte: Ich arbeitete an einem Buch über chinesische Frauen, die ihre Babys weggegeben haben, damit Kinder, die von Westlern adoptiert worden waren, sich eine Vorstellung vom Leben ihrer leiblichen Mütter ma-

chen konnten, die sie wahrscheinlich nie kennenlernen würden.
»Es ist sehr schwierig, an Informationen über Frauen ranzukommen, die ihre Babys weggeben, und noch schwieriger ist es, diese Frauen dazu zu bringen, über ihre Gefühle zu sprechen«, sagte sie, während sie sich sittsam auf einem der weichen Sofas niederließ.
»Da haben Sie vollkommen recht«, sagte ich. Seit ich Ende der 1980er angefangen hatte, Livesendungen im Radio zu moderieren, hatte ich alles Mögliche versucht, um Menschen dazu zu bringen, sich im Gespräch mir gegenüber zu öffnen. Es war schwer, und ich hatte keine großen Fortschritte gemacht, aber ich gab die Hoffnung nicht auf. Ich hatte zig Methoden ausprobiert, um eine bessere Zuhörerin zu werden, damit ich mitbekam, was die Menschen in Wirklichkeit sagten.
Die Grüne Mary sah, dass ich nach unten auf meinen Fingernagel schaute. »Der einzelne rote Nagel«, sagte sie unvermittelt, auf meinen Finger deutend, »hat der was damit zu tun, wie man richtig zuhört?«
Wieder hatte sie recht. Und ich erzählte ihr von der roten Paprika und dem Kern in meinem Gesicht.
Sie blickte nachdenklich. »Aber Sie gehören zu den wenigen, die wirklich zuhören wollen, wenn Frauen über ihre Gefühle reden«, sagte sie leise. »Und hinzu kommt, dass Chinesen strikt trennen zwischen Gefühlen, über die man gern mit anderen spricht, und solchen, die man sein ganzes Leben lang für sich behält.«
Ich schwieg. Natürlich hatte sie nicht unrecht, aber die Belastung, zu viele Dinge für sich zu behalten, konnte krank machen. Die Selbstmordrate unter Chinesinnen war

hoch – und viele dieser Frauen waren gerade wegen der Gefühle, die sie für sich behalten hatten, zu diesem verzweifelten Schritt getrieben worden.
Als ich nichts erwiderte, stellte die Grüne Mary mir eine weitere eindringliche Frage: »Haben Sie, abgesehen von Ihrer Arbeit als Schriftstellerin, noch andere persönliche Gründe, diese Mütter verstehen zu wollen?« Die Frau hatte wirklich äußerst sensible Antennen …
Ich antwortete, ohne zu zögern, und erzählte ihr einen Teil meiner eigenen Geschichte: »Ich bin eine Tochter, ich habe Mutter und Vater, aber meine Eltern und die übrige Familie haben mich nie wirklich geliebt, deshalb hab ich immer gedacht, meine Mutter wäre in Wahrheit meine Stiefmutter, wie im Märchen. Als ich älter wurde, habe ich das sogar überprüft und feststellen müssen, dass es meine richtigen Eltern waren. Bis heute verstehe ich nicht, warum sie mich so weit fort zu meiner Großmutter mütterlicherseits geschickt haben, als ich gerade erst einen Monat alt war. Sie wollten sich ganz der Revolution widmen, aber haben sie das ernsthaft für wichtiger gehalten als ihre eigene Tochter? Während der Kulturrevolution landete unsere vierköpfige Familie zwangsweise in drei verschiedenen Internierungs- oder Arbeitslagern. Mein kleiner Bruder und ich wurden verachtet und gedemütigt, aber unsere Eltern haben uns noch kein einziges Mal gefragt, wie wir diese Erfahrung verkraftet haben. Wir waren gerade mal zweieinhalb beziehungsweise sieben Jahre alt.
Als ich dann anfing zu arbeiten und vor allem, als ich selbst Mutter wurde, wollte ich erst recht wissen, was meine Eltern wirklich für mich, ihre Tochter, empfanden. Sie schienen sich immer nur für meine Karriere und meinen

Erfolg zu interessieren. Ich weiß, meine Generation führt ein völlig anderes Leben als ihre, aber im Traum möchte ich noch immer nur das kleine Mädchen meiner Mutter sein, möchte sie umarmen und von ihr umarmt werden. Ich weiß, ich bin jetzt eine erwachsene Frau, aber sie ist und bleibt meine Mutter, und ich kann einfach nicht aufhören, sie zu vermissen.«

Plötzlich brachen alle Gefühle, die ich in Worte hatte fassen wollen, aus mir heraus, und meine Emotionen überwältigten mich.

Die Grüne Mary saß gegen die Armstütze des Sofas gelehnt und blickte mich an. Sie hatte ihr »offizielles« Gebaren abgelegt, und der Ausdruck in ihren Augen verriet mir, dass da ganz tiefe Gefühle darauf warteten, an die Oberfläche gelassen zu werden.

Wir schwiegen beide eine Weile. Sie rang offensichtlich mit der Entscheidung, ob sie mir gegenüber offen sein sollte oder nicht. Ich fragte mich, ob sie vielleicht schon zu lange Staatsbeamtin war und es ihr deshalb in Fleisch und Blut übergegangen war, ihre Gefühle zu verstecken.

Da ich ahnte, dass es ihr vorläufig lieber wäre, das Gespräch nicht auf ihre eigenen Gefühle zu bringen, sprach ich weiter: »Wenn Sie meine Mutter wären, was würden Sie mir antworten? Würden Sie es auf die Zeiten schieben, in denen wir damals lebten, wie das alle machen? Sind es denn wirklich die ›Zeiten‹, die unser Verhalten bestimmen? Diese Zeiten sind schließlich die Geschichte von Menschen … Ich weiß, es gibt viele unterschiedliche Antworten darauf, weil jeder Mensch anders ist, aber ich möchte, dass meine Mutter mir antwortet, als Mutter …«

»Tja, genau das wünscht sich wahrscheinlich auch meine

eigene Tochter von mir«, sagte sie eher zu sich selbst als zu mir.

»Sie arbeiten doch bestimmt nicht so viel, dass Sie keine Zeit für sie erübrigen können?«

Unter der arbeitenden Bevölkerung Chinas, ganz gleich auf welcher Ebene, kam es leider viel zu häufig vor, dass Eltern ihre Kinder vernachlässigten. Trotz der von oben verordneten Ein-Kind-Politik bestand das Leben für die meisten Kinder entweder aus Schule oder Hausaufgaben. Der Tochter eine Geschichte vorlesen? Keine Zeit! Dem Sohn etwas zu essen machen? Keine Zeit! Mit ihr oder mit ihm irgendwas spielen? Auch dafür keine Zeit. Alle waren viel zu sehr damit beschäftigt, Geld zu verdienen, um schon frühzeitig für das Studium und die Hochzeit des Kindes etwas beiseitelegen zu können.

»Ich habe sie weggegeben.« Diese vier Worte, die sie ganz leise aussprach, trafen mich wie ein Schlag.

»Sie haben sie weggegeben? Sie meinen, weil Sie unverheiratet waren?« Ich verstand das nicht. Wieso sollte eine Frau wie sie, mit Hochschulabschluss und einem guten Gehalt, ihre eigene Tochter weggeben müssen?

»Nein, das war nicht der Grund. Ich habe das mit meinem Mann besprochen, und wir waren uns einig.« Sie redete leise, stockend, die Augen auf die Teetasse vor ihr auf dem Tisch gerichtet.

»Sie meinen, Sie und Ihr Mann haben Ihre Tochter zur Adoption freigegeben? Wie viele Kinder haben Sie denn bekommen?«

»Nur das eine.«

»Nur die eine Tochter? Haben Sie es getan, weil sie ein Mädchen war?«

»Nein, das war auch nicht der Grund.«

»Aber dann …« Ich war konsterniert.

»Nach unserer Heirat hatte ich eine Reihe von Fehlgeburten, und als ich endlich ein gesundes Baby zur Welt brachte, war ich schon zweiundvierzig. Wir haben die Kleine vergöttert. Meine Eltern und die meines Mannes waren tot, also mussten wir ein Kindermädchen für sie einstellen. Aber die *a-yis* vom Land haben keine Ahnung, und mir waren schon zu viele Beinahekatastrophen zu Ohren gekommen, zum Beispiel von einer *a-yi,* die ein kleines Mädchen in die Waschmaschine gesteckt hat, oder einer, die ein zwei- oder dreijähriges Kind hinter dem Auto herlaufen ließ, und wieder einer, die einem Baby Schweineschmalz zu essen gab. Ein Malheur nach dem anderen. Sie wissen schon. Aber was hätten wir sonst machen sollen? Tagsüber waren mein Mann und ich ganz krank vor Sorgen, und abends kümmerten wir uns selbst um die Kleine. Mein Mann war über fünfzig. Er konnte vor Überanstrengung kaum noch was essen, und auch ich war jeden Tag fix und fertig. Es ging nicht mehr. Wir waren beruflich sehr eingespannt, kamen immer erst spät nach Hause und mussten oft auch noch am Wochenende ins Büro. Ich war gerade befördert worden und verantwortlich für den Ausbau von Waisenhäusern und des Auslandsadoptionssystems, deshalb war ich oft auf Dienstreise.

Mein armes kleines Mädchen, ich hatte ein furchtbar schlechtes Gewissen. Ich hatte einfach das Gefühl, sie im Stich zu lassen. Eines Tages dann besichtigte ich ein Waisenhaus in Sichuan, und jemand erzählte, dass eine Mitarbeiterin dort ihre eigene Tochter als Waisenkind ausgegeben und zur Adoption freigegeben habe. Damals dachte

ich, wie konnte sie nur? Wie konnte jemand sein eigen Fleisch und Blut weggeben? Ich ließ die Frau zu mir kommen. Sie war noch sehr jung und für das Kochen im Waisenhaus zuständig. Sie weinte, als sie mir erzählte, wie schwer es Mädchen in den Bergen von Sichuan hatten. Mit nicht mal fünf Jahren wurden sie zur Arbeit auf die Felder oder hinauf in die Berge geschickt, um Feuerholz zu sammeln, das sie dann auf dem Rücken ins Tal tragen mussten. Sie hatte selbst ein schweres Leben gehabt. Sie hatte ihrem Mann einen Sohn geschenkt, aber ihre Schwiegereltern verlangten ein weiteres Enkelkind. Sie sagten, sie würden ihr eine Geburtserlaubnis für Bevölkerungsminderheiten kaufen. (Bevölkerungsminderheiten, also Nicht-Han-Chinesen, dürfen in China mehr als ein Kind bekommen.)
Als sie mit dem zweiten Kind schwanger war, ließen die Schwiegereltern ihre Beziehungen spielen und besorgten ihr eine Anstellung als Köchin in dem Waisenhaus der Stadt, in der ihr Mann als Hilfsarbeiter lebte. Dort sah sie die Ausländer, die kamen, um ihre neuen Babys abzuholen, und sie begriff, dass auch kleine Mädchen ein gutes Leben haben konnten, besonders, als sie Videos sah, die die Ausländer von ihren Kindern in der neuen Heimat drehten und ans Waisenhaus schickten. Als sie erfuhr, dass sie ein Mädchen bekommen würde, bestach sie Waisenhausmitarbeiter, ihr Neugeborenes zu nehmen und auf die Adoptionsliste zu setzen. Die Kleine wurde von einem französischen Ehepaar adoptiert, das später ein Video ans Waisenhaus schickte. Sie sah ihre Tochter, die lebte wie eine Prinzessin, und sie freute sich für sie, obwohl sie sich jeden Tag nach ihr sehnte. War es nicht besser zu wissen, dass ihre

Tochter ein gutes Leben hat, anstatt zu erleiden, dass sie ein schweres Leben führen muss?«

»Und da sind Sie dann auf die Idee gekommen«, mutmaßte ich.

»Es war, als wäre mir ein Licht aufgegangen. Ich ließ die Köchin ungestraft davonkommen, nahm aber ihr Video mit nach Beijing. Ich schaute es mir mehrfach zusammen mit meinem Mann an und war richtig gerührt von diesen Adoptiveltern. Sie lasen ihrer Tochter jeden Abend vor und fuhren sogar mit ihr in Urlaub. Schließlich redete ich mir selbst ein, dass es für ein Kind sehr viel besser sein muss, von einer Mittel- oder Oberschichtfamilie im Westen adoptiert zu werden, als sich mit dem Leben in einer Gesellschaft abfinden zu müssen, die so ungeheuer konkurrenzbetont ist wie unsere. Außerdem würde sie, wenn sie alt genug wäre, ohnehin zum Studium ins Ausland gehen. Mein Mann und ich müssen kaltblütige Monster gewesen sein, dass wir das tun konnten, aber teilweise lag es auch daran, dass sich schlicht die Gelegenheit bot. Ich gab die Kleine an ein amerikanisches Ehepaar ab, und ich setzte alle Hebel in Bewegung, damit sie nicht einen einzigen Tag im Waisenhaus verbringen musste. Sie wurde direkt von zu Hause zum Hotel gebracht.«

»Haben Sie sie selbst hingebracht?« Ich konnte mir einfach nicht vorstellen, wie sie die Übergabe ihres eigenen Babys bewerkstelligt hatten.

»Dazu wäre ich nie und nimmer imstande gewesen.« Sie schwieg eine ganze Weile. »Ich hab sie von einer Waisenhausmitarbeiterin, die mich nicht kannte, aus einem kleinen Restaurant abholen lassen. Die Frau dachte, ich hätte das Kind gefunden. Ich bat sie, von der Übergabe an die

Adoptiveltern eine Videoaufnahme zu machen. Sie waren ein freundlich aussehendes amerikanisches Ehepaar mittleren Alters. Als sie meine Tochter in die Arme schlossen, kamen ihnen sogar die Tränen. Meine Tochter schien ihre Gefühle zu begreifen, denn sie tätschelte das Gesicht der Frau mit ihrem kleinen Händchen und lächelte sie an, worauf die Frau nur noch mehr weinen musste. Dann gingen sie ins Hotel, und die Tür schloss sich hinter meiner Tochter und ihrer neuen Familie.«

Die Grüne Mary sank erschöpft im Sofa zurück und fragte tonlos: »Waren wir sehr grausam?«

Ich wusste nicht, was ich antworten sollte. Ich wollte sie anschreien, wollte um ihr kleines Mädchen weinen. Schließlich sagte ich: »Ich bin mir absolut, absolut sicher, dass Sie und Ihr Mann danach sehr gelitten haben.« Am liebsten hätte ich das Wort »absolut« noch öfter wiederholt.

»Als wir wieder zu Hause waren, wurde uns erst richtig klar, was wir getan hatten. Wir kamen wieder zur Besinnung, aber der Alptraum hatte gerade erst begonnen. Die Stille in der Wohnung war ganz anders als vor der Geburt unserer Kleinen. Fotos von ihr, ihre Kleidung, ihr Spielzeug – alles zusammen lag auf einem Haufen. Mir war, als würden mir die ganzen Sachen ein großes Loch ins Herz bohren. Sie fehlte mir so schrecklich. Und dann, ohne recht zu wissen, was wir taten, haben wir uns am Abend in das Hotel geschlichen, in dem das Paar wohnte. Wir hörten unsere Kleine furchtbar weinen, als wir das Stockwerk betraten, in dem das Zimmer war. Sie schrie ›Ma-ma, Ma-ma‹, und sie schluchzte herzzerreißend. So hatte ich sie noch nie weinen hören. Mein Mann fürchtete, ich würde ins Zimmer stürmen, um sie zurückzuholen, und hielt mich vorsichtshalber am Arm fest. Und ja, ich hätte es getan, wenn er mich nicht zurückgehalten hätte. Wir gingen erst, als der Sicherheitsdienst seine Runde drehte und wissen wollte, was wir da machten.

Wir aßen nicht zu Abend, als wir nach Hause kamen, wir saßen einfach nur reglos auf dem Sofa. Die ganze Nacht. Gegen acht Uhr am nächsten Morgen sagte mein Mann, er würde sich eine Zeitung kaufen gehen. Ich sah ihm hinterher, und zum ersten Mal hasste ich ihn. Wie konnte er jetzt Zeitung lesen wollen? Während er fort war, nahm ich ein Taxi zum Hotel und setzte mich in dem Café dort in eine Ecke, wartete und hoffte, dass ich sie sehen würde. Es war fast Mittag, als das Paar mit meiner Tochter herunterkam. Sie schaute in meine Richtung, war aber zu weit weg, um mich zu erkennen. Sie starrte mit ausdrucksloser Miene geradeaus, ins Ungewisse … Dann wurde sie zu einem Reisebus getragen. Mir pochte das Herz bis zum Hals, aber es nützte nichts, meine Beine versagten den Dienst. Schließlich gelang es mir aufzustehen, und ich ging auf den Reisebus zu, aber plötzlich war mein Mann neben mir und hielt mich fest. Der Bus fuhr langsam davon – und ich sank halb ohnmächtig zu Boden. Ein Mann vom Sicherheitsdienst des Hotels kam und erkundigte sich höflich, ob es mir nicht gutgehe und in welcher Beziehung wir zueinander stünden. Er sagte, mein Mann habe sich seit etwa acht Uhr morgens hier herumgetrieben.«

Ich begriff. »Er war gar nicht gegangen, um eine Zeitung zu kaufen, sondern um Ihre Tochter noch einmal zu sehen.«

»Ja. Und von dem Tag an hat er bis zu unserer Scheidung kein Wort mehr mit mir geredet. Wir haben nur noch über eine kleine Tafel in der Küche miteinander kommuniziert. Er warf mir vor, kaltherzig und keine richtige Mutter zu sein. Obwohl er unserem Plan doch zugestimmt hatte. Wir haben die Entscheidung gemeinsam getroffen. Aber was bringt es, das alles noch mal durchzuhecheln? Wir wussten beide, dass es zwischen uns aus war, nachdem wie unsere Tochter zur Adoption gegeben hatten.

Es vergeht keine Minute, ohne dass ich an sie denke. Manchmal, wenn ich einen Bus losfahren sehe, stelle ich mir vor, dass sie drin sitzt. Ich hab ihre Spielsachen neben meinem Bett und verbringe die Nächte halb schlafend, halb träumend. Wenn ich nicht so wahnsinnig viel Arbeit hätte, würde es mich verrückt machen. Es tut zu weh, an sie zu denken – ich würde wirklich verrückt werden.«

Ich fragte, ob sie je etwas von ihrer Tochter gehört habe.

»Letztes Jahr haben die Eltern ein Video von ihrem fünften Geburtstag ans Waisenhaus geschickt. Die Kerzen auf der Torte brannten, sie schaute in die Kamera und sprach einen Wunsch aus: ›Ich wünsche mir, dass meine chinesische Mommy weiß, was ich für ein liebes Mädchen bin.‹«

Die Stimme der Grünen Mary war tränenerstickt.

Einer der Mönche, die in dem Restaurant bedienten, kam zu uns, vollführte die buddhistische Begrüßung – eine Verbeugung mit vor der Brust aneinandergelegten Händen – und schob einen Packen Papierservietten auf unseren Tisch. Dann sagte er leise: »Hat der bittere Hauch der Tränen Ihnen Erkenntnis gebracht?« Als wir nicht antworteten, ging er wieder.

»Xinran, Sie haben gesagt, Sie möchten Ihre Mutter so vieles fragen«, fuhr sie fort. »Auf diesem Video hat meine Tochter auch eine Frage gestellt: ›Ich möchte wissen, war-

um mich meine chinesische Mommy nicht gewollt hat. War ich ein ungezogenes Mädchen?‹« Und wieder musste sie schluchzen.
Ich konnte mich kaum zurückhalten. Ich wollte ihr dieselbe Frage stellen. »Warum? Warum?« Wie ›zivilisiert‹ waren wir denn? Welchen Sinn hatten Bildung und Arbeit eigentlich? All die Mühsal, um im Beruf zu bestehen und erfolgreich zu sein, und das um welchen Preis? Warum hatte unsere moderne Zivilisation den uralten blinden, animalischen Instinkt, unsere Jungen zu schützen, einfach abgeschafft? Meine Bücher sind weltweit in vielen verschiedenen Sprachen erschienen, und ich habe E-Mails und Videoaufnahmen von Adoptivfamilien aus der ganzen Welt erhalten. Die am häufigsten gestellte Frage ist genau die: »Warum hat meine chinesische Mommy mich nicht gewollt?«
Die Grüne Mary sah mir meine Empörung an und sagte mit dünner Stimme: »Viele denken, ich hätte meine Tochter zu Verwandten gegeben, um mich ganz der Adoptionsarbeit widmen zu können. Aber dass meine Tochter und andere kleine Mädchen wie sie der Grund sind, warum ich wie verrückt arbeite, das ahnt keiner.«
»Haben andere Eltern in anderen Waisenhäusern das Gleiche gemacht wie Sie?«, fragte ich, erwartete aber eigentlich ein Nein als Antwort.
»Wollen Sie die Wahrheit hören?« Sie sah mich beklommen an.
»Aber ja.« Ich versuchte, möglichst viel Nachdruck in meinen Blick zu legen.
»Das ist doch wirklich nur ein kleiner Teil Ihrer Recherchen, oder? Ich möchte niemanden in Schwierigkeiten bringen, wenn ich es Ihnen erzähle … Ja, viele Waisenhaus-

mitarbeiter helfen ihren Verwandten auf dem Land dabei, ihre Babys ›auszusetzen‹, und wickeln dann die Adoption ab«, sagte sie stockend.

»Menschen, die in Waisenhäusern arbeiten, helfen anderen Menschen, ihre Babys wegzugeben? Das ist gegen die Natur! Sie sagen also, dass Menschen wie Sie nicht nur nichts dagegen tun, sondern es sogar steuern? Ist das inzwischen die Norm?« Ich fand, dass sie ihren eigenen Anteil daran nicht leugnen sollte.

Sie brauste auf. »Was ist denn Natur? Was ist Mutterliebe? Was heißt schon Norm? Woran orientiert sich die Norm? Waren Sie schon mal in diesen Dörfern? Haben Sie gesehen, wie erbärmlich es den Mädchen dort ergeht? Sie überleben überhaupt nur mit viel Glück. Ich beharre nicht auf der ›Norm‹, wenn diese Mädchen in westlichen Familien ein glückliches, gesundes Leben führen können und eine gute Ausbildung bekommen … Das ist doch unendlich viel besser, als wenn sie dasselbe traurige Schicksal erleiden wie ihre Mütter oder ein noch schlimmeres. Sie sind emotional und körperlich tausendmal besser dran, wenn sie von Ausländern adoptiert werden.«

»Aber das hinterlässt ein schwarzes Loch im Herzen der Mutter und offene Fragen in dem der Tochter …«

Sie fiel mir ins Wort: »Chinesinnen sind die selbstlosesten Frauen der Welt. Sie würden alles für ihren Mann und ihre Kinder tun, Schmerzen erdulden, Blut und Tränen vergießen, um für das Wohlergehen ihrer Liebsten zu sorgen. Ihr einziger Trost ist, dass ihre Töchter eines Tages verstehen werden, wie sehr ihre Mütter sie geliebt haben und dass sie diese Liebe mit einem endlosen Strom der Tränen bezahlt haben.«

»Glauben Sie wirklich, diese Töchter können verstehen, wie viel ihre Mütter gegeben haben und was es sie gekostet hat?«

»Sie werden ganz sicher begreifen, was die Liebe einer Mutter ist, wenn sie selbst die Schmerzen von Schwangerschaft und Geburt erleben und Mütter werden.«

»Und das Stillen zu jeder Tages- und Nachtzeit, das Wickeln und das In-den-Schlaf-Wiegen, das alles wird ihnen eine Ahnung von den Entbehrungen vermitteln, die ihre leiblichen Eltern durchgemacht haben«, fügte ich hinzu.

»Genau. Deshalb sage ich den Leuten, die im Adoptionssystem arbeiten, auch immer, dass chinesische Mütter ihre Babys nie als ihren ureigenen Besitz betrachten sollten. Die leiblichen Eltern haben diese Kinder in die Welt gesetzt, aber ihr gegenwärtiges Leben verdanken die Kinder ihren Adoptiveltern.«

Nachdem ich mich an jenem Tag von der Grünen Mary verabschiedet hatte, wanderten meine Gedanken zurück zur Roten Mary. Was hätte sie wohl gesagt, wenn sie die Geschichte gehört hätte? Eine der beiden war als Baby ausgesetzt worden, die andere war eine Mutter, die ihr Baby vorsätzlich weggegeben hatte. Durch eine Laune des Schicksals hatten beide letztlich ihr Leben jenen verlassenen kleinen Mädchen und der Arbeit für Waisenkinder gewidmet.

9

Liebesbande: Steine und Blätter

Der Sonnengott liebte seine Tochter Nüwa, die so schön war, dass sogar der Gelbe Kaiser sie über alles rühmte.

Seit vielen Jahren habe ich auf meinen Reisen rund um den Globus immer ein getrocknetes Blatt oder einen speziellen Kieselstein dabei. Ich bekam diese beiden Andenken von einer Mutter und einem jungen Mädchen, die am Ufer des Jangtsekiang lebten.

Die Kiesel-Mutter wohnte im damaligen Fengdu, am Westufer des schiffbaren Jangtse-Laufes, nicht weit von der Stadt Chongqing mit ihren dreißig Millionen Einwohnern. Fengdu war über Jahrhunderte hinweg dafür bekannt, dass es nicht nur irdische Bewohner beherbergte, sondern auch himmlische Wesen und Geister der Unterwelt. Fengdu war eine uralte Stadt an einem Berghang mit Blick über den Oberlauf des Jangtsekiang am Südostrand des Sichuan-Beckens. In der sogenannten Frühlings- und Herbst-Periode (zweite Hälfte des achten Jahrhunderts v. Chr. bis zur ersten Hälfte des fünften Jahrhunderts v.Chr.) war es als Bazi Biedu bekannt. Es hatte eine berühmte, über eintausendachthundert Jahre alte Nekropole, die der Hölle in der taoistischen Mythologie nachgebildet war. Fengdu war die chinesische »Hauptstadt der Geister«, ein ungemein stimmungsvoller Ort voller historischer und kultureller Reminiszenzen. Tatsächlich wird es in berühmten übersinnlichen Erzählungen beschrieben, so unter anderem in *Die Reise nach Westen, Seltsame Geschichten aus dem Liaozhai, Die Geschichte von Yue Fei* und *Zhong Kui, Bezwinger der Teufel.* Doch nach der Fertigstellung des Drei-Schluchten-Damms versank die Stadt in den steigenden Fluten, wenngleich die historischen Bauten über dem »Tor zur Hölle« oberhalb des Wasserpegels blieben. Die menschliche Bevölkerung wurde unterdessen in das Neue Fengdu umgesiedelt, dessen weiß geflieste Gebäude sich am gegenüberliegenden Ufer erstrecken.

Das erste Mal begegnete ich der Kiesel-Mutter 1984. Damals arbeitete ich noch nicht als Radiomoderatorin, aber bereits als freie Journalistin. Wir waren beruflich in Chengdu gewesen und machten auf der Rückfahrt nach Beijing einen Abstecher zum Jangtse. Wir beschlossen, einen der Langstreckendampfer flussabwärts zu nehmen, um die Landschaft dieser noch größtenteils unerschlossenen Region zu genießen. Die Dampfer waren damals das Haupttransportmittel für die dortige Bevölkerung. Wir nahmen ein Passagierschiff, das den Strom regelmäßig befuhr und immer wieder anlegte, um tagsüber Passagiere ein- und aussteigen zu lassen und nachts Wasser und Nachschub zu bunkern. Während der langen Aufenthalte am Abend hatten wir Gelegenheit, uns einige Dörfer entlang des Flussufers anzuschauen.

Die wirtschaftlichen Reformen waren noch nicht von den

Großstädten bis in diese armen Fischerdörfer vorgedrungen, und die Menschen dort lebten von dem, was der Himmel, die Berge und das Wasser ihnen bescherten. Moderne Industriegüter waren praktisch nicht vorhanden. Die Menschen lebten in primitiven Hütten aus Bambus und Gras, sie trugen traditionelle Bastumhänge zum Schutz gegen den Regen, Hosen und Bambushüte, und Frauen ein zusätzliches Stück Stoff, das die Brust bedeckte. Die Kinder liefen nackt herum. Staatliche Vorschriften gelangten nicht bis in diese abgelegenen Orte, wo das Leben der Bauernfamilien von schwerer Arbeit bestimmt war. Hier wurde die Ein-Kind-Politik nicht umgesetzt, weil die Lebensbedingungen hart waren, nur wenige Kinder das Erwachsenenalter erreichten und sogar Mädchen einen Nutzwert hatten.

Die Hütten waren kaum möbliert, und die Menschen ernährten sich von Wildpflanzen, Fisch und Reis. Die Zutaten wurden zusammengerührt, in ein hohles Bambusrohr gestopft und über einem offenen Feuer gegart. Wenn das Essen fertig war, wurde das Rohr der Länge nach aufgeschlitzt. Man fügte ein bisschen gepökeltes Gemüse oder Salz dazu, hielt das aufgeschlitzte Rohr in einer Hand und schaufelte sich das Essen mit einem Gerät, das aus einem langen Bambusstück gefertigt wurde, in den Mund. Die Nahrung, die in einem Bambusrohr gekocht worden war, schmeckte stets leicht und frisch. Es war die normale Abendmahlzeit der Menschen am Mittellauf des Jangtse, und auch wir aßen jeden Abend so. Um den Geschmack zu verbessern, gaben diejenigen, die es sich leisten konnten, Öl und frisches Gemüse dazu, während die Ärmsten winzige Fische oder Krabben untermischten, die sie tags-

über gefangen hatten und die zu klein waren, um sie zu verkaufen.
Moderne Lebensgewohnheiten waren den Menschen dort noch völlig unbekannt: Das Abendessen wurde stets von der ganzen Familie gemeinsam eingenommen und bildete die wichtigste gesellschaftliche Einrichtung. Da sich nur selten Fremde dorthin verirrten, waren sie jedes Mal eine Sensation, und dann versammelte sich das ganze Dorf, Alt und Jung gleichermaßen, am Kochfeuer, um mit den Besuchern zu reden, zu lachen und zu essen. Das Trinkgeld, das die so freundlich bewirteten Gäste dann zurückließen, stellte die Haupteinnahmequelle dieser Leute dar.
Ich erinnere mich an einen Abend, als wir soeben die Geisterstadt von Fengdu besichtigt hatten und der Dampfer an einer kleinen Mole vertäut lag. Man hatte uns mit sanfter Gewalt überredet, zu einem Bambusrohressen in das nahe gelegene Fischerdorf zu kommen. Die Flammen des flackernden Feuers spiegelten sich in den trägen Wellen des Wassers und sahen mal aus wie Sterne, mal wie ein Strom aus Licht oder eine Schar schelmischer Kobolde, die zum Spielen einluden. Es war ein märchenhafter Ort, und die Umrisse der fernen Berge boten einen geheimnisvollen Hintergrund aus samtiger Finsternis. Die Luft war durchdrungen vom Duft der Bambusblätter und dem Geruch von Fischen. Als Städterin hatte ich noch nie eine solche Nacht erlebt. Ich saß da und nahm nach und nach die Ruhe meiner Umgebung in mich auf.
Ich schaute zu den dunklen Konturen der Berge hinüber und bemerkte plötzlich eine schlanke Gestalt, die auf einem Felsen saß, der in den Fluss hineinragte. Die Gestalt bewegte sich, als werfe sie irgendetwas ins Wasser. Was

mochte das sein? Ein Geist, eine Fee? Unwillkürlich musste ich an die bewegende chinesische Geschichte von Jingwei denken, die versucht, das Meer mit Zweigen und Kieselsteinen zu füllen.

Der Sonnengott liebte seine Tochter Nüwa, die so schön war, dass sogar der Gelbe Kaiser sie über alles rühmte.

Wenn der Sonnengott nicht zu Hause war, spielte Nüwa allein für sich. Aber ihr sehnlichster Wunsch war es, dass ihr Vater sie einmal mit auf seine Reisen zum Östlichen Meer nahm, wo die Sonne aufging. Der Sonnengott war jedoch tagaus, tagein damit beschäftigt, den Lauf der Sonne zu lenken, von ihrem Aufgang am Morgen bis zu ihrem Untergang am Abend, und er hatte einfach keine Zeit, seine Tochter mitzunehmen. Eines Tages folgte Nüwa ihm heimlich in einem Ruderboot, doch unseligerweise zog ein Sturm auf, und turmhohe Wellen brachten das kleine Boot zum Kentern. Nüwa wurde von dem grausamen Meer verschlungen und kehrte nie wieder zurück. Ihr Vater war untröstlich. Er konnte die Strahlen der Sonne nicht bündeln, damit sie seine Tochter beschienen und wieder zum Leben erweckten, und so blieb er allein zurück und trauerte um sie.

Doch dann wurde Nüwa als Vogel mit gestreiftem Kopf, roten Krallen und weißem Schnabel wiedergeboren. Sie erhielt den Namen Jingwei, nach ihren klagenden Rufen »jingwei, jingwei …«. Jingwei konnte dem grausamen Meer nicht verzeihen, das ihr junges Leben geraubt hatte, und schwor Rache. Sie wollte das Meer auffüllen und in festes Land verwandeln. Sie begann, mit dem Schnabel Kieselsteine zu sammeln, und flog rastlos zwischen dem Berg Fajiu, auf dem sie lebte, und dem Östlichen Meer hin und her. Wieder und wieder, ohne Unterlass, stets mit einem Kieselstein oder einem Zweig im Schnabel. Sie kreiste über dem aufge-

wühlten Wasser, stieß ihre Klagerufe aus und ließ dann ihre jeweilige Last fallen.
Das Meer bäumte sich auf und donnerte, verhöhnte ihre Anstrengungen. »Kleiner Vogel«, sagte es, »gib auf! Du könntest dich Millionen Jahre abmühen und würdest mich doch nie in flaches Land verwandeln.« Aber Jingwei antwortete aus der Luft: »Und wenn ich zehn Millionen oder hundert Millionen Jahre brauche, bis ans Ende der Welt, ich werde dich auffüllen und in trockenes Land verwandeln.«
»Warum hasst du mich so sehr?«, fragte das Meer.
»Weil du mir mein junges Leben gestohlen hast und noch vielen anderen unschuldigen jungen Menschen dasselbe antun wirst. Ich werde weitermachen, bis ich meine Arbeit vollendet habe.«
Und damit schwang sie sich wieder auf, rief »jingwei, jingwei« und flog zurück zum Berg Fajiu, um Kieselsteine und Zweige zu sammeln. Unermüdlich flog sie hin und her und warf immer mehr ins Meer. Monate und Jahre vergingen, und eines Tages kam ein Seeschwalbenmännchen des Wegs. Es staunte – was machte der andere Vogel da? Aber als es Jingweis Geschichte hörte, rührte es ihre hartnäckige Beharrlichkeit. Die beiden heirateten und brüteten ein Nest schöner Jungvögel aus – die Männchen wurden so wie ihr Seeschwalbenvater, und die Weibchen wurden wie ihre Mutter Jingwei. Gemeinsam mit ihr widmeten sie sich der unendlichen Aufgabe, Kieselsteine und Zweige zu sammeln, um das Meer aufzufüllen.

Chinesen bewundern Jingwei sehr für ihre Selbstlosigkeit, ihre bedingungslose Entschlossenheit und ihr kühnes Ziel. Tao Yuanming, der Dichter der Jin-Dynastie, rühmte den tapferen Kampf des kleinen Vogels gegen die Wellen des Ozeans in Versform, und Jingweis Geschichte ist zum

Symbol für großen Idealismus und mühevolle Hingabe geworden.
Die Hochachtung der einfachen Leute für Jingwei zeigt sich auch in zahlreichen Denkmälern mit Namen wie »Jingwei schwört dem Wasser Rache« oder »Jingwei füllt das Meer auf«, die an der gesamten Ostküste Chinas zu finden sind.

Ich fragte den Fischer, der neben mir am Feuer saß: »Wer ist das da hinten?«
»Das ist eine Verrückte. Sie kommt jeden Abend her, um ihre Tochter zu füttern«, antwortete er beiläufig.
Ich verstand ihn nicht, dachte aber an Jingwei. Die silhouettenhafte Gestalt war wirklich nicht weit weg, und meine Begleiter spielten mit den Dorfbewohnern »Fischköpfe«. (Wenn die Fischer ihren Fang an die großen Boote verkaufen, behalten sie die Fischköpfe und spielen verschiedene Spiele mit ihnen: So spießen sie die Köpfe beispielsweise auf je einem Essstäbchen oder Stock auf und warten dann ab, welcher zuerst umkippt. Oder sie befestigen einen Fischkopf an irgendeinem länglichen Gegenstand und lassen ihn kreiseln. Derjenige, auf den das Maul zeigt, wenn der Kopf zum Stillstand kommt, muss ein Lied singen oder irgendeine witzige Aufgabe erfüllen oder etwas Alkoholisches trinken. Die Spiele variieren je nach Region.) Ich nützte die Gelegenheit, stand leise auf und ging zu der Frau.
Die Silhouette hörte mich kommen und sagte, ohne sich umzudrehen: »Ich bin nicht verrückt. Ich komme her, um meine Tochter zu sehen.« Offensichtlich hatte sie meine Frage und die Antwort des Fischers mitgehört. Sie sprach

ein sehr viel besseres Putonghua als die anderen Einheimischen.

»Wo ist denn Ihre Tochter?«, fragte ich und schaute mich um. Ich sah niemanden.

»Im Fluss.« Sie blickte mich noch immer nicht an.

Ihre Antwort weckte in mir den Verdacht, dass sie vielleicht wirklich verrückt war.

»Mama sagt, der Fluss hat meine große Schwester mitgenommen«, meldete sich eine kleine Stimme vom Arm der Mutter.

Ich trat langsam näher. Im fahlen Mondlicht war es schwer, die Gestalten deutlich zu erkennen. Ich wollte die beiden nicht stören, also setzte ich mich einfach neben sie. Falls meine Begleiter am Feuer nach mir suchen, können sie bestimmt meine Silhouette neben der der Frau sehen, dachte ich mir.

»Mama, kann ich meine große Schwester sehen?« Eine kleine Hand erschien und deutete auf den Fluss im Mondlicht.

»Ja, wenn du groß bist, kannst du auf einem Boot hinausfahren und sie sehen«, antwortete die Schattenmutter.

»Kommst du dann mit?« Die Hand verschwand wieder.

»Ja, vorausgesetzt, ich bin dann nicht schon zu alt dafür.« Die Schattenmutter drückte ihr Kind an sich.

»Aber warum fährst du nicht jetzt hinaus und suchst sie?«, fragte ein Köpfchen, das sich in die Höhe reckte.

»Mama muss sich um deine Großeltern kümmern. Was würden die beiden denn ohne uns machen, wenn wir weggehen würden?« Der Schatten schmiegte den Kopf an den des Kindes.

»Koch ihnen doch ganz, ganz viele Bambusrohre, dann

haben sie genug zu essen.« Die kleinen Hände tätschelten den Kopf des Schattens.

»Es ist zu warm, sie würden schlecht werden und anfangen zu stinken.« Der Schatten drückte einen Kuss auf den Kopf des Kindes.

»Dann fahren wir eben im Winter.« Wieder zeigte das Händchen auf den Fluss.

»Wenn wir im Winter nicht Feuerholz hacken und Gemüse pflanzen, was sollen die Großeltern dann essen?«

»Aber wir finden meine Schwester doch nie, wenn wir einfach nur jeden Tag hier sitzen.« Das Kind beugte sich zur Seite und nahm das Gesicht der Mutter in beide Hände.

Die Schattenmutter sagte nichts und warf etwas, das aussah wie ein Bambusessensrohr, in den Fluss.

»Was wirft deine Mama denn da ins Wasser?«, fragte ich die kleinen Hände, die sich im Mondlicht bewegten.

»Essen in Bambusrohren. Sie sagt, die Fische werden es fressen, und dann wird meine Schwester das Gleiche essen wie wir.«

»Wo ist deine Schwester hin?«

»Sie ist entführt worden«, sagte das Kind knapp, als verstünde es nicht richtig, was das bedeutet.

Ich war entsetzt.

»Entführt«, wiederholte die Schattengestalt gewichtig. »Ich hatte sie nur einen Moment am Ufer allein gelassen. Aber ich kam zu spät, um sie zu retten. Ich hab mit eigenen Augen gesehen, wie zwei Männer sie packten, mit ihr zum Boot rannten und davonfuhren. Ah, warum bin ich bloß zu spät gekommen?«

»Menschenhändler?«, fragte ich.

»Die greifen sich oft Mädchen und verkaufen sie, das weiß ich«, sagte sie. Die Mädchen wurden an Bauern und Fischer flussabwärts verkauft, um für sie zu arbeiten und später ihre Ehefrauen zu werden. »An dem Tag war es sehr windig, und der Fluss war aufgewühlt. Ich dachte, sie würden es nicht schaffen anzulegen. Welche Sünde! Meine arme Kleine, mit gerade mal sechs Monaten hat sie ihre Mutter verloren. Sie ist jetzt sieben. Bestimmt ist sie schon oben auf dem Berg und hackt Feuerholz. Ich wüsste so gern, ob sie genug zu essen bekommt.« Die Stimme des Schattens war voller Trauer.

Was sie sagte, ließ mich frösteln. Damals wusste ich noch nicht, wie es ist, selbst Mutter zu sein, aber der Schmerz in der Stimme der Frau hat mich noch jahrelang verfolgt.

Am nächsten Tag, kurz bevor unser Dampfer ablegen sollte, machten wir noch ein paar Fotos vom Sonnenaufgang über dem Flussufer, als ein kleines Mädchen von fünf oder sechs Jahren auf mich zugesprungen kam. Sie streckte mir die offene Hand entgegen, auf der ein milchig weißer, bohnenförmiger Kieselstein lag. »Meine Mama sagt, wenn Sie meine große Schwester sehen, sollen Sie ihr den bitte geben, damit sie nicht hungern muss.«

Als wir ablegten, sah ich das Kind an der Hand einer Frau, die unter dem Berg Feuerholz, den sie schleppte, fast nicht zu sehen war. Die beiden standen nebeneinander, die Frau noch immer mit ihrer Bürde auf dem Rücken, und schauten unserem Dampfer nach, der langsam hinter einer Landspitze verschwand. Als ich den allerletzten Blick auf die beiden warf, schien die Kleine noch immer zu winken.

Ich betrachtete den Kieselstein in meiner Hand und musste an ihre Worte denken: Meine Mama sagt, wenn meine

große Schwester den bekommt, muss sie nicht mehr hungern.
Konnte man Kieselsteine essen? Natürlich meinte die Mutter etwas anderes damit. Wahrscheinlich vermisste sie ihre Tochter so furchtbar, dass sie ihr einfach nur irgendetwas zukommen lassen wollte, wo immer sie auch sein mochte. Sie glaubte, wenn ihre Tochter diesen Kieselstein hatte, würde sie ihre Mutter nicht mehr so sehr vermissen. Aber wer war ihre Tochter, und wo war sie jetzt?

Mein getrocknetes Blatt hingegen stammte aus der Stadt Jiujiang am Unterlauf des Jangtse, und ich bekam es erst einige Jahre später, 1996, als ich beruflich nach Jiujiang musste. Ich stand am Flussufer und sah ein junges Mädchen von etwa vierzehn oder fünfzehn Jahren, das schwankend einen schweren Korb mit kleinen getöpferten Vögeln die Straße entlangtrug. Ich folgte ihr und überlegte, ob ich ihr irgendwie helfen sollte, obwohl ich, ehrlich gesagt, nicht wusste, wie. Ich wollte jedenfalls nicht, dass von ihren Tonvögelchen welche zu Bruch gingen. Erst als sie einmal stehen blieb, um zu verschnaufen, wurde mir klar, wie zierlich sie war. Dann trat eine Frau zu ihr und gab ihr ein paar Münzen, und das Mädchen stellte den Korb ab.
Interessiert fragte ich: »Wo gehst du hin?«
»Zur nächsten Arbeit«, sagte sie, ohne mich anzusehen, und schob ihr Geld sorgsam durch einen Schlitz im Halsausschnitt ihrer Jacke.
»Was für eine Arbeit?«, wollte ich wissen.
Nun sah sie mich an und sagte ernst: »Sachen tragen. Warum fragen Sie das? Ich lebe hier, meine Familie auch.«

»Gehst du zur Schule? Du siehst nicht aus, als wärst du schon sechzehn.« Ich musterte sie prüfend.
»Ich bin fünfzehn. Zwei Jahre bin ich zur Schule gegangen, dann konnten wir uns das nicht mehr leisten«, sagte sie mürrisch und machte sich mit raschen Schritten Richtung Fluss auf den Weg.
Da ich noch jede Menge Zeit hatte, beschloss ich, mich weiter mit dem Mädchen zu unterhalten.
»Könntest du denn nichts anderes machen? Diese Schlepperei ist doch Männerarbeit.«
»Ansonsten gibt es nur Arbeit mit festen Zeiten. Mein Vater ist krank zu Hause, und ich muss mich um ihn kümmern. Bei dieser Arbeit kann ich kommen und gehen, wie ich will, und die Bezahlung ist nicht schlecht.«
»Wohnst du weit weg?«
»Nicht weit.« Sie zeigte auf eine Ansammlung von Behausungen am Flussufer.
»Nimmst du mich mit zu dir nach Hause? Ich bezahl dich auch dafür, genauso viel, wie du fürs Lastentragen bekommen würdest«, sagte ich und zückte mein Portemonnaie.
»Versuchen Sie nicht, mich übers Ohr zu hauen! Hier im Ort und in der ganzen Gegend kennt mich jeder«, warnte sie mich.
»Ich will dich nicht übers Ohr hauen. Ich möchte nur gern sehen, wie du mit deiner Familie lebst. Ich bin beim Radio, ich habe eine eigene Sendung.«
»Wirklich? Wir hören hier öfter Radiosendungen über Lautsprecher auf der Straße. Aber es passiert so viel. Wie soll ich da wissen, dass Sie mich nicht übers Ohr hauen?«
»Weißt du was? Ich zeig dir meinen Presseausweis.«

»Ich kann nicht lesen, ich kann nur ein bisschen rechnen«, sagte sie, ohne auch nur einen Blick auf den Ausweis in meiner Hand zu werfen.

»Gut, mal überlegen ... Dann geb ich dir fünfzig Yuan vorab. (Fünfzig Yuan in den 1990ern entsprachen 2009 etwa zweiundfünfzig Euro.) Nimm sie, und ich geb dir auch noch meine Uhr als Pfand. Wenn ich dich übers Ohr haue, kannst du sie kaputt machen.« Ich löste das Armband meiner Uhr.

»Das wär aber ein Jammer. Ich kann sie nicht nehmen. Wenn ich sie kaputt mache, kann ich sie Ihnen nicht bezahlen. Keine Sorge, ich glaub Ihnen. Das ist mehr Geld, als ich in einer Woche verdiene.«

Auf dem Weg zu ihr nach Hause erzählte sie mir, dass sie Ye'r hieß, was »Blatt« bedeutet. Ihre Mutter hatte kurz vor ihrem Tod zu ihr gesagt, sie sei ein Mädchen »ohne Wurzeln«, weil die Familie sie gekauft habe. Am Jangtse florierte nicht nur der Transport von Passagieren und Gütern – es gab auch einen regen Handel mit Diebesgut und mit Menschen. Die Flusspolizei hatte bei weitem nicht genug Personal und Boote, um die kriminellen Machenschaften zu unterbinden. Außerdem waren viele Polizisten selbst darin verwickelt. Laut Ye'r machten die Einheimischen keinen Unterschied zwischen Polizei und Menschenhändlern. In ihrer Stadt war praktisch jeder in irgendeiner Bande, und die Mitglieder halfen und schützten sich gegenseitig. Außenseiter blieben draußen, und wenn doch mal einer auftauchte, wurde er »erledigt«. Ich war überrascht, ein so junges Mädchen mit so reifer Klarsicht über ihre Mitmenschen sprechen zu hören.

Das Haus, in dem Ye'r wohnte, lag etwas außerhalb des

Ortes am Flussufer. Es war eigentlich kein Haus, sondern bloß eine strohgedeckte Hütte. Drinnen lag jemand im Tiefschlaf auf einem Holzbrett, die Beine übersät mit Fliegen. Ye'r ging hinein und verscheuchte sie leise. Der Mann reagierte nicht, und sie kam wieder heraus und bedeutete mir, dass ich zum Wasser gehen und mich auf den Bootssteg aus Holzpfählen setzen sollte.

Ye'r blickte nach hinten in die Hütte: »Ich glaube, er macht's nicht mehr lange. Seine Beine sind ganz verfault.«

»Warum bringst du ihn nicht ins Krankenhaus?«, fragte ich.

»Das will er nicht. Er sagt, er will keinen Arzt. In der Stadt ist ein sehr netter Doktor, der ihm helfen wollte, aber er lässt ihn nicht«, sagte Ye'r knapp.

»Warum nicht?«

»Er sagt, das ist die Strafe, die er verdient hat.« Ye'r presste die Lippen aufeinander.

»Wieso Strafe?« fragte ich. Das Leben war wirklich voller Überraschungen – man wusste nie, was als Nächstes kam.

»Meine Mutter und mein Vater haben beide auf einem Boot gearbeitet, am Flussufer Müll gesammelt und Leute und Waren befördert. Sie haben mich als Baby gestohlen, das hat er mir erzählt, nachdem er krank geworden war. Bevor meine Mutter starb, hat sie gesagt, ich wäre gekauft worden, aber mein Vater sagt, sie hat nie die Wahrheit gesagt, bis zu ihrem Tod nicht, und dass sie deshalb ein Wassergeist geworden ist.«

»Und hat er dir erzählt, wer deine leiblichen Eltern waren?« Ich musste an die schattenhaften Gestalten von Mutter und Tochter denken, denen ich zwölf Jahre zuvor begegnet war, und an den kleinen Stein, den sie mir gegeben hatten. Auf diese Reise hatte ich ihn nicht mitgenommen.

»Ja, vor sechs Monaten hat er mir alles erzählt«, antwortete sie wie nebenbei.

»Und? Hast du versucht, deine leiblichen Eltern zu finden?« Ich konnte mir nicht vorstellen, wie sie ihren Zorn hatte zügeln können.

»Was hätte mein Vater dann ohne mich gemacht? Wer hätte sich um ihn gekümmert?« Ye'r sah mich fragend an.

Ihre Güte rührte mich. »Meinst du, du wirst nach ihnen suchen, wenn er gestorben ist?«

»Ich würde gerne, aber wird meine Mutter mich denn erkennen? Es werden so viele Kinder gestohlen, wie soll ich je herausfinden, wer ich bin?«

»Frag deinen Vater doch noch mal! Bestimmt kann er dir ein paar Einzelheiten erzählen, mit denen du deine leibliche Mutter davon überzeugen kannst, dass du ihre Tochter bist«, sagte ich aufmunternd.

»Mein Vater hat gemeint, sie ist wahrscheinlich gestorben.« Ye'r blickte zu Boden.

»Wie kommt er darauf?« Ich neigte meinen Kopf zu ihr.

Ye'r schaute auf den Fluss hinaus. »Er hat gesagt, bevor ich gestohlen wurde, war meine Mutter meilenweit als die Schönheit vom Oberlauf des Jangtse bekannt, aber vor ein paar Jahren hat irgendwer sie ihm gezeigt, und er hat sie kaum wiedererkannt, so alt hat sie ausgesehen.«

»Weißt du, warum?«, fragte ich, obwohl ich meinte, die Antwort zu kennen.

»Mein Vater hat gesagt, das lag wahrscheinlich an der Sünde, die sie ihr angetan haben.« Sie wandte den Kopf und sah mich an.

»Denkst du, sie hat ihr Baby vermisst?« Wieder fiel mir die Schattenfrau ein.

»Ich weiß nicht.« Sie wirkte unsicher.

»Und du hast wirklich nie daran gedacht, sie zu suchen?«

»Als ich klein war, wusste ich doch gar nichts davon«, verteidigte sich Ye'r. »Ich hab es erst vor sechs Monaten erfahren, als er krank wurde. Er hat es mir erzählt, weil er Angst hatte, ich würde auch als Wassergeist enden.«

»Hasst du deine Eltern jetzt?« Sie musste sie doch wohl hassen, dachte ich.

»Wieso sollte ich?«, lautete die Antwort.

»Na, weil sie dich deiner leiblichen Mutter weggenommen haben, warum sonst?«

Zu meiner Überraschung sagte Ye'r ernst: »Nein, ich hasse sie nicht. Ich wusste nichts von meiner leiblichen Mutter, und jetzt weiß ich zwar von ihr, aber ich habe keine Ahnung, wie sie ist. Außerdem haben meine Eltern mich nie geschlagen, und hier in der Gegend gibt es keine Familie, in der die Töchter nicht geschlagen und beschimpft werden. Aber meine Eltern haben das nie gemacht.«

Ehe ich mich an diesem Tag von Ye'r verabschiedete, nahm ich die Hälfte des restlichen Geldes, das ich bei mir hatte, und gab Ye'r noch mal fünfundzwanzig Yuan. Sie wollte es nicht annehmen, sagte, Geld fürs Nichtstun zu nehmen sei wie stehlen. Schließlich konnte ich sie überreden, es anzunehmen, indem ich sagte, sie solle es behalten und später damit die Bootsfahrt bezahlen, um ihre leibliche Mutter zu finden.

Ich verbrachte die Nacht an Bord des Dampfers, der in der kleinen Stadt angelegt hatte, aber ich konnte nicht schlafen. Ich dachte an Ye'r, das Mädchen, dessen »Eltern« das Verbrechen begangen hatten, sie zu entführen, und sie dann doch so gütig behandelten.

Am nächsten Tag kam Ye'r, um Lebewohl zu sagen. Sie drückte mir ein kleines Päckchen in die Hand, das in ein Blatt eingewickelt war. Als ich es öffnete, fand ich darin ein kleineres grüngelbes Blatt. »Ich besitze gar nichts«, sagte sie. »Aber falls Sie flussaufwärts fahren und meine leibliche Mutter sehen, geben Sie ihr doch bitte das Blatt, und das wird sie wieder schön machen.«

Ich war sprachlos. Ich dachte an den Kieselstein und die Schattenmutter, die mir auftragen ließ: Bitte geben Sie ihr den, damit sie keinen Hunger mehr hat! Ich wünschte, ich hätte den Stein bei mir gehabt. Jetzt wollte Ye'r mir ein Blatt für die Mutter mitgeben, die sie doch nie gesehen hatte, damit sie wieder schön würde. Wieso dachten alle, ich würde ihren Angehörigen begegnen? War es einfach nur Zufall? Oder war der Geist des Flusses in mich gefahren?

Danach habe ich den Kieselstein und das Blatt oft dicht nebeneinandergelegt, weil ich irgendwie das Gefühl hatte, so könnte die Mutter ihre Tochter umarmen.

Und das war auch der Grund, warum ich den Kieselstein und das Blatt mit in den Koffer packte, als ich China verließ, obwohl ich nicht genau hätte sagen können, wieso ich es nicht über mich brachte, sie zurückzulassen. Als ich mit der Arbeit an *Verborgene Stimmen* begann, hatte ich das Gefühl, den ersten Schritt zu tun, um eine Antwort darauf zu finden. Und später dann, 2004, als ich The Mothers' Bridge of Love gründete, wusste ich, dass ich sie gefunden hatte: Dieser Kieselstein und dieses Blatt symbolisieren die Millionen Mütter, die ihre Töchter niemals wiedersahen; sie waren meine Art, all jenen Töchtern, die ihre Mütter nie kennengelernt haben, eine Botschaft und eine liebevolle Umarmung zu übermitteln.

10

Kleiner Schnee, wo bist du?

Sie ist so klein, das arme Würmchen, und sie in ein Waisenhaus zu stecken würde sogar die Geister ihrer toten Eltern empören.

Ich habe ein eigenes, ganz besonderes Geheimnis. Ich spreche kaum darüber, aber es ist der Grund, warum ich mich so bemühe, Mütter und Töchter zusammenzubringen.

Ich hatte einmal ein Pflegekind. Sie hieß Xue'r.

Sie kam Ende 1990 zur Welt, aber es war eine schwierige Geburt, bei der ihre Mutter zu viel Blut verlor; sie starb, als Xue'r gerade erst drei Tage alt war. Obwohl die Mutter nicht mal Gelegenheit gehabt hatte, ihre Tochter an die Brust zu nehmen, gab sie ihr den Namen Xue'r, »Kleiner Schnee«, nach den großen Schneeflocken, die an dem Tag ihrer Geburt draußen am Fenster vorbeigeschwebt waren, wie Feen, die das Kind in die Welt holten. Es gab noch etwas: Auf der Stirn hatte das Baby ein dunkelrotes Geburtsmal, das nach Aussagen der Krankenschwester von einer Träne der sterbenden Mutter in die Haut gebrannt worden war, als sie ihre Tochter in den Armen hielt …

Ihre Eltern hatten sich sehr geliebt, und nach dem Tod seiner Frau hatte der Ehemann, ein Chirurg, große Mengen Schlafmittel genommen, sich mit einem Skalpell die Pulsadern geöffnet und in der Leichenhalle des Krankenhauses neben seine Frau gelegt. Er hinterließ einen sehr knappen Abschiedsbrief: Er könne seine geliebte Frau nicht einsam und allein in der Unterwelt lassen. Über seine Tochter Kleiner Schnee verlor er kein Wort.

Ich war in dem Krankenhaus, um Menschen zu interviewen, die in einem Schneesturm verletzt worden waren, und eine Krankenschwester erzählte mir diese tragische und zugleich bittersüße Geschichte. Ich beschloss, mir das Waisenkind anzusehen. Kleiner Schnee lag still in einem Gitterbettchen auf der leeren Kinderstation. Ob zufällig oder bewusst, jedenfalls hatten die Schwestern sie nah ans Fenster geschoben, wo die fallenden Schneeflocken auf das Gesicht des Säuglings Schatten malten, die aussahen wie die Tränen der Mutter, die ihr Baby zurückgelassen hatte. Als ich die Kleine ansah, merkte ich, wie mir selbst Tränen in die Augen traten.

Ich hob sie hoch und küsste das kleine rosa »Tränenmal« des Babys, damit es hoffentlich spürte, dass es nicht nur von seiner Mutter geliebt wurde, sondern auch noch von anderen Menschen. Kleiner Schnee schlug ihre strahlenden Augen auf und schien tief in meine hineinzublicken. Die Schwester sagte, dass beide Seiten der Familie die Kleine ablehnten, weil sie ein Mädchen war, und das Krankenhaus sie deshalb in ein Waisenhaus geben würde.

Auf dem Nachhauseweg ging mir Kleiner Schnee nicht mehr aus dem Kopf. Sobald es am nächsten Morgen hell wurde, fuhr ich durch den wirbelnden Schnee noch einmal zum Krankenhaus, wo man mir sagte, dass der Säugling am Nachmittag ins Waisenhaus gebracht werde, wenn das Wetter besser sei. Ich ging zur Stationsschwester und erklärte, dass ich Kleiner Schnee in Pflege nehmen wolle. Sie sah mich an und sagte: »Xinran, so etwas sollten Sie nicht überstürzen. Mal abgesehen von den Formalitäten, die erledigt werden müssten – und ich glaube kaum, dass man Sie akzeptieren würde –, gäbe es Probleme, wenn das Kind ins schulpflichtige Alter kommt. Außerdem haben Sie schon ein Kind, deshalb dürfen Sie aufgrund der Ein-Kind-Politik kein zweites adoptieren.«

»Aber – wenn ich sie nur in Pflege nehme?«, flehte ich. »Das würde den Staat doch entlasten.«

»Es geht Ihnen doch gar nicht darum, den Staat zu entlasten. Sie haben Mitleid mit der Kleinen«, sagte die Schwester schroff, aber zutreffend.

»Zugegeben, das stimmt«, räumte ich ein. »Sie ist so klein, das arme Würmchen, und sie in ein Waisenhaus zu stecken würde sogar die Geister ihrer toten Eltern empören.«

»Ja, ganz bestimmt, natürlich. Wir sind alle Menschen, wir haben Gefühle. Aber so etwas hat das Krankenhaus noch nie gemacht. Wir können sie Ihnen nicht in Pflege geben. Das Recht dazu haben nur die Großeltern, nicht mal Onkel und Tanten dürfen das. Das Familienplanungsbüro würde befürchten, dass damit ein Präzedenzfall geschaffen wird. Dann könnten die Verwandten von Paaren, die ein ›zusätzliches‹ Baby bekommen, versuchen, das Kind zu adoptieren. Es geht nicht. Wir würden uns nur Ärger einhandeln.«

Ich versuchte es mit einer anderen Taktik und fragte: »Wohin muss ich mich denn wenden, wenn ich die Kleine offiziell in Pflege nehmen möchte?«

»Wie gesagt, so was haben wir hier noch nicht erlebt. Sie sind wirklich die Erste, die auf so eine Idee gekommen ist. Wir können Ihnen nicht helfen.«

Mir war klar, dass die Stationsschwester wie so viele mittlere Führungskräfte in China niemals auf eigene Faust eine Entscheidung treffen würde. Sie gab lediglich Anweisungen von oben nach unten weiter, eine Funktionärin, kein menschliches Wesen. Also wandte ich mich an jemanden, der im Krankenhaus einen wichtigeren Posten bekleidete als sie und noch dazu ein alter Bekannter von mir war. Der Mann machte einen klugen Vorschlag: Ich sollte Kleiner Schnee jetzt mit nach Hause nehmen, solange sie noch als Patientin in den Krankenhausakten geführt wurde. In wenigen Monaten würde das Neujahrsfest gefeiert, und die Richtlinien könnten gelockert werden. Wenn es so weit wäre, würden wir weitersehen.

Und so wurde Kleiner Schnee meine Tochter. Mein Sohn Panpan war anderthalb Jahre alt und begann gerade zu laufen und zu sprechen. Er konnte die Worte *Mama* und *Meimei,* »kleine Schwester«, schlecht unterscheiden, und wenn Kleiner Schnee weinte, wollte er sie so beruhigen, wie ich ihn immer beruhigte, und sagte: »Mama, meimei, mama, meimei.« Unsere damalige *a-yi* war eine schöne junge Frau, und da Kleiner Schnee von Tag zu Tag hübscher wurde, war es nicht verwunderlich, dass Gerüchte aufkamen, die Kleine sei die uneheliche Tochter unserer *a-yi.*

Dank guten Essens und liebevoller Pflege entwickelte sich Kleiner Schnee schnell zu einem drallen, gesunden, munteren Baby, das ganz schön schwer war, wenn man es auf dem Arm trug. Fast drei Monate vergingen, und das Neujahrsfest kam. Alle, die uns besuchten, um uns ein frohes neues Jahr zu wünschen, waren ganz bezaubert von dem glücklichen Lächeln meiner lebhaften Tochter.

Ich war damals extrem naiv. Ich glaubte ernsthaft, es könnte mir mit List und Tücke gelingen, Kleiner Schnee zu adoptieren, ich würde schon Lücken in den Richtlinien finden, die von Tag zu Tag strenger wurden. Ich wähnte mich von Menschen umgeben, die mir helfen wollten, um Kleiner Schnee eine richtige Familie zu bieten. Wie sehr ich mich täuschte! Gleich nach dem Neujahrsfest kam der Leiter des Radiosenders zu mir, um unter vier Augen mit mir zu sprechen. Er riet mir, Kleiner Schnee abzugeben. Kurz darauf mahnte mich die Personalabteilung, wenn ich nicht bald handelte, würde nicht nur mir gekündigt, sondern auch dem Leiter, weil ich gegen die Ein-Kind-Politik verstoßen hatte. Das war in etwa so, als würde man einem Kollegen seine Reisschale wegnehmen, denn damals lief das nahezu militärische Rationierungssystem über den Arbeitsplatz, und wer seinen Arbeitsplatz verlor, hatte kaum Chancen, einen neuen zu finden. Er durfte nicht mal Land bewirtschaften.

Mir blieb keine andere Wahl, als nachzugeben und zumindest nach außen hin zuzustimmen. Ich zögerte die Dinge so lange hinaus, wie ich konnte, gab vor, erst noch Xue'rs Sachen und ihre Krankenakten zusammensuchen zu müssen. Ich betete, hoffte auf ein Wunder, dass meine Kleine irgendwie in Vergessenheit geraten würde. Aber die Beamten von der Familienplanung waren unnachgiebig, und keine zwei Wochen später kam der Leiter des Senders erneut zu mir und überreichte mir eine Abmahnung, in der mir Disziplinarmaßnahmen angedroht wurden. Der Verstoß würde für den Rest meines Lebens in meiner Personalakte bleiben.

»Xinran«, sagte er finster, »wenn Sie sich von dem Baby nicht trennen wollen, ist das Ihre Sache. Aber falls Sie entlassen werden, haben wir anderen die Folgen mitzutragen. Wenn ich Glück habe, werde ich nur degradiert. Familienplanung und Ein-Kind-Politik liegen im nationalen Interesse, sind also keine kommunalen Richtlinien, die flexibel gehandhabt werden können. Ich hoffe sehr, dass Sie nicht nur an sich denken, sondern auch mal an uns andere, die von Ihrer Entscheidung mitbetroffen sein werden …«

Da wusste ich, dass mir wirklich keine Wahl blieb. Nicht nur, weil mein Chef und Freund mitbetroffen wäre und weil ich meine Arbeit verlieren würde, sondern auch, weil ich nicht länger in der Lage wäre, für die Grundbedürfnisse meiner Kinder zu sorgen. Außerdem würde Kleiner Schnee für den Rest ihres Lebens als »illegal« gelten. Das wäre ihr gegenüber nicht fair.

Sobald mir klar war, dass ich mich von Kleiner Schnee trennen musste, konnte ich keine Nacht mehr schlafen und sah zusehends verhärmt und unglücklich aus. In den rund drei Monaten, die die Kleine bei uns gewesen war, hatte ihr Glück in meinen Händen gelegen. Sie vertraute mir so, wie jedes Kind seiner Mutter vertraut.

Einen Tag bevor wir Kleiner Schnee abgeben mussten, drehte ich die Heizung auf, damit es in der Wohnung mollig warm wurde. Dann zog ich Xue'r nacheinander die Kleidungsstücke an, die ich ihr für den kommenden Sommer, Herbst, Winter und Frühling gekauft hatte, und zwar zum Hineinwachsen in unterschiedlichen Größen. So ulkig unsere drei Monate alte Kleine in ihren Sommersachen (die für ein acht Monate altes Baby gedacht waren) und ihren Wintersachen (für zwölf Monate) dann auch aussah, der

Anblick entlockte weder der *a-yi* noch mir ein Lächeln. Wir kämpften mit den Tränen, während wir uns bei jedem Kleidungsstück vorstellten, wie das Kind darin aussehen würde, wenn es erst größer wäre. Dann packten wir bis spät in der Nacht seine Sachen zusammen.

Am nächsten Tag brachten wir alle zusammen Kleiner Schnee zum Krankenhaus. Ich tröstete mich und die *a-yi* damit, dass wir sie ja im Waisenhaus besuchen könnten und sie immer unsere Kleine bleiben würde.

Die Woche danach zog sich quälend langsam dahin, bis es mir endlich gelang, mich loszueisen und Kleiner Schnee zu besuchen. Ich traute mich nicht, irgendwem zu erzählen, wo ich hinwollte. Ich suchte fast drei Stunden lang – in einer Stadt, in der ständig und überall neu gebaut wurde –, bis ich das Waisenhaus fand, das nicht weit vom Stadtzentrum entfernt lag. Sein Anblick machte mich fassungslos: Diese kümmerliche Baracke aus Ziegeln und Holz sollte ein Waisenhaus sein? Eine alte Frau, die dabei war, vor der niedrigen Holztür ein Feuer zu machen, winkte mich stumm hinein. Die Tür war ramponiert, dahinter ein einziger Raum, der nicht besonders groß war – rechter Hand ein Herd, in einer Ecke ein paar Schüsseln, Essstäbchen und Küchenutensilien, an der Wand gegenüber der Tür eine kleine Schulbank und daneben ein schmales Bett für einen Erwachsenen. Eingebaut in die linke Ecke war ein Regal aus Holzlatten mit Zwischenräumen wie Schubladen, in denen die Babys lagen. Das kleinste hatte noch ein bisschen Bewegungsfreiheit, aber die größeren stießen mit Kopf und Füßen an die Wand und an die Vorderkante des Regals. Insgesamt waren es neun, und fast alle waren mit den Anziehsachen von Kleiner Schnee bekleidet.

Mir stockte vor Entsetzen der Atem. War meine Kleine auch dabei? Und dann sah ich sie. Erst eine Woche war vergangen, aber sie war merklich dünner geworden. Ihr Gesichtchen war blass und ihr lebhaftes Mienenspiel verschwunden. Sie war wohl zu hungrig, um kräftig zu strampeln. Sie erkannte mich und streckte die kleinen Arme nach mir aus, als wollte sie möglichst schnell fort von hier. Ich war völlig geschockt. Ich nahm sie in die Arme und brach in Tränen aus, die nicht mehr versiegen wollten. Natürlich machte ich mit meinem Geschluchze den anderen Babys Angst, die daraufhin alle wie zur Untermalung in lautes Weinen ausbrachen.

Der Lärm lockte die alte Pflegerin herein, die sich als Mutter Tang vorstellte. Sie musste sich selbst Tränen aus den Augen wischen, während sie mir folgende Erklärung gab:

»Wir können nichts machen. Der Staat hat kein Geld, und Spenden bekommen wir auch keine. Es ist schon schwer genug, die Kinder überhaupt am Leben zu erhalten. Zum Glück hatten wir die Sachen, die Sie der kleinen Xue'r mitgegeben haben, so konnten wir auch die anderen Babys warm anziehen. Ein Kohlefeuer möchte ich hier im Raum lieber nicht machen, weil der Rauch die Kleinen krank machen könnte, aber wie es jetzt aussieht, wird die Kälte sie umbringen.«

»Was ist mit der Kommunalverwaltung? Hat die denn zu Neujahr keine Delegation hergeschickt?« Mein journalistischer Instinkt meldete sich.

»Die haben gesagt, sie würden Leute schicken, aber dann ist irgendwas Wichtigeres dazwischenkommen und der Besuch ins Wasser gefallen. Die Beamtin, die die Nachricht überbracht hat, meinte, das Gebäude hier würde bald abgerissen und das Waisenhaus verlegt, und danach würde alles besser werden. Aber seitdem war niemand mehr hier außer dem Lohnbuchhalter am Monatsanfang.« Mutter Tang begann, den Reisschleim für die Kinder zu verteilen.

»Haben Sie sich denn nicht beschwert?« Ich versuchte immer, aus anderen Leuten Journalisten zu machen, weil meiner Ansicht nach jeder die Aufgabe hatte, den Behörden mitzuteilen, was wirklich los war.

»Bei wem denn? Vorher hatten wir jemanden, der sich gut ausdrücken und Briefe schreiben konnte, aber inzwischen ist aus dem Waisenhaus das reinste Geschäft geworden. Keiner will mehr hier arbeiten. Nur ich und eine Frau vom Land sind noch übrig. Sie ist gerade einkaufen. Ich bitte Sie, schauen Sie sich an, was der Hunger mit den Babys macht! Wir bekommen einfach nicht genug Nahrung für sie. Sie nuckeln mit aller Kraft an der Flasche und lassen nicht los, ehe sie den allerletzten Tropfen rausgesaugt haben.«

»Kommen die Verwandten die Kinder besuchen?« Ich holte hastig das Milchpulver, das ich mitgebracht hatte, aus meiner Tasche.

»Wie wunderbar!«, rief sie entzückt, ehe sie fortfuhr: »Diese Mädchen können von Glück sagen, dass Kleiner Schnee hier ist. Es sind Waisenkinder – wer soll sie besuchen kommen? Die Familien können sie gar nicht schnell genug loswerden. Wenn mal jemand kommt, dann nur, um zu fragen, ob wir auch Jungen haben. Ist Ihnen nicht aufgefallen, dass die Babys hier alle Mädchen sind? Das macht uns wirklich Sorgen, sie werden mit jedem Tag größer, und was sollen wir mit ihnen machen …?«

»Was ist denn bisher aus ihnen geworden?« Egoistischerweise ließ ich Kleiner Schnee zuerst aus einer der Flaschen mit Babynahrung trinken.

»Ich weiß nicht«, sagte Mutter Tang, während sie ein anderes Baby fütterte. »Das Waisenhaus hier ist eine vorübergehende Notlösung, weil das alte überfüllt war. Aber die Kommunalverwaltung hatte keine Unterbringungsmöglichkeit. Ich weiß nicht, wo sie die Baracke hier herhaben. Ich hab früher in einem Kindergarten gearbeitet, bis ich in Rente gegangen bin. Dann saß ich zu Hause und hab Däumchen gedreht. Mein Mann ist vor Jahren gestorben, und die Kinder sind längst ausgeflogen. Zum Glück bin ich noch so gut beisammen, dass ich mich um die Kinder kümmern kann, die armen Kleinen. Die Frau vom Land macht die Nachtschicht, und sie ist sehr tüchtig. Sie hatte eine Tochter, die sie weggegeben hat, aber sie konnte keinen Sohn bekommen, deshalb hat ihr Mann sie rausgeschmissen. Sie kümmert sich um die Kinder hier wie um ihre eigenen Töchter. Sie ist sehr verlässlich, aber wir haben kein Geld, um ihnen Essen und Kleidung zu kaufen, sie wachsen so schnell, und die Jahreszeiten hier sind so extrem unterschiedlich. Wir kommen nicht mehr nach …«

Als ich an dem Abend meine Sendung beendet hatte und wieder zu Hause war, durchwühlte ich jeden Schrank und jede Schublade, holte jedes einzelne Kleidungsstück von Panpan heraus, die leichten Sommersachen und die warme Winterkleidung. Ich behielt nur zwei Garderoben für ihn zum Wechseln. Dann packte ich bis auf eine Ersatzgarnitur unser gesamtes Bettzeug ein. Am nächsten Morgen hob ich Geld ab, sobald die Banken aufmachten (damals gab es noch keine Geldautomaten), und fuhr dann mit zwei großen Tragetaschen wieder zum Waisenhaus. Zusammen mit den beiden Frauen verteilten wir das Bettzeug auf den Holzlatten, damit die Babys es ein bisschen wärmer hatten. Dann schickte ich Mutter Tang los, um einige Milchprodukte und zwei Mobiles für die Kinder zu kaufen. Sie brauchten bunte Farben und harmonische Klänge, denen sie lauschen konnten. Wieder zurück im Sender, suchte ich mir einen dicken Stapel mit Visitenkarten von Bekannten heraus und schrieb an alle einen Brief mit der Bitte um Hilfe.

Zwei antworteten prompt und boten ihre Unterstützung an. Einer war der Leiter einer Möbelfabrik, der sich bereit erklärte, zehn Bettchen für Kinder bis zu zwölf Jahren und einen Laufstall zur Verfügung zu stellen. Der andere war Direktor einer Milchfabrik und versprach, das Waisenhaus jeden Tag mit frischer Milch zu beliefern. Seine einzige Bedingung war, dass ich die Großzügigkeit des Unternehmens in meiner Sendung erwähnte.

Ich freute mich, als ich sah, wie sich das dunkle, trostlose Waisenhaus in etwas Helleres und Freundlicheres verwandelte. Auch Mutter Tang und ihre Helferin, die bis dahin noch kein Wort gesagt hatte, blühten auf. Ich hoffte, dass all diese Verbesserungen der Helferin, die gewiss noch immer um ihre Tochter trauerte, ein wenig Trost spendeten. Ich traute mich nicht, meinen Kollegen irgendwas von den Vorgängen im Zusammenhang mit Kleiner Schnee zu erzählen. Sie wussten lediglich, dass ich jeden Tag herumhetzte und Interviews machte. Kurz darauf wurde meine Sendung bei der allerersten Hörerumfrage in China zu einer der drei beliebtesten Sendungen gewählt. Das lieferte mir einen ausgezeichneten Vorwand, mich von der Arbeit davonzustehlen und Kleiner Schnee im Waisenhaus zu besuchen.

Sechs Monate vergingen so, und der erste Geburtstag von Kleiner Schnee nahte. Ich sprach mit den beiden Frauen darüber, und wir beschlossen, mit einem Fest das westliche und chinesische Neujahr sowie die Geburtstage aller Kinder und Panpans zu feiern. Wir würden ihnen neue Anziehsachen und Spielzeug kaufen, und dann würde ich ein Taxi bestellen und mit allen Kindern, den beiden Frauen und meiner *a-yi* in die Stadt fahren, um ihnen Eindrücke zu vermitteln, wie sie noch nie welche erlebt hatten.
Es war schon alles geplant, als ich verreisen musste, um für einen Beitrag über Kinderarbeit in Bergwerken zu recherchieren. Ich sollte etwa zwei Wochen fort sein, und es gab damals nur sehr wenige Telefonverbindungen und noch gar keine Handys.
Am Abend meiner Heimkehr weckte ich meinen schlafenden Panpan. Er murmelte »Mama« und schlief gleich wieder ein. Zum Glück war er zu klein, um jemanden so zu vermissen, wie Erwachsene das tun. Dann wanderten meine Gedanken zurück zu den Kinderarbeitern, die ich kennengelernt hatte. Wann würden chinesische Kinder endlich in glücklichen und liebevollen Familien mit einem ausreichenden Einkommen leben können? Ich dachte an Kleiner Schnee, die absolut nichts hatte, und ein ungutes Gefühl beschlich mich. Ich konnte es kaum erwarten, ihre süßen kleinen rosigen Wangen wiederzusehen … Ich dachte schon, diese Nacht würde nie enden.
Am nächsten Tag hatte ich frei und musste nicht zum Sender, also nahm ich Panpan mit, um Kleiner Schnee zu besuchen. Aber im Waisenhaus standen nur noch die neuen Bettchen – alle leer.
Mutter Tang war nicht da, und aus der Helferin, die einen

starken Guizhou-Dialekt sprach, bekam ich nur heraus, dass die Kinder abgeholt worden waren. Zuerst dachte ich, sie wären zu einer ärztlichen Untersuchung gebracht worden oder dass Behördenmitarbeiter sich für einen Tag um sie kümmerten, doch als die Dämmerung kam und heftiger Schneefall einsetzte, waren die Kinder noch immer nicht zurück. Die Helferin beteuerte: »Ich hab's Ihnen doch gesagt, die Kinder sind alle abgeholt worden!«

»Wohin abgeholt?« Ich war außer mir, aber mehr wollte sie nicht sagen. Und sie wusste auch nicht, wo Mutter Tang war.

Aus Angst, Panpan, der in einem der Bettchen schlief, könnte sich erkälten, brachte ich ihn nach Hause. Als meine *a-yi* die Neuigkeit erfuhr, war sie ebenso besorgt wie ich.

Im Verlauf der nächsten zwei Wochen stellte ich verzweifelte Nachforschungen an, um Mutter Tang zu finden, und ich fragte bei allen möglichen Behörden nach, was geschehen war. Letzten Endes erfuhr ich nur Folgendes: Vier Tage nach meiner Abreise hatte Mutter Tang sich ein Bein gebrochen und musste ins Krankenhaus. Niemand hatte ihr erzählt, was in ihrer Abwesenheit mit dem Waisenhaus passiert war. Eine junge Frau, frisch von der Universität, war als vorübergehender Ersatz geschickt worden, doch schon zwei Tage später tauchte ein Beamter auf und sagte, das Gebäude werde innerhalb von zwei Wochen abgerissen, um Platz für eine Schnellstraße zu machen, die bis zum Frühjahr fertiggestellt sein musste. So liefen die Dinge in China – ohne irgendwelche rechtlichen Verfahren und so schnell, wie von oben Anweisungen erteilt werden konnten. Die Kinder wurden einfach auf andere Waisenhäuser verteilt.

»Hat man den Kindern Nummern gegeben, ehe sie verteilt wurden?«, fragte ich den Beamten, der behauptete, zuständig zu sein.

Er sah mich verdutzt an. »Wozu hätten wir das tun sollen? Nein, sie haben keine Nummern bekommen. Vielleicht geschieht das ja in den Waisenhäusern, in denen sie jetzt untergebracht sind.«

»Gibt es Akten zu jedem Kind?«

Er sah mich noch verständnisloser an. »Was denn für Akten? Nein, es gibt keine. Vielleicht werden in den neuen Häusern welche angelegt.«

»Aber wie sollen sie denn später ihre leiblichen Eltern finden?«, platzte ich heraus.

Er lachte auf und sagte: »Sie machen Witze! Kein Waisenkind findet seine Mutter je wieder.«

Und damit war das Thema für ihn erledigt.

Als ich das nächste Mal zum Waisenhaus kam, waren selbst die neuen Bettchen verschwunden. Nur die Helferin, die nirgendwohin konnte, war noch da und harrte schicksalsergeben aus.

»Wer hat die Bettchen abgeholt?«

»Ich weiß nicht«, sagte sie mit verstörter Miene.

»Haben Sie sich denn nicht die Ausweise zeigen lassen? Haben Sie einfach zugesehen, wie die Leute sie wegschaffen?«

»Was für Ausweise? Die sind aufgetreten wie ganz wichtige Kader, und sie waren sehr grimmig.« Sie sah jetzt regelrecht panisch aus, und ihre Stimme zitterte.

Plötzlich wurde mir klar, dass es für diese ungebildete Frau vom Land keinen Unterschied gab zwischen plündernden Kriminellen und kleinen Staatsbeamten, die sich aufführten wie Kriminelle, also zwang ich mich, sanfter mit ihr zu reden, und gab den Versuch auf, ihr irgendwelche Informationen zu entlocken.

In den dunklen Ecken des leeren Raumes lagen ein paar zurückgelassene Spielsachen wie vergessene Waisenkinder.

Wo bist du, Kleiner Schnee? Wenn ich doch nur damals nicht diese Dienstreise gemacht hätte! Ich werde es mein Leben lang bereuen, und diese Last ist sehr viel schwerer als jeder Stein. Ich holte weiter Erkundigungen ein, bis ich 1996 endlich erfuhr, dass damals alle Waisenkinder aus der Gegend im Alter von Kleiner Schnee adoptiert worden waren. Man sagte mir, dass Kleiner Schnee höchstwahrscheinlich Adoptiveltern fand, als die erste Gruppe Amerikaner nach China kam. Viele Kinder der Region waren weggebracht und dann von Ausländern adoptiert worden. Vielleicht hatte aber auch eine chinesische Familie sie adoptiert. Das war möglich, aber wenig wahrscheinlich, da sie ja ein Mädchen war.

Im Laufe der Jahre hielt ich auf meinen vielen Reisen unwillkürlich stets Ausschau nach Kleiner Schnee, dem Mädchen mit dem Muttermal in Form einer Träne auf der Stirn, nach meiner kleinen Tochter. 2005 nahm ich an der Jahresversammlung der britischen Organisation Children Adopted From China (CACH) teil. Als ich die über einhundert kleinen chinesischen Mädchen vor mir sah, kam es mir so vor, als wären die Gesichtszüge von Kleiner Schnee auf jedem einzelnen dieser fröhlichen Gesichter eingeprägt. Im Oktober 2007 kam ich in San Francisco an der University of Berkeley mit einer Gruppe chinesischer Teenager zusammen, und wieder vergoss ich lautlose Tränen. Kleiner

Schnee könnte darunter sein, dachte ich. Sie musste inzwischen siebzehn Jahre alt sein. Ich bat die Mädchen, sich im Kreis um mich zu setzen und abwechselnd Passagen aus meinem Buch über Mother's Bridge of Love zu lesen. Währenddessen sah ich mir jedes junge Gesicht genau an, suchte nach einem tränenförmigen Muttermal auf der Stirn. Ich fand es nicht, aber ich verlor nicht die Hoffnung, weil ich wusste, dass meine Kleine genauso hübsch sein musste wie diese Mädchen, ganz genauso …

Manchmal kommt mir der Gedanke, dass ich von allen Müttern, die ihre Töchter verloren haben, noch am besten dran bin, weil ich den jungen Mädchen erzählen kann, was ihre chinesischen Mütter wirklich empfunden haben. Und anders als ihre leiblichen Mütter kann ich ihre Töchter als junge Frauen sehen, kann sie umarmen, so wie die Mütter das höchstwahrscheinlich nie werden tun können.

Kleiner Schnee, meine Tochter, wo immer du bist, deine Mutter sehnt sich nach dir!

Nachwort

Zwei Briefe aus tiefstem Herzen

Ehe ich mich zum Schluss mit ganz persönlichen Worten an die vielen chinesischen Töchter auf der ganzen Welt wende, möchte ich hier noch den Brief einer Adoptivmutter abdrucken, die mit ihren Zeilen vieles von dem, was ich in diesem Buch sagen wollte, zusammenfasst. Nies Medema lebt in Amsterdam und ist Mutter zweier chinesischer Mädchen. Was sie im Folgenden an deren leibliche Mütter geschrieben hat, ist eine wunderbare Dankesbotschaft von einer glücklichen Mutter an zwei andere, denen weit weniger Glück beschieden war.

Liebe Mütter meiner beiden Töchter,
danke, dass Ihr unsere Töchter geboren habt. Wir sind gleichermaßen ihre Mütter. Ich habe die Ehre und die Freude, sie großziehen zu dürfen. Wir sind also drei Frauen mit zwei Töchtern. Zwei Mütter in China, eine Mutter mit zwei Töchtern in Amsterdam.
Falls Persönlichkeit und Intelligenz sich vererben, dann müsst Ihr beide intelligent, schön, klug, freundlich und gütig sein. Denn diese Eigenschaften erkenne ich in unseren Töchtern. Sie erfüllen mein Leben und das meines Mannes mit Freude. Und ich kann mir vorstellen, wie weh Euch

ums Herz sein muss vor lauter Sehnsucht nach ihnen. Ich weiß nicht, ob Ihr jemanden habt, mit dem Ihr über diesen Schmerz reden könnt. Ich habe Geschichten von chinesischen Müttern gelesen, die sich nach ihren Töchtern sehnen, die sie nicht behalten konnten. Ich weiß nicht, was Ihr empfindet, aber ich fühle mit Euch.

Meine älteste Tochter ist manchmal zornig auf Dich, und manchmal ist sie traurig. Sie ist jetzt sechseinhalb – was Du, die Du sie geboren hast, ja weißt –, und neulich hat sie mich gefragt, ob Du sie weggegeben hast, weil Du sie nicht liebgehabt hast. Ich habe ihr geantwortet, dass Du keine andere Möglichkeit gesehen hattest, weil Du einfach nicht für sie sorgen konntest, und dass Du Dich sonst natürlich niemals von ihr getrennt hättest.

Manchmal, wenn ich streng mit ihr bin, vermisst sie Dich. Sie denkt, Du wärest eine bessere, gütigere, nachsichtigere Mutter gewesen. Ich sage ihr, dass das vielleicht stimmt.

Aber Du hast sie verletzt, weißt Du. Ob ich zornig auf Dich bin, weil Du unsere Tochter am Eingang eines Bahnhofs ausgesetzt hast? Ich glaube, Du hättest gern für sie gesorgt. Und ich bin sehr glücklich, dass Du sie ausgesetzt hast. Es ist verrückt, ich weiß, aber dadurch kann ich die Freude und das Glück genießen, ihre Mutter zu sein. Und sie liebt mich, sie liebt mich so sehr, wie ich sie liebe. Und doch wäre sie lieber die Tochter von jemandem, der eher so aussieht wie sie. Sie denkt über Dich nach. Sie möchte wissen, ob sie bei Dir leben muss, falls wir herausfinden, wer Du bist. Ich sage ihr, dass sie zu uns gehört und bei uns bleiben wird. »Aber es würde meiner chinesischen Mutter furchtbar weh tun, wenn ich nicht zu ihr komme«, sagt sie. Ich sage ihr, dass das stimmt, aber dass Du auch glücklich

darüber wärest, wenn Du sehen könntest, wie gut es ihr jetzt geht.
Ich habe Tränen in den Augen, während ich das schreibe. Ich bin sehr froh, dass ich unsere Töchter großziehen und lieben kann. Es hat eine Weile gedauert, bis ich mich als ihre »richtige Mutter« akzeptieren konnte. Hatte ich denn wirklich das Recht, mich an den Kindern anderer Mütter zu erfreuen? Ich weiß jetzt, dass ich nicht nur das gesetzliche Recht dazu habe (das ist bloß Papierkram), sondern auch die Pflicht, ihre »wahre und wirkliche« Mutter zu sein, da Ihr nicht da seid. Ich kann nicht Euren Platz einnehmen, aber ich liebe unsere Töchter.
Ich möchte Dir, der Mutter unserer jüngeren Tochter, etwas Lustiges über sie erzählen. Sie ist leicht wie ein Schmetterling, hat ein weiches Herz und einen scharfen Verstand. Sie ist fröhlich und witzig, einfach ein Sonnenschein. Vor einiger Zeit haben wir einmal Köchen bei der Arbeit zugesehen. Einer von ihnen sagte, Zuen solle bloß nicht auf die Idee kommen, Köchin werden zu wollen, weil das viel zu anstrengend sei. Sie antwortete ganz selbstbewusst: Nein, ich werde mal Pinguin! Ein anderes Mal sagte sie zu uns, sie wolle ein Pfau werden. Am Abend war sie ganz ärgerlich, weil sie sich noch immer nicht in einen Pfau verwandelt hatte.
Ihr seht also, unsere Töchter sind alles, was eine Mutter sich nur wünschen kann. Wir lachen, wir reden miteinander, wir weinen, wir genießen unser gemeinsames Leben. Eine Freundin hat mich mal gefragt, ob ich darunter leide, sie nicht selbst geboren zu haben. Aber das tue ich nicht, nicht um meinetwillen. Meine Töchter gehören zu mir, wenn ich sie geboren hätte, wären sie andere Menschen geworden, und

ich liebe sie so, wie sie sind. Manchmal wünsche ich es mir, um meiner Töchter willen, weil sie mit einem gewissen Schmerz leben müssen. Aber kein Mensch kommt ohne Schmerz durchs Leben. Deshalb versuche ich, für sie Wege zu finden, um mit diesem Schmerz zu leben. Ich hoffe, auch Ihr habt so einen Weg gefunden.
Wir, mein Mann, unsere Töchter und ich, haben Euch nie gesehen, aber wir sehen Euch in unseren Töchtern. Und deshalb lieben wir Euch.

Nies Medema

Meine eigene Botschaft ist ebenso wie das ganze Buch für die Töchter dieser Mütter und für Töchter überall auf der Welt.

Liebe Töchter,
ich hoffe, wenn Ihr dieses Buch gelesen habt, seid Ihr der Antwort auf die Frage, die Ihr Euch schon Euer ganzes Leben lang stellt, ein Stück näher gekommen. Die Frage lautet: »Warum hat mich meine chinesische Mutter nicht gewollt?« Und es gibt keine einfache Antwort darauf. Sie lässt sich nicht ausrechnen wie eine mathematische Aufgabe, und sie ist weder in Geschichtsbüchern noch in den Büchern von Xinran oder in irgendwelchen wissenschaftlichen Arbeiten zu finden.
Die Antwort liegt einzig und allein bei Eurer leiblichen Mutter. Sie hat Euch das Leben geschenkt, und dieses Geschenk, das mit all ihren Hoffnungen und Wünschen für Euch einherging, hat ihr jahrelange Not und Pein verursacht.

Wir alle haben irgendetwas gehabt, das wir im Leben wirklich geliebt haben. Nicht nur unsere Freunde und die Familie, sondern auch etwas, das wir liebgewonnen haben und das uns unerwartete Freuden geschenkt hat – ein bezauberndes Musikstück, ein Buch mit einer Geschichte, die uns zutiefst berührt, der Traummann, der auf einer Parkbank neben uns sitzt. Diese magischen Momente oder wunderbaren Dinge lassen intensive Erinnerungsspuren zurück, die für immer bei uns bleiben, auch wenn das Erlebnis längst vergangen ist oder wir erwachsen geworden sind. Wenn solche einzigartigen Augenblicke der Freude uns erhalten bleiben, stellt Euch vor, wie viel mehr Ihr der Mutter bedeutet habt, die Euch neun Monate lang in sich trug. Sie wird Euch niemals vergessen, ganz gleich, warum oder wie Ihr von ihr getrennt wurdet. Du, ihre Tochter, warst Teil von ihr, mit ihr verbunden, auf sie angewiesen … das Wunder, das sie geboren hat.

Durchaus möglich, dass Deine leibliche Mutter eine Bäuerin war, die das arme Bergdorf, in dem sie lebte, nie verlassen hat und nicht wusste, ob ein Buch von vorne oder von hinten gelesen wird. Trotzdem wird sie wie das Mädchen vom Land in Kapitel 2 oder wie Kumei, die Tellerwäscherin, nie vergessen haben, wie Du Dich in ihrem Bauch bewegt hast und wie viel Schmerz es sie gekostet hat, Dich zur Welt zu bringen.

Sie könnte natürlich auch eine lebensfrohe, aber naive junge Frau gewesen sein, die noch nichts vom Leben wusste und noch weniger darüber, wie Männer und Frauen zusammen Leben zeugen. Wahrscheinlich hat sie es wie Waiter in Kapitel 1 nicht mal gemerkt, als Du in ihr Wurzeln schlugst. Aber sie war mutig genug, gesellschaftliche

Ablehnung auf sich zu nehmen und ihre eigene Zukunft zu opfern, um Dir das Leben zu schenken. Während Du in ihr herangewachsen bist, gabst Du ihr die Kraft, Mutter zu sein und das Leben zu begreifen, und deshalb wird ihre Erinnerung an Dich niemals verblassen.

Oder vielleicht war Deine leibliche Mutter eine brave, tugendhafte, traditionelle Frau, der ihre Familie über alles ging. Aber sie war gefangen zwischen der Ein-Kind-Politik und dem Zwang, einen Sohn zu gebären, um den Fortbestand der Sippe zu sichern. Wie die »Partisaneneltern« des kleinen Mädchens, das mit mir »Orchideenfinger« gespielt hat. Sie steckten in einem furchtbaren Dilemma, doch Deine Existenz belegt, dass sie ihre Furcht überwanden. Hätten sie Dich nicht beschützt, hättest Du nicht mal einen Namen, und Dein Leben wäre in Minutenschnelle vorbei gewesen. Ohne sie hättest Du nie die Freude empfunden, wie sie Dir Sonnenschein, Blumen, Schulfreunde und Familie heute spenden.

Möglicherweise wird Deine leibliche Mutter auch Tag für Tag von ihrem Gewissen gequält, von Bekannten und Verwandten als kaltherzig verurteilt wie die Grüne Mary. Doch in Wahrheit ist die Tatsache, dass sie ihrem Herzen diesen unermesslichen Schmerz zufügte und Dein zukünftiges Glück über alles stellte, der Grund dafür, dass du heute das Leben in Deiner Adoptivfamilie genießen kannst und Gelegenheit hast, in einer Gesellschaft aufzuwachsen, in der sich zwei unterschiedliche Kulturen begegnen.

Mag sein, dass sie Deine Geburt mit dem Leben bezahlte wie die Mutter von Kleiner Schnee. Aber ich glaube, sie hat Dich nie verlassen; sie wurde nur Teil der Berge und der Ozeane, Teil des Windes, der Dein Gesicht liebkost, sie

hilft Dir, den Wechsel der Jahreszeiten zu spüren. Nachts bringt sie Dir mit dem Mondlicht Frieden und tagsüber mit dem Sonnenlicht die satten Formen und Farben des Lebens.
Ihr seht also, Ihr seid heute deshalb gesund und munter, weil Eure Mütter sich gegen gesellschaftliche Konventionen wandten, gegen Unterdrückung und Unwissenheit, um Euch das Leben zu schenken. Zeigt Euch erkenntlich, indem Ihr Euer Leben schätzt! Dankt ihnen, indem Ihr Euch selbst verwirklicht!
Ich habe ein schlichtes Gedicht für Kleiner Schnee geschrieben. In meinem Herzen habe ich für sie viele Gedichte verfasst, aber ich habe sie ihr nie schicken können. Als ich den Film *Titanic* zum ersten Mal sah, bewirkten die Zeilen aus Céline Dions Titelsong »You're here in my heart/And my heart will go on and on«, dass ich noch wie erstarrt auf meinem Platz saß, nachdem alle anderen das Kino bereits verlassen hatten. Irgendwie erwachte durch diesen Song meine ganze Sehnsucht nach Kleiner Schnee erneut zum Leben und strömte aus mir heraus.
Wenn Ihr wissen wollt, wie ich mich in dem Moment fühlte, hört Euch den Song von Céline Dion an und lest dabei das unten stehende Gedicht! Ich habe all meine Gefühle in diese Worte gelegt, und ich glaube von ganzem Herzen, dass jede Mutter, mit der ich gesprochen und deren Geschichte ich erzählt habe, ebenso empfindet und gemeinsam mit mir ihre Botschaft verkünden würde:

Geliebtes Kind
Siehst Du mich in Deinen Träumen?
Ich warte jeden Tag auf Dich …

Ich warte
Dass der Wind Deinen Atem zu mir trägt
Dass das Licht mir Deine Farben bringt
Ich bete
Dass der Tag Dich lächeln lässt
Dass die Nacht Dir Frieden bringt.

Geliebtes Kind
Wenn Regen Dich berührt, sind es meine Tränen
Wenn Wind Dich liebkost, ist es meine Hand
Der Tag, das ist mein Blick, der über Dich wacht
Die Nacht, das bin ich, die Deine Träume behütet.

Geliebtes Kind
Siehst Du mich in Deinen Träumen?
Jede Tür, die sich öffnet, ist meine Umarmung
Danke
Meine Tochter
Danke
Dass Du meine unvergessene Tochter bist.

Hintergrundinformationen

Ende 2007 war die Zahl chinesischer Waisenkinder, die Adoptiveltern in aller Welt fanden, auf 120 000 gestiegen. Diese Kinder verteilten sich auf siebenundzwanzig Länder – und waren fast ausnahmslos Mädchen. Für die meisten Chinesen sind die hohen Adoptionszahlen schier unfassbar, und sie können kaum glauben, dass chinesische Kinder in so vielen Ländern Mütter und Eltern gefunden haben. Warum gibt es in China so viele verwaiste Mädchen? Die meisten Chinesen würden sagen, weil mit der traditionellen Kultur etwas grundsätzlich nicht stimmt; anders ausgedrückt, weil alte Sitten und Gebräuche in Unwissenheit wurzeln. Westler dagegen sehen den Grund in der Ein-Kind-Politik. Ich selbst fing an, Informationen zu dieser Problematik zu sammeln, als ich 1989 für Radio Nanjing *Worte im Abendwind* moderierte, eine Sendung für Frauen. Für meine Arbeit reiste ich durch ganz China, um Interviews zu machen, und ich lernte Frauen kennen, die gezwungen gewesen waren, ihre Babys abzugeben. Ich sehe dafür drei Hauptgründe. Erstens, weibliche Babys sind in den bäuerlichen Kulturen Asiens schon immer abgelehnt worden. Zweitens eine nach wie vor weit verbreitete sexuelle Ignoranz in Verbindung mit dem Wirtschaftsboom. Und drittens die Ein-Kind-Politik.

In Entwicklungsländern, wo große Teile der Bevölkerung auf primitive Landwirtschaftsmethoden oder auf Jagen, Sammeln und Fischen angewiesen sind, ist schwere körperliche Arbeit überlebensnotwendig. Das führt zwangsläufig zu einer Bevorzugung von Jungen. Männer haben

Frauen gegenüber einen unbestreitbaren physischen Vorteil, wenn es um Schwerstarbeit, das Tragen von Lasten, Jagen, Verteidigung und dergleichen geht.

Ein weiterer Faktor, der nicht übersehen werden darf, ist Chinas uraltes System der Landverteilung, das bis heute besteht. Es begann in der Xia-Dynastie (etwa 2070 v. Chr. bis 1600 v. Chr.) und fand seine ausgeprägteste Form im Brunnenfeldsystem der Zhou-Dynastie (1045 v. Chr. bis 256 v. Chr.) und in dem Landausgleichssystem, das um 485 n. Chr. von den Nördlichen Wei-Herrschern eingeführt wurde. Beide Formen der Landverteilung haben mit dem derzeitigen System das Prinzip gemeinsam, Felder aufgrund der Anzahl der Haushaltsmitglieder zuzuordnen. Somit wurde die Bevorzugung von Männern zur unabänderlichen Regel. Da Mädchen nach ihrer Verheiratung zu anderen Familien zogen, wurde ihnen kein Land zugeteilt, solange sie noch bei ihren Ursprungsfamilien lebten. Im Jahre 485 n. Chr. wurde ein Verzeichnis von Haushalten erstellt und Land entsprechend der ständig im Haushalt lebenden Personen zugeteilt. Dabei unterschied man zwei Arten von Land: Ackerland zum Getreideanbau und Maulbeerbaumland zur Züchtung von Seidenraupen. Jeder Mann, der fünfzehn Jahre oder älter war, bekam 40 *mu* (heute etwa 2,5 ha) Ackerland zugewiesen, Frauen erhielten 20 *mu,* und auch Sklaven und Diener konnten Land bekommen. Diese Zuteilungen fielen beim Tod wieder an die Regierung zurück.

Was das Maulbeerbaumland betraf, so erhielten Männer 20 *mu,* und zwar als Eigentum. Sie konnten es verkaufen und mussten es nicht an die Regierung zurückgeben. Während der Tang-Dynastie (618–907 n. Chr.) setzte sich der

Standpunkt durch, dass Frauen normalerweise kein eigenes Land zustand. Und so folgte im Laufe der chinesischen Geschichte eine Dynastie auf die andere, ohne dass sich die Form der Landzuteilung wesentlich änderte, wodurch sich die grundlegende Ungleichheit zwischen Männern und Frauen in der Gesellschaft tief verwurzelte. In den Dörfern sicherten Knaben den Fortbestand der Familie und führten den Namen der Sippe weiter, doch darüber hinaus bestimmte ihre Zahl über den Landbesitz der Familie und somit über ihren Wohlstand.

In Artikel 22 des am 29. Dezember 2001 verabschiedeten Gesetzes zur Bevölkerungs- und Familienplanung in der Volksrepublik China heißt es: »Diskriminierung und Benachteiligung von Frauen, die Mädchen gebären oder unter Unfruchtbarkeit leiden, ist verboten. Diskriminierung oder Benachteiligung und Nichtannahme von weiblichen Säuglingen ist verboten.« Dennoch muss eine »gute Frau« einen Jungen zur Welt bringen, das weiß jede verheiratete Frau auf dem Land. Es ist sowohl ihre gottgegebene Pflicht als auch der sehnlichste Wunsch ihrer Schwiegereltern. Daher ist es in einigen armen Dörfern an der Tagesordnung, ein erstgeborenes Mädchen abzugeben oder den unglücklichen Säugling gleich nach der Geburt zu ersticken. Wo Empfängnisverhütung nicht richtig verstanden wird, ist das Verstoßen von Säuglingen nur ein normales Naturgesetz, das seit undenklichen Zeiten praktiziert wird. Wenn das neue Kind, das eine Familie nicht großziehen konnte, ein Junge war, wurde es häufig von einer anderen Familie adoptiert oder aber verkauft. Für ein Mädchen war der Tod nahezu unausweichlich.

Chinas Ein-Kind-Politik wurde während des Zweiten

Nationalen Bevölkerungssymposiums entworfen, das vom 11. bis 14. Dezember 1979 in der Stadt Chengdu stattfand. Die damalige Vizeministerpräsidentin Chen Muhua (übrigens die erste Frau in einer solchen Position in der Geschichte Chinas) überzeugte die Delegierten bei der Abschlussdebatte davon, dass das rasante Bevölkerungswachstum in China durch den strikten Grundsatz »ein Kind pro Ehepaar« verlangsamt werden könnte. Das war der Beginn der »Bevölkerungsrevolution«, die bis heute Gegenstand heftiger Kontroversen ist.

Der renommierte chinesische Fachmann für Bevölkerungsstudien, der Ökonom Ma Yinchu, begann 1901 an der Beiyang-Universität in Tianjin Bergbau und Hüttenkunde zu studieren; nachdem er an der Yale University einen Masterabschluss und an der Columbia University seinen Doktor gemacht hatte, kehrte er 1915 nach China zurück und arbeitete zunächst im Finanzministerium der Beiyang-Regierung unter Yuan Shikai, dann als Professor für Nationalökonomie an der Universität Beijing. Im August 1949 übernahm er die Leitung der Universität Zhejiang und hatte einige Regierungsposten inne. Er konzentrierte seine Forschungsarbeit auf das Problem des raschen Bevölkerungswachstums in China zu Beginn der 1950er Jahre und veröffentlichte seine *Neue Bevölkerungstheorie.* Darin betont Ma die Notwendigkeit, Kapital aufzubauen, Forschung und Technologie zu entwickeln, die Arbeitsproduktivität, den Lebensstandard und das Bildungsniveau zu verbessern sowie den Nachschub an industriellen Rohstoffen zu steigern. Er kam zu dem Schluss, dass es dringend notwendig sei, die Bevölkerungszahlen zu kontrollieren, und stellte drei Grundthesen auf: 1. Nur die Kontrolle der Bevölkerungszahlen kann den Verbrauch verringern und die Ansammlung von Kapital ermöglichen. 2. Die Steigerung der Arbeitsproduktivität, der Ausbau der Schwerindustrie sowie die Elektrifizierung und Mechanisierung der Landwirtschaft sind für den Aufbau des Sozialismus unerlässlich. 3. Es besteht ein Konflikt zwischen Landwirtschaft und industriellen Rohstoffen; der Bedarf der Bevölkerung an Nahrungsressourcen führt dazu, dass zu wenig Land zu Verfügung steht, um Baumwolle, Seidenraupen, Sojabohnen, Erdnüsse und andere wirtschaftlich ertragreiche Waren zu produzieren. »Schon allein aus Gründen der Ernährung muss das Bevölkerungswachstum kontrolliert werden«, schrieb er, und dies müsse unverzüglich geschehen. Ma brachte das Bevölkerungsproblem des Öfteren Mao Tse-tung gegenüber zur Sprache. Dieser war anderer Auffassung: »Können wir die Produktion von Menschen planen? Können wir sie zum Gegenstand von Studien und Experimenten machen?« Eine landesweite Kampagne wurde lanciert, um »Ma Yinchus reaktionäre Denkweise« öffentlich anzugreifen. Doch Ma blieb bei seiner Haltung, und obwohl er mittlerweile schon recht betagt war, erklärte er öffentlich: »Um meines Landes und der Wahrheit willen werde ich bei meiner Bevölkerungstheorie bleiben, ganz gleich, was passiert. Ich habe keine Angst davor, kritisiert oder isoliert zu werden, ich habe keine Angst vor Entbehrungen, Entlassung, Verhaftung oder gar dem Tod.« Am 3. Januar 1960 wurde er gezwungen, von seinem Posten als Präsident der Universität Beijing zurückzutreten, um kurz darauf seiner Pflichten im Ständigen Ausschuss des Volkskongresses entbunden zu werden. Er durfte nicht mehr publizieren, sich öffentlich äußern, Presseinterviews geben oder ausländische Besucher empfangen, selbst dann nicht, wenn es sich um Freunde handelte. Für seine Missetaten wurde er außerdem unter Hausarrest gestellt.

Nach dem Sturz der Viererbande wurde Ma Yinchu erneut zum Präsidenten der Universität Beijing ernannt. Er starb kurz vor seinem 100. Geburtstag am 14. Mai 1982. Bereits in den frühen 1950er Jahren hatte er darauf hingewiesen, dass die Bevölkerung des Landes viel zu schnell wuchs. Auf seine Anregung hin veranlasste die chinesische Regierung zu Beginn des Jahres 1953 eine erste demografische Erhebung. Die Ergebnisse wurden am 1. November desselben Jahres veröffentlicht: Am 1. Juni 1953 um Mitternacht zählte die chinesische Bevölkerung 600 Millionen Menschen. Somit war die Bevölkerung in gerade mal vier Jahren seit Gründung der Volksrepublik China um 100 Millionen Menschen gewachsen. Professor Ma stellte in seiner Vergleichsstudie *Neue Bevölkerungstheorie* fest, dass die in der Erhebung von 1953 festgestellte jährliche Bevölkerungszuwachsrate von 20 Prozent vielleicht sogar noch überschritten worden war. Seiner Ansicht nach bedeutete die langsame Entwicklung der Produktionstechnologie in Verbindung mit dem explosionsartigen Bevölkerungswachstum und den damit einhergehenden sozialen Konflikten, dass China nicht in der Lage war, mit der Entwicklung der globalen Wirtschaft und Zivilisation Schritt zu halten. Mas Gedanken standen im diametralen Gegensatz zu denen Maos, aber die Geschichte gab Ma recht: Die Bevölkerung wuchs weiter – von 700 Millionen im Jahr 1966 auf 1,2 Milliarden im Jahr 1979 –, während sich die Bereiche Bildung und Wirtschaft deutlich langsamer entwickelten als in den Industrieländern. Noch heute erinnern sich die meisten Städter über fünfundvierzig an die begehrten Bezugsscheine für Öl, Fleisch, Getreide und Kleidung. Ich erinnere mich noch gut, wie ich einmal von fünf Uhr morgens bis zwölf Uhr mittags bei Schnee und eisigen Temperaturen in einer Warteschlange stand, um ein viertel Kilo Schweinefleisch für meinen Lehrer zu kaufen. Das war die Ration für das Neujahrsessen der gesamten Familie! Auf dem Land wuchs die Bevölkerung weiter. Die immer schmaler werdenden Wege zwischen den einzelnen Feldern legten beredtes Zeugnis davon ab, dass selbst den kleinsten Ackerstreifen noch Nahrung abgerungen werden musste. Um es deutlich zu sagen, die Wirtschaft stagnierte, und die von der Politik auferlegte Kontrolle des Bevölkerungswachstums versprach nur eine kleine Erholung im täglichen Überlebenskampf eines Volkes, das ein Jahrhundert voller Kriege und politischer Umwälzungen durchlitten hatte und Tag für Tag gegen die Armut ankämpfte.

Millionen von Familien sahen es jedoch weiterhin als ihre gottgegebene Pflicht an, einen männlichen Erben hervorzubringen, um den Fortbestand der Sippe zu sichern. Es galt sogar als Sünde, keinen Sohn zu gebären. Als dann in den 1980er Jahren wirklich die »Ära der Familienplanung« anbrach, zahlten diese Menschen einen hohen Preis. Ganze Familien wurden ruiniert, ihre Häuser zerstört, und Menschen starben durch die Hände von Dorfkadern, die die Familienplanungspolitik grausam und brutal durchsetzten. Vor allem ungebildete Bauernfamilien kämpften erbittert gegen die Gemeindeverwaltungen um die Chance, einen Sohn bekommen zu dürfen.

Es gibt ein chinesisches Sprichwort, das ich schon an anderer Stelle zitiert habe. Es lautet: »Der Himmel ist weit, und der Kaiser ist fern«, was so viel bedeutet wie: Je weiter man sich vom Zentrum der Macht entfernt, desto größer wird die Wahrscheinlichkeit, dass lokale Normen und Gebräuche schwerer wiegen als die Verordnungen aus der Hauptstadt. Mit einem Staatsgebiet von 9 600 000 Quadratkilometern ist China ein riesiges Land, mit Regionen, in denen die Ein-Kind-Politk nie erfolgreich durchgesetzt werden konnte. In den entlegenen Gebirgsregionen Westchinas ist sie nicht mehr als ein Lippenbekenntnis. Als ich 2006 in dem Gebiet, das durch den Gelben Fluss und den Jangtsekiang begrenzt wird, Menschen für mein Buch *Gerettete Worte* interviewte, sah ich in den Bergdörfern im Westen viele Familien mit fünf oder mehr Kindern. (Es gab Ausnahmen für ethnische Minderheiten.) Selbst im Osten Chinas waren ländliche Familien mit drei oder mehr Kindern an der Tagesordnung. Nicht alle Chinesen zwischen zwanzig und dreißig Jahren sind Einzelkinder; es gibt auch viele mit etlichen Geschwistern.

Dagegen wurde und wird die Ein-Kind-Politik in den urbanen Regionen Ostchinas drakonisch durchgesetzt. (Allerdings gab die Stadtregierung von Shanghai im Juli 2009 eine offizielle Lockerung bekannt, die dort schon in den letzten Jahren praktiziert worden war. Aus Sorge um die Ausgewogenheit der Bevölkerungsstruktur – ausgelöst durch sinkende Geburtenzahlen bei den gebildeten Schichten und die generelle Überalterung der Einwohnerschaft – hat man angefangen, in gewissen Teilen der Bevölkerung die Geburt von Zweitkindern zu unterstützen.) Bis zum Beginn der 1990er Jahre lebte fast jeder innerhalb der staatlichen Planwirtschaft. Wer mehr als ein Kind bekam, verlor seinen Arbeitsplatz, die Wohnung (die vom Arbeitgeber zugeteilt wurde), die Bezugsscheine für Lebensmittel und Kleidung, das Recht des Kindes auf schulische Ausbildung und medizinische Versorgung, ja sogar die Chance, neue Arbeit zu finden, weil kein Arbeitgeber es wagte, ihn einzustellen. Wenn jemand ein Kind »zu viel« hatte, verloren er und seine Familie absolut alles. In gebildeten Kreisen waren nur sehr wenige gewillt, das Risiko einzugehen, ihre Lebenspläne auf diese Weise zu ruinieren. Das hielt die Menschen jedoch nicht davon ab, jedes erdenkliche Mittel einzusetzen, von modernster Medizintechnik bis hin zu traditioneller chinesischer Pflanzenheilkunde, um die Geburt eines Sohnes zu bewirken. Meiner Ansicht nach erklärt das bis zu einem gewissen Grad das Ungleichgewicht der Geschlechter in manchen Gebieten Chinas.

Im Zuge meiner Arbeit habe ich über Jahre hinweg Menschen interviewt und dabei noch einen weiteren einfachen, aber überaus wichtigen Grund dafür entdeckt, warum Babys verstoßen werden: die Kombination aus sexueller Unaufgeklärtheit und sexueller Freiheit in der jungen Bevölkerung

Blickt man zurück auf das erste Jahrzehnt wirtschaftlicher Reformen, so wird deutlich, dass das Jahr 1992 für die urbane Bevölkerung Chinas einen Wendepunkt markierte. Bis dahin waren Städter unbeteiligte Zuschauer gewesen. Viele betrachteten die Reformen lediglich als eine weitere politische Bewegung von vielen. Mit Herablassung reagierten sie auf die Migranten vom Land, die wie verrückt schufteten, um sich aus tiefster Armut nach oben zu arbeiten; und für die ehemaligen arbeitslosen Landarbeiter, die inzwischen in den Städten als kleine Händler ihr Auskommen gefunden hatten, brachten sie nur Verachtung auf. »10 000-Yuan-im-Jahr-Familie« war eine abfällige Bezeichnung für ungebildete Menschen, die durch ihre Risikofreude zu Geld gekommen waren. Die Gebildeten waren da vorsichtiger. Sie brauchten ein ganzes Jahrzehnt, um zu der Einsicht zu gelangen, dass sie ihren ganzen Mut aufbringen und die Gelegenheiten beim Schopf packen mussten, die ihnen die Reformen boten. Schon bald erlebten Hochschulen und Universitäten einen gewaltigen Andrang von Studenten. Wirtschaftlicher Erfolg kam ebenso in Mode wie alles Westliche. Was die Studenten anging, so fanden die Reformen ihre scheinbar dramatischste Ausprägung in den »verwestlichten« Beziehungen zwischen den Geschlechtern – plötzlich schliefen wesentlich mehr junge unverheiratete Leute miteinander.

Eine Freundin von mir, die ihn China lebt, beklagte sich neulich am Telefon darüber, dass sie nicht mehr wisse, welche gesellschaftlichen Regeln noch gelten und was moralisches Verhalten eigentlich heißt. »In unserer Jugendzeit«, sagte sie, »hätte man es noch nicht mal gewagt, mit einem Angehörigen des anderen Geschlechts unter vier Augen zu reden. Unsere Eltern hätten sich niemals vor den Kindern geküsst oder umarmt. Aber heute wechselt meine neunzehnjährige Tochter alle paar Monate den Freund und bleibt oft die ganze Nacht weg. Sie nennt das sexuelle Freiheit und Selbstbestimmung. Ich finde mich nicht mehr zurecht. Gibt es denn überhaupt noch irgendwelche gesellschaftlichen Normen?«

Ich werde mich an dieser Stelle nicht mit der Frage beschäftigen, welche gesellschaftlichen Normen wir achten sollten. Es wäre ignorant und anmaßend, die ganze Welt nach einheitlichen Normen zu bewerten. Aber ich möchte mich mit jenen jungen Menschen beschäftigen, mit der Generation, der auch die Tochter meiner Freundin angehört und die in den 1990er Jahren aufwuchs. Diese jungen Menschen erlebten den jähen Übergang von einer Gesellschaft, in der tradierte moralische Normen herrschten, zu einer Gesellschaft, die die westliche Sexualmoral adaptierte. Das Problem war, dass viele noch nie etwas von sexueller Aufklärung oder Beratung gehört hatten: Sie lebten ein »sexfreies« Leben innerhalb ihrer Familien, an den Schulen und in der Gesellschaft. Die Verbindung dieser Faktoren – sexuelle Ahnungslosigkeit, das Fehlen von Sexualerziehung und die verlogene Einstellung der älteren Generation in Fragen der Sexualität – führte dazu, dass diese jungen Menschen völlig unvorbereitet mit der westlichen sexuellen Freiheit und einem neuen Hedonismus konfrontiert wurden, und zwar mit katastrophalen Folgen. Viele jungen Frauen wussten nichts von Verhütung, geschweige denn, wie Babys entstehen. Das Geschäft mit Abtreibungen boomte, und die Vororte von Großstädten wurden mit Angeboten für derlei Dienste regelrecht zuplakatiert. Fast keine Studentin, die ungewollt schwanger wurde, behielt ihr Baby. Chinesische Familien stritten sich um die Jungen, aber kleine Mädchen landeten unweigerlich in Waisenhäusern. Wahrscheinlich ist das einer der Gründe für den dramatischen Anstieg der Zahl neugeborener Mädchen in chinesischen Waisenhäusern seit 1990 und auch für die ab 1992 wirksame Regierungsmaßnahme, die Auslandsadoptionen erlaubte. Während ich im Zuge meiner Arbeit die kulturellen Bedürfnisse von adoptierten chinesischen

Kindern untersuchte, erfuhr ich auch einiges über die Adoptionsgesetze. Das Adoptionsgesetz der Volksrepublik China wurde auf der 23. Versammlung des Ständigen Ausschusses des Siebten Nationalen Volkskongresses am 29. Dezember 1991 verabschiedet und trat am 1. April 1992 in Kraft. Am 4. November 1998 wurde es auf der 5. Versammlung des Ständigen Ausschusses des Neunten Nationalen Volkskongresses abgeändert (siehe Anhang B). Schließlich unterzeichnete China das Haager Übereinkommen vom 29. Mai 1993 über den Schutz von Kindern und die Zusammenarbeit auf dem Gebiet der internationalen Adoption (Haager Adoptionsübereinkommen).

Natürlich werden Neugeborene auch noch aus anderen Gründen verstoßen, die sogar noch verstörender und entsetzlicher sind. So kann beispielsweise eine Wahrsagerin prophezeit haben, dass der Familie dadurch zukünftiger Kummer erspart bleibt. Es gibt auch einen Volksglauben, demzufolge das Töten eines Neugeborenen Naturkatastrophen abwendet. Und in vielen Volksgruppen hält sich die von Gemeindeältesten überlieferte Vorstellung, dass Babys ausgesetzt werden dürfen.

In diesem Buch habe ich tragische Geschichten gesammelt über das Schicksal, das verstoßene weibliche Neugeborene traditionell erleiden mussten und noch immer erleiden müssen. Die Werkzeuge zur Durchsetzung dieser Traditionen wurden aus Überlebensnot geschmiedet und über Jahrhunderte hinweg von Müttern verfeinert – dabei sind die Opfer selbst Frauen und Mädchen. Im Jahr 2004 habe ich in Großbritannien eine Stiftung gegründet, die sich The Mothers' Bridge of Love (MBL) nennt. Ihre drei Hauptziele sind: chinesischen Kindern, die überall auf der

Welt leben, kulturelle Ressourcen zur Verfügung zu stellen; Kinder zu fördern, die von westlichen Familien adoptiert wurden und somit ein zweifaches kulturelles Erbe haben; und vor allem, behinderten Kindern zu helfen, die vergessen in chinesischen Waisenhäusern dahinvegetieren.

Anhang A:

Weitere Briefe von Adoptivmüttern

Sehr geehrte Xinran,
danke für Ihr Schreiben. Verzeihen Sie, dass ich Ihre Aufmerksamkeit in Anspruch nehme, wo Sie doch sicher noch unter Jetlag leiden. Ich dachte nur, Sie sollten von dieser Website und dem Blog wissen.
Ich glaube wirklich, dass ein Buch über die leiblichen Mütter sehr wichtig für Adoptivfamilien wäre und auch für die leiblichen Mütter, mit denen Sie gesprochen haben. Adoptivfamilien müssen wissen, wie unendlich schwer es vielen leiblichen Müttern gefallen ist, sich von ihren Kindern zu trennen. Es mögen schmerzliche Geschichten sein, aber sie gehören trotzdem zum Lebenshintergrund unserer Töchter.
Eigentlich bin von meiner Ausbildung her Spezialistin für die Geschichte der Ming-Dynastie, aber ich habe für meine zwei Töchter einige Kurzgeschichten geschrieben, um ihnen eine ungefähre Vorstellung von ihrer Herkunft in China zu vermitteln. Ich füge diese vier Kurzgeschichten als Anlage bei. »Chunyi und die Nai-nais« wurde in einem Adoptions-Newsletter veröffentlicht, und ich habe die Publikationsrechte auch »Somewhere in China a Mother Remembers« (http://www.agiftfromchina.com/pro_detail.php?ProId=28) und der Stiftung Good Rock (http://www.goodrock.org.uk/) überlassen, um deren karitative Aktionen in China zu unterstützen.
Sollten Sie sich je dafür entscheiden, Ihre Interviews mit den

leiblichen Müttern zu veröffentlichen, möchte ich Ihnen schon jetzt meine Hilfe anbieten.
Mit freundlichen Grüßen
Anita M. Andrew
(Professorin für Geschichte,
Northern Illinois University)

Liebe Xinran,
erinnern Sie sich noch? Wie sind uns im Tandjung-Sari-Hotel am Strand von Sanur begegnet.
Xinran, es tut mir schrecklich leid, dass wir so überstürzt wegmussten. Ich hätte furchtbar gern noch länger mit Ihnen gesprochen, aber meine Freundinnen wollten eigentlich gar nicht nach Sanur, weil wir nur vier Tage in Bali waren.
Es war meine Idee, und im Grunde hat uns das Schicksal dorthin geführt. Wie ich Ihnen schon sagte, hatte ich am Vorabend eine Ausgabe von Hello Bali zur Hand genommen und zufällig genau die Seite mit Ihrer Ankündigung aufgeschlagen. Ich las sie, klappte die Broschüre zu und erklärte, wie ärgerlich ich es fände, nicht am 30. in Bali sein zu können, um Ihren Vortrag zu hören. Ich habe meine Freundinnen richtig genervt mit meiner Jammerei darüber, dass ich Sie verpassen würde.
Wie gesagt, am nächsten Tag hatte ich die spontane Idee, nach Sanur zu fahren, um am Strand spazieren zu gehen, und ich schlug den anderen vor, wir sollten einfach losmarschieren, bis wir ein schönes Fleckchen fänden, und voilà, den Rest kennen Sie.
Xinran, nachdem wir so schnell aufgebrochen waren, habe ich das sofort bedauert, und später haben meinen Freundin-

nen gesagt, ich hätte bleiben und sie allein nach Legian zum Shoppen schicken sollen. An dem Abend konnte ich nicht einschlafen, weil ich das Gefühl hatte, dass die Begegnung mit Ihnen kein purer Zufall gewesen sein konnte. Am nächsten Tag habe ich versucht, Sie anzurufen (ich hoffe, Sie nehmen es mir nicht übel), aber Sie waren nicht da. Der Mann an der Rezeption sagte, er würde Ihnen ausrichten, dass ich um Rückruf gebeten hätte, aber vielleicht haben Sie die Nachricht nicht bekommen (oder Sie haben gedacht, »diese Irre verfolgt mich ja« … hahaha).

Jedenfalls, als ich nach Hause kam und meinem Mann erzählte, wie wir uns begegnet waren, hat er gesagt, ich sollte zurück nach Bali fliegen, um mich noch mal mit Ihnen zu treffen und mir am 30. Ihren Vortrag anzuhören. Aber dann stellte ich fest, dass meine Kinder genau an dem Tag wieder zur Schule mussten, und da habe ich da zu sein.

Ich habe ihm gesagt, dass Sie an einem Buch mit Geschichten über Mütter arbeiten, die ihre Babys weggegeben haben, und er meinte, der Sinn unserer Begegnung wäre vielleicht der, dass ich Geschichten über Mütter, die adoptiert haben, sammeln und von Ihnen übersetzen lassen sollte, damit das Buch in China erscheinen kann und Chinesinnen auf diese Weise erfahren, wie sehr ihre Babys geliebt und gehegt werden etc. …

Ich weiß nicht wieso, aber ich habe wirklich das Gefühl, dass unsere Begegnung einen besonderen Zweck hatte (ungefähr so wie Ihre Begegnung mit Singyi in dem Hotel in Wuxi, nachdem sie fünfundvierzig Jahre auf ihren Geliebten Gu Da gewartet hatte).

Xinran, es ist zwar nicht viel, aber ich habe in einem Beitrag für unseren australischen Hilfsverein beschrieben, welche

Arbeit Mothers' Bridge leistet, und ich habe Menschen gebeten, doch bitte Ihre Website zu lesen und Geld für Ihre Organisation zu spenden. So ist immerhin etwas bei unserer Zufallsbegegnung herausgekommen.
Xinran, wann kommen Sie nach Australien? Und halten Sie ähnliche Vorträge auch in anderen Ländern? Sollten Sie je nach Darwin kommen, würden wir Sie und Ihren Mann gern einladen, bei uns zu wohnen. Es gibt in Darwin eine große chinesische Bevölkerungsgruppe, und ich bin sicher, die Chung-Wah-Society würde sie gern hier begrüßen (vielleicht wäre das ja ein Grund?).
Gestern Abend im Bett haben meine Tochter und ich über Sie gesprochen, und sie hat gekichert und war ganz begeistert von China und davon, Chinesin zu sein (was gut ist, weil sie davor so eine komische antichinesische Phase hatte). Sie ist das wunderbarste Kind, das es gibt, und ich könnte sie nicht noch mehr lieben, wenn ich sie selbst geboren hätte. Ich weiß, das klingt schrecklich, aber ich glaube, ich liebe sie sogar noch mehr als meine sechs eigenen Jungen. Vielleicht liegt es daran, dass sie das einzige Mädchen ist, aber wir beide sind praktisch eins, und mit ihren gerade mal vier Jahren ist sie mein kleiner Fels und meine beste Freundin.
Ich werde China und ihrer leiblichen Mutter auf ewig dankbar sein, dass sie mir dieses kostbare Geschenk gemacht haben, und wenn ich nur einen einzigen Wunsch frei hätte, dann würde ich mir wünschen, ihrer leiblichen Mutter sagen zu können, wie sehr ihre Tochter geliebt wird und dass sie im Leben jede Chance haben wird, so heranzuwachsen, wie sie es möchte.
Liebe Xinran, ich muss Schluss machen, weil die Zeit, die ich diesen Computer benutzen darf, gleich abgelaufen ist.

Unser neues Haus ist gerade erst fertig geworden, und wir haben noch keinen Festnetz- und Internetanschluss. Im Augenblick muss ich alle paar Tage zur städtischen Bibliothek fahren, um meine E-Mails zu lesen.
Alles Gute für Ihren Vortrag in Ubud! Ich bedaure sehr, nicht dabei sein zu können, aber ich bin sicher, Sie werden großartig sein.
Herzliche Grüße
Kim Reinke
(Darwin)

Hi, Xinran,
ich bin die Adoptivmutter einer reizenden siebenjährigen Tochter aus China, die ich über alles liebe.
Mein Mann und ich warten darauf, unsere zweite Tochter abholen zu können, was hoffentlich Ende des Jahres der Fall sein wird.
Ich habe Ihren Artikel in China Connection gelesen. Botschaften von verlassenen Müttern in China, der Titel gefällt mir.
Ich bin fest davon überzeugt, dass meine Tochter von ihrer leiblichen Mutter geliebt wurde. Bitte schreiben Sie Ihr Buch!
Ich habe ein Kinderbuch mit dem Titel Liebesbrief aus China geschrieben und im Selbstverlag veröffentlicht. Es ist aus der Perspektive der leiblichen Mutter für ihre Tochter geschrieben und schildert ihre Liebe zu ihr, die Gründe, warum sie sie weggegeben hat, ihre Liebe zu den Schönheiten Chinas und ihre Gebete, dass ihr Kind Adoptiveltern finden möge, die es so lieben, wie sie es liebt.

Meine Illustratorin hat fantastische Arbeit geleistet. Die Illustrationen sind wundervoll!
Das Buch findet recht guten Anklang, aber ich bekomme auch Reaktionen von Adoptiveltern, denen es nicht gefällt, weil sie ihren Kindern lieber sagen, dass sie nicht wissen, ob sie geliebt wurden oder ob sie »ungewollt« waren.
Ich glaube, wenn Sie Ihr Buch schreiben, könnte es Familien helfen, das Weggeben von Kindern vernünftiger zu beurteilen.
Bitte besuchen Sie meine Website! Plum Blossom Books, http://www.plumblossombooks.com. Ich würde Ihnen sehr gern ein Exemplar meines Buches schicken.
Ich freue mich, von Ihnen zu hören.
Beste Grüße
Bonnie Cuzzolino
(USA)

Anhang B:

Chinesische Adoptionsgesetze

Reform des Adoptionsgesetzes der Volksrepublik China, der offiziellen CCAA-Website entnommen.
Verabschiedet am 29. Dezember 1991 durch die 23. Versammlung des Ständigen Ausschusses des Siebten Nationalen Volkskongresses und abgeändert gemäß der Entscheidung zur Reform des Adoptionsgesetzes der Volksrepublik China, die am 4. November 1998 durch die 5. Versammlung des Ständigen Ausschusses des Neunten Nationalen Volkskongresses beschlossen wurde.

Inhalt

Artikel I
Allgemeines

Paragraf 1: Dieses Gesetz wird verabschiedet, um das rechtmäßige Adoptionsverhältnis zu schützen und die Rechte aller Seiten im Adoptionsverhältnis zu garantieren.

Paragraf 2: Jede Adoption muss der Erziehung und Entwicklung adoptierter Minderjähriger dienen, den Schutz der legitimen Rechte der Adoptierten und der Adoptierenden gewährleisten und die Prinzipien von Gleichheit und Freiwilligkeit sowie die soziale Moral achten.
Paragraf 3: Adoptionen dürfen nicht gegen die Gesetze und Bestimmungen der Familienplanung verstoßen.

Artikel II
Begründung des Adoptionsverhältnisses

Paragraf 4: Adoptiert werden können Minderjährige unter 14 Jahren, wie unten aufgeführt.

1. Waisenkinder;
2. ausgesetzte Säuglinge oder Kinder, deren Eltern nicht festgestellt werden können oder unauffindbar sind; oder
3. Kinder, deren Eltern sich aufgrund besonderer Umstände nicht in der Lage sehen, für sie zu sorgen.

Paragraf 5: Folgende Bürger oder Institutionen sind berechtigt, Kinder zur Adoption freizugeben:

1. Vormunde von Waisenkindern;
2. Wohlfahrtseinrichtungen;
3. Eltern, die sich aufgrund besonderer Umstände nicht in der Lage sehen, für ihre Kinder zu sorgen.

Paragraf 6: Adoptierende müssen folgende Voraussetzungen ausnahmslos erfüllen:

1. kinderlos;
2. fähig, das angenommene Kind aufzuziehen;
3. keine Erkrankung, die eine Adoption aus medizinischer Sicht ungeeignet macht; und
4. ein Mindestalter von dreißig Jahren.

Paragraf 7: Für die Adoption des Kindes eines kollateralen Blutsverwandten derselben Generation bis zum dritten Verwandtschaftsgrad gelten die Einschränkungen von Paragraf 4 Absatz 3, Paragraf 5 Absatz 3 und Paragraf 9 dieses Gesetzes ebenso wenig wie die Einschränkung, dass das Kind das Alter von 14 Jahren noch nicht erreicht haben darf.

Auslandschinesen, die das Kind eines kollateralen Blutsverwandten derselben Generation bis zum dritten Verwandtschaftsgrad adoptieren, müssen nicht die Voraussetzung erfüllen, kinderlos zu sein.

Paragraf 8: Der Adoptierende darf nur ein Kind adoptieren. Vollwaisen, behinderte Kinder oder ausgesetzte Neugeborene sowie Kinder, die in Sozialeinrichtungen heranwachsen und deren leibliche Eltern nicht festgestellt werden können oder unauffindbar sind, dürfen adoptiert werden ungeachtet der Einschränkung, dass der Adoptierende kinderlos sein muss und nur ein Kind adoptiert.

Paragraf 9: Wenn eine unverheiratete männliche Person ein weibliches Kind adoptiert, darf der Altersunterschied zwischen Adoptierendem und adoptiertem Kind 40 Jahre nicht unterschreiten.

Paragraf 10: Eltern, die ihr Kind zur Adoption freigeben möchten, müssen ihre Absicht einvernehmlich bekunden. Falls ein Elternteil nicht festgestellt werden kann oder unauffindbar bleibt, ist der andere Elternteil berechtigt, das Kind allein zur Adoption freizugeben.

Eine verheiratete Person kann ein Kind nur mit Einverständnis des Ehepartners adoptieren.

Paragraf 11: Sowohl die Adoption eines Kindes als auch die Freigabe eines Kindes zur Adoption müssen auf freiwilliger Basis erfolgen. Falls das zur Adoption stehende Kind älter als 10 Jahre ist, muss dessen Einwilligung eingeholt werden.

Paragraf 12: Falls die Eltern eines Minderjährigen beide nur beschränkt geschäftsfähig sind, darf der Vormund des Minderjährigen das Kind nicht zur Adoption freigeben, es sei denn, die Eltern stellen eine ernsthafte Gefährdung für das Kind dar.

Paragraf 13: Wenn ein Vormund beabsichtigt, ein verwaistes Kind zur Adoption freizugeben, muss der Vormund die Einwilligung der Person einholen, die dem Waisenkind gegenüber unterhaltspflichtig ist. Falls die Person, die dem Waisenkind gegenüber unterhaltspflichtig ist, eine Adoption des Kindes ablehnt und der Vormund seine Vormundschaft nicht länger ausüben will, wird ein Austausch des Vormundes gemäß den Grundsätzen des Zivilrechtes der Volksrepublik China erforderlich.

Paragraf 14: Ein Stiefvater oder eine Stiefmutter kann mit Einwilligung der Eltern des Stiefsohnes oder der Stieftochter den Stiefsohn oder die Stieftochter adoptieren; eine solche Adoption ist von den in Paragraf 4 Absatz 3, Paragraf 5 Absatz 3 und Paragraf 6 dieses Gesetzes festgelegten Einschränkungen ebenso befreit wie von der Einschränkung, dass das adoptierte Kind nicht älter als 14 Jahre sein darf und dass der Adoptierende nur ein Kind adoptieren kann.

Paragraf 15: Jede Adoption muss bei der Behörde für Zivile Angelegenheiten der überkommunalen Volksregierung registriert werden. Das Adoptionsverhältnis tritt mit dem Tag der Registrierung in Kraft.

Die für die Registrierung zuständige Behörde für Zivile

Angelegenheiten muss die Adoption von ausgesetzten Säuglingen und Kindern, deren leibliche Eltern nicht festgestellt werden können oder unauffindbar sind, bekanntmachen.

Ein Adoptionsvertrag zwischen den am Adoptionsverhältnis beteiligten Parteien muss in schriftlicher Form vorliegen.

Auf Wunsch einer der am Adoptionsverhältnis beteiligten Parteien muss die Adoption notariell beurkundet werden.

Paragraf 16: Nach der Begründung eines Adoptionsverhältnisses führt die für die öffentliche Sicherheit zuständige Behörde entsprechend den gültigen Vorschriften des Staates die Anmeldung des Wohnsitzes für das adoptierte Kind durch.

Paragraf 17: Wenn Waisenkinder oder Kinder, deren Eltern nicht in der Lage sind, für sie zu sorgen, von Verwandten oder Freunden der Eltern durch Unterhalt unterstützt werden, entsteht zwischen den Unterhalt Zahlenden und dem Unterhalt Beziehenden kein Adoptionsverhältnis.

Paragraf 18: Wenn ein Ehepartner nach dem Tod des anderen Ehepartners ein minderjähriges Kind zur Adoption freigibt, haben die Eltern des verstorbenen Ehepartners das primäre Anrecht darauf, das Kind aufzuziehen.

Paragraf 19: Falls die Eltern eines Kindes, das von anderen adoptiert wurde, weitere Kinder bekommen, stellt dies einen Verstoß gegen die Vorschriften zur Familienplanung dar, da sie ihr Kind zur Adoption freigegeben haben.

Paragraf 20: Es ist streng verboten, ein Kind zu kaufen oder zu verkaufen oder dies unter der Vorspiegelung einer Adoption zu tun.

Paragraf 21: Ein Ausländer kann nach Maßgabe dieses Gesetzes in der Volksrepublik China ein Kind adoptieren.

Wenn ein Ausländer ein Kind in der Volksrepublik China adoptiert, muss diese Adoption von der zuständigen Behörde im Wohnsitzstaat des Adoptierenden entsprechend den Gesetzen des Landes geprüft und genehmigt werden. Der Adoptierende ist verpflichtet, bei den maßgeblichen Stellen seines Wohnsitzstaates Bescheinigungen einzuholen, die Auskunft über Alter, Familienstand, Beruf, Vermögen, Gesundheit und eventuelle Vorstrafen geben. Diese Bescheinigungen müssen entweder durch das Außenministerium des Wohnsitzlandes oder durch eine vom Außenministerium autorisierte Behörde sowie durch die Botschaft oder ein Konsulat der Volksrepublik China in dem betreffenden Land beglaubigt werden. Der Adoptierende muss einen schriftlichen Vertrag mit der Person schließen, die das Kind zur Adoption freigibt, und sich persönlich bei der Behörde für Zivile Angelegenheiten der Volksregierung auf Provinzebene registrieren lassen.
Falls eine der am Adoptionsverhältnis beteiligten Parteien eine notarielle Beurkundung verlangt, so muss diese durch ein Notariat erfolgen, das von der Justizverwaltungsbehörde des Staatsrates zu Beurkundung von Adoptionen ermächtigt wurde.
Paragraf 22: Falls der Adoptierende und die Person, die das Kind zur Adoption freigibt, über die Adoption Stillschweigen bewahren wollen, müssen andere diesen Wunsch respektieren und Stillschweigen über die Adoption bewahren.

Artikel III
Rechtskräftigkeit von Adoptionen

Paragraf 23: Sobald das Adoptionsverhältnis begründet ist, sind die Rechtsvorschriften für das Verhältnis zwischen leiblichen Eltern und Kindern auch auf die Rechte und Pflichten zwischen Adoptiveltern und Adoptivkind anzuwenden. Die Rechtsvorschriften, die für das Verhältnis zwischen Kindern und nahen Verwandten ihrer leiblichen Eltern gelten, sind auf die Rechte und Pflichten in dem Verhältnis zwischen adoptierten Kindern und nahen Verwandten der Adoptiveltern anzuwenden.

Die Rechte und Pflichten im Verhältnis zwischen einem Adoptivkind und seinen leiblichen Eltern sowie anderen nahen Verwandten erlöschen mit der Begründung des Adoptionsverhältnisses.

Paragraf 24: Ein adoptiertes Kind kann den Familiennamen des Adoptivvaters oder der Adoptivmutter annehmen, und es kann auch in Abstimmung mit den betroffenen Eltern seinen ursprünglichen Familiennamen behalten.

Paragraf 25: Jede Adoptionshandlung, die gegen die Bestimmungen von Paragraf 55 der Allgemeinen Grundsätze des Zivilrechts der Volksrepublik China oder gegen dieses Gesetz verstößt, ist rechtsunwirksam.

Jede Adoptionshandlung, die durch ein Volksgericht für nichtig erklärt wird, ist vom Beginn der Handlung an rechtsunwirksam.

Artikel IV
Auflösung des Adoptionsverhältnisses

Paragraf 26: Der Adoptierende kann das Adoptionsverhältnis nicht auflösen, solange das adoptierte Kind minderjährig ist, es sei denn, der Adoptierende und die Person, die das Kind zur Adoption freigegeben hat, kommen überein, das Verhältnis aufzulösen. Falls das betroffene adoptierte Kind 10 Jahre oder älter ist, muss dessen Einwilligung eingeholt werden.

Falls der Adoptierende seiner Sorgepflicht für das Kind nicht nachkommt, falls er das Kind misshandelt, verstößt oder die gesetzmäßigen Rechte des minderjährigen adoptierten Kindes auf sonstige Weise verletzt, hat die Person, die das Kind zur Adoption freigegeben hat, das Recht, die Auflösung des Adoptionsverhältnisses zu fordern. Falls der Adoptierende und die Person, die das Kind zur Adoption freigegeben hat, in dieser Frage keine Einigung erzielen, kann beim Volksgericht Klage eingereicht werden.

Paragraf 27: Falls sich die Beziehung zwischen den Adoptiveltern und einem volljährigen Adoptivkind in einem solchen Ausmaß verschlechtert, dass ein weiteres Zusammenleben unmöglich wird, können sie die Auflösung des Adoptionsverhältnisses vereinbaren. Falls keine Einigung erzielt wird, können sie Klage beim Volksgericht einreichen.

Paragraf 28: Haben sich die Beteiligten auf die Auflösung des Adoptionsverhältnisses verständigt, müssen sie bei einer Behörde für Zivile Angelegenheiten das Verfahren zur Registrierung der Auflösung des Adoptionsverhältnisses beantragen.

Paragraf 29: Mit der Auflösung eines Adoptionsverhältnisses erlöschen die Rechte und Pflichten in der Beziehung zwischen Adoptivkind und seinen Adoptiveltern sowie deren nahen Verwandten; die Rechte und Pflichten in der Beziehung zwischen dem Kind und seinen leiblichen Eltern und deren nahen Verwandten leben automatisch wieder auf. Ob jedoch die Rechte und Pflichten in der Beziehung zwischen einem erwachsenen Adoptivkind und seinen leiblichen Eltern und deren nahen Verwandten wiederaufleben sollen, kann in Absprache entschieden werden.

Paragraf 30: Nach Auflösung eines Adoptionsverhältnisses muss ein volljähriges Adoptivkind, das bei Adoptiveltern aufgewachsen ist, die Adoptiveltern finanziell unterstützen, falls diese arbeitsunfähig geworden sind oder keinerlei Einkommensquelle haben. Falls das Adoptionsverhältnis erlischt, weil das volljährige Adoptivkind die Adoptiveltern misshandelt oder verstoßen hat, können die Adoptiveltern eine Entschädigung für während der Zeit der Adoption angefallene Aufwendungen für Lebensunterhalt und Erziehung verlangen.

Falls die leiblichen Eltern eines Adoptivkindes die Auflösung der Adoptionsbeziehung fordern, können die Adoptiveltern von den leiblichen Eltern eine angemessene Entschädigung für während der Zeit der Adoption angefallene Aufwendungen für Lebensunterhalt und Erziehung verlangen. Dies gilt jedoch nicht für den Fall, dass das Adoptionsverhältnis aufgelöst wird, weil die Adoptiveltern das Adoptivkind misshandelt oder verstoßen haben.

Artikel V
Rechtliche Haftung

Paragraf 31: Wer ein Kind unter Vorspiegelung einer Adoption entführt und verkauft, wird strafrechtlich verfolgt. Wer einen Säugling aussetzt, wird von der für die öffentliche Sicherheit zuständigen Behörde mit einer Geldbuße bestraft; falls der Sachverhalt einer Straftat gegeben ist, wird der Straffällige strafrechtlich verfolgt.
Wer ein Kind kauft oder verkauft, wird mit einer Geldbuße bestraft, und seine widerrechtliche Einnahme wird von der für die öffentliche Sicherheit zuständigen Behörde eingezogen. Falls der Sachverhalt einer Straftat vorliegt, wird der Straffällige strafrechtlich verfolgt.

Artikel VI
Ergänzende Bestimmungen

Paragraf 32: Der Volkskongress und sein Ständiger Ausschuss in einem nationalen autonomen Territorium können auf der Grundlage der Prinzipien dieses Gesetzes und in Anbetracht der örtlichen Verhältnisse abändernde oder ergänzende Bestimmungen erlassen. Die entsprechenden Bestimmungen in einer nationalen autonomen Region müssen dem Ständigen Ausschuss des Nationalen Volkskongresses gemeldet werden. Die entsprechenden Bestimmungen in autonomen Präfekturen oder autonomen Bezirken müssen dem Ständigen Ausschuss des Volkskongresses der Provinz oder autonomen Region zur Genehmigung vorgelegt werden, ehe sie in Kraft treten. Überdies müssen sie dem Ständigen Ausschuss des Nationalen Volkskongresses gemeldet werden.

Paragraf 33: Der Staatsrat kann entsprechend diesem Gesetz Maßnahmen zu dessen Umsetzung beschließen.
Paragraf 34: Das Gesetz tritt am 1. April 1992 in Kraft.

Bevölkerungs- und Familienplanungsgesetz der Volksrepublik China (Entnommen der Gesetzeswebsite der chinesischen Regierung http://www.chinalaw.gov.cn/article/english/). Verabschiedet am 29. Dezember 2001 von der 25. Versammlung des Ständigen Ausschusses des Neunten Nationalen Volkskongresses.

Inhalt

Artikel I
Allgemeines

Paragraf 1: Dieses Gesetz wird im Einklang mit der Verfassung verabschiedet, um die Entwicklung der Bevölkerung mit der von Wirtschaft, Gesellschaft, Rohstoffen und Umwelt zu koordinieren, um Familienplanung zu fördern, um die legitimen Rechte und Interessen der Bürger zu schützen, um das Wohl der Familie zu sichern und um zum Wohlstand der Nation und zum Fortschritt der Gesellschaft beizutragen.

Paragraf 2: Für China als bevölkerungsreiches Land ist Familienplanung ein wichtiger Bestandteil der Staatspolitik.

Der Staat ergreift umfassende Maßnahmen, um die Größe der Bevölkerung zu kontrollieren und ihre Lebensqualität zu steigern.

Der Staat setzt auf Öffentlichkeitsarbeit und Bildung, wissenschaftlichen Fortschritt und Technologie, multifunktionale Dienstleistungen und die Einrichtung und Verbesserung von Anreizen und sozialen Sicherheitssystemen, um die Bevölkerungs- und Familienplanungsprogramme umzusetzen.

Paragraf 3: Die Bevölkerungs- und Familienplanungsprogramme werden mit Maßnahmen einhergehen, die Frauen mehr Bildungs- und Beschäftigungsmöglichkeiten eröffnen, ihre gesundheitliche Versorgung verbessern und ihr Ansehen steigern sollen.

Paragraf 4: Bei der Umsetzung der Maßnahmen zur Familienplanung werden die Volksregierungen aller Ebenen und ihre Mitarbeiter ihre administrativen Aufgaben strikt im Sinne des Gesetzes ausüben und das Gesetz respektvoll durchsetzen, ohne dabei die legitimen Rechte und Interessen der Bürger zu verletzen.

Die rechtmäßige Ausübung offizieller Pflichten durch die Verwaltungsbehörden für Familienplanung und durch ihre Mitarbeiter steht unter dem Schutz des Gesetzes.

Paragraf 5: Der Staatsrat übernimmt die Leitung der Bevölkerungs- und Familienplanungsprogramme im ganzen Land. Kommunale Volksregierungen aller Ebenen übernehmen die Leitung der Bevölkerungs- und Familienplanungsprogramme innerhalb ihrer Verwaltungsbezirke.

Paragraf 6: Die Verwaltungsbehörde für Familienplanung des Staatsrates wird das Familienplanungsprogramm und das Bevölkerungsprogramm im Zusammenhang mit Familienplanung landesweit beaufsichtigen.

Verwaltungsbehörden für Familienplanung der kommunalen Volksregierungen auf Bezirksebene oder darüber werden die Familienplanungsprogramme und die Bevölkerungsprogramme im Zusammenhang mit Familienplanung innerhalb ihrer eigenen Verwaltungsbezirke beaufsichtigen.

Der anderen Verwaltungsbehörden der kommunalen Volksregierungen auf Bezirksebene oder darüber werden die relevanten Aspekte der Bevölkerungs- und Familienplanungsprogramme im Rahmen ihrer Pflichten beaufsichtigen.

Paragraf 7: Öffentliche Organisationen wie Gewerkschaften, kommunistische Jugendorganisationen, Frauenverbände und Familienplanungsverbände sowie Unternehmen, Institutionen und einzelne Bürger werden die Volksregierungen bei der Umsetzung der Bevölkerungs- und Familienplanungsprogramme unterstützen.

Paragraf 8: Der Staat zeichnet Organisationen und Einzelpersonen aus, die sich um Bevölkerungsprogramm und Familienplanung verdient gemacht haben.

Artikel II
Formulierung und Umsetzung der Pläne zur Bevölkerungsentwicklung

Paragraf 9: Der Staatsrat erstellt Pläne zur Bevölkerungsentwicklung und integriert sie in die nationalen Pläne zur wirtschaftlichen und sozialen Entwicklung. Die Volksregierungen auf Bezirksebene oder darüber erstellen auf Grundlage der landesweiten Pläne zur Bevölkerungsentwicklung und der entsprechenden Pläne der ihnen unmittelbar übergeordneten Volksregierungen derartige Pläne für ihre eigenen Verwaltungsbezirke und integrieren sie in ihre Pläne für wirtschaftliche und soziale Entwicklung.

Paragraf 10: Auf der Grundlage der Bevölkerungsentwicklungspläne formulieren Volksregierungen auf Bezirksebene oder darüber Pläne zur Umsetzung der Bevölkerungs- und Familienplanungsprogramme und treffen die für deren Umsetzung erforderlichen Maßnahmen.
Die Verwaltungsbehörden für Familienplanung der Volksregierungen auf Bezirksebene oder darüber sind für die alltägliche Umsetzung der Bevölkerungs- und Familienplanungsprogramme zuständig.
Die Volksregierungen von Gemeinden, ethnischen Gemeinden und Städten und die Bürgerämter in städtischen Gebieten beaufsichtigen die Bevölkerungs- und Familienplanungsprogramme in ihren Zuständigkeitsbereichen und setzen sie um.

Paragraf 11: In den Plänen für die Umsetzung der Bevölkerungs- und Familienplanungsprogramme werden besondere Maßnahmen aufgeführt, um die Größe der Bevölkerung unter Kontrolle zu halten, die Gesundheitsversorgung für Mutter und Kind zu verbessern und den allgemeinen Lebensstandard der Bevölkerung anzuheben.

Paragraf 12: Dorfkomitees und Anwohnerkomitees werden die Familienplanungsprogramme dem Gesetz entsprechend umsetzen. Regierungsbehörden, die Streitkräfte, öffentliche Organisationen, Unternehmen und Institutionen werden die Familienplanungsprogramme in ihren eigenen Bereichen umsetzen.

Paragraf 13: Die für Familienplanung, Erziehung, Wissenschaft und Technik, Kultur, Gesundheitswesen, zivile Angelegenheiten, Presse und Verlagswesen, Rundfunk- und Fernsehanstalten zuständigen Behörden werden Maßnahmen ergreifen, um der Öffentlichkeit die Dringlichkeit der Programme zur Bevölkerungs- und Familienplanung zu vermitteln. Die Massenmedien sind verpflichtet, die Programme zur Bevölkerungs- und Familienplanung zum Wohle der Allgemeinheit publik zu machen.

Schulen werden ihre Schüler in angemessener und systematischer Weise über Fragen der Biologie, Gesundheit, Pubertät und Sexualität aufklären.

Paragraf 14: Für die Familienplanung bei Wanderarbeitern sind die Volksregierungen ihrer Herkunftsorte gemeinschaftlich mit denen ihrer aktuellen Aufenthaltsorte verantwortlich, hauptsächlich jedoch Letztere.

Paragraf 15: Der Staat wird die Finanzausstattung für die Bevölkerungs- und Familienplanungsprogramme entsprechend der landesweiten wirtschaftlichen und sozialen Entwicklung allmählich steigern. Volksregierungen auf allen Ebenen gewährleisten die notwendige Finanzierung für besagte Programme.

Volksregierungen auf allen Ebenen werden die Bevölke-

rungs- und Familienplanungsprogramme vor allem in armen Gebieten und in Gebieten, die von ethnischen Minderheiten bewohnt werden, vorantreiben.
Der Staat fordert öffentliche Organisationen, Unternehmen, Institutionen und Einzelpersonen auf, die Bevölkerungs- und Familienplanungsprogramme finanziell zu unterstützen.
Es ist keiner Einheit oder Einzelperson erlaubt, die für die Bevölkerungs- und Familienplanungsprogramme vorgesehenen Finanzmittel zurückzuhalten, zu verringern oder anderen Zwecken zuzuführen.
Paragraf 16: Der Staat fördert wissenschaftliche Forschung, internationalen Austausch und Kooperation im Hinblick auf die Bevölkerungs- und Familienplanungsprogramme.

Artikel III
Regulierung der Fortpflanzung

Paragraf 17: Bürger haben das Recht auf Fortpflanzung und die Pflicht, Familienplanung entsprechend dem Gesetz zu praktizieren. Mann und Frau sind gleichermaßen verantwortlich für Familienplanung.
Paragraf 18: Der Staat bleibt bei seiner derzeitigen Fortpflanzungspolitik, die späte Eheschließungen und Schwangerschaften befürwortet und für ein Kind pro Ehepaar plädiert. Falls die gesetzlichen Bestimmungen und Voraussetzungen erfüllt sind, darf auf Wunsch ein zweites Kind in Erwägung gezogen werden. Besondere Maßnahmen in diesem Zusammenhang werden vom Volkskongress festgelegt oder von dessen Ständigem Ausschuss einer Provinz,

autonomen Region oder städtischen Gemeinde, die der Zentralregierung direkt unterstellt ist.

Familienplanung wird auch den ethnischen Minderheiten nahegebracht. Besondere Maßnahmen in diesem Zusammenhang werden vom Volkskongress festgelegt oder von dessen Ständigem Ausschuss einer Provinz, autonomen Region oder städtischen Gemeinde, die der Zentralregierung direkt unterstellt ist.

Paragraf 19: Familienplanung wird hauptsächlich durch Empfängnisverhütung praktiziert.

Der Staat schafft die erforderlichen Voraussetzungen, damit Einzelpersonen bewusst sichere, effektive und angemessene Methoden der Empfängnisverhütung anwenden. Falls Operationen zur Geburtenkontrolle durchgeführt werden, muss die Sicherheit der Operierten gewährleistet sein.

Paragraf 20: Paare im fortpflanzungsfähigen Alter sind angehalten, Empfängnisverhütung gewissenhaft zu praktizieren und praktische Dienste und Beratung für Familienplanung in Anspruch zu nehmen.

Ungewollte Schwangerschaften müssen verhindert beziehungsweise reduziert werden.

Paragraf 21: Paare im fortpflanzungsfähigen Alter, die Familienplanung praktizieren, können kostenlos die grundlegenden praktischen Dienstleistungen in Anspruch nehmen, die der Staat anbietet.

Die für diese im vorangegangen Paragrafen erwähnten Dienstleistungen erforderlichen Finanzmittel werden entweder entsprechend der einschlägigen staatlichen Vorschriften im Haushalt berücksichtigt oder durch die Sozialversicherungssysteme zur Verfügung gestellt.

Paragraf 22: Diskriminierung oder Misshandlung von Frauen, die Mädchen gebären oder unter Unfruchtbarkeit leiden, ist verboten. Diskriminierung, Misshandlung oder Aussetzen von neugeborenen Mädchen ist verboten.

Artikel IV
Anreize und soziale Sicherheit

Paragraf 23: In Übereinstimmung mit den Vorschriften belohnt der Staat Paare, die Familienplanung praktizieren.
Paragraf 24: Um Familienplanung zu fördern, entwickelt der Staat verbesserte Sozialversicherungssysteme wie die Altersgrundsicherung, medizinische Grundsicherung, Schwangerschaftsversicherung und Sozialhilfe.
Der Staat fordert Versicherungsgesellschaften auf, Versicherungspläne anzubieten, die Familienplanung ermöglichen.
Falls die Bedingungen es erlauben, können in ländlichen Gebieten unter Berücksichtigung der staatlichen Richtlinien – die Bereitschaft der ländlichen Bevölkerung vorausgesetzt – unterschiedliche Arten von Altersvorsorgeplänen eingeführt werden.
Paragraf 25: Bürger, die spät heiraten und Schwangerschaften hinauszögern, erhalten mehr Urlaubstage bei der Eheschließung und längeren Mutterschaftsurlaub beziehungsweise andere Sozialleistungen.
Paragraf 26: Entsprechend den einschlägigen gesetzlichen Bestimmungen genießen Frauen während der Schwangerschaft, der Niederkunft und der Stillzeit besonderen Arbeitsschutz und haben das Recht auf Unterstützung und Zuschüsse.

Bürger, die sich zum Zweck der Familienplanung chirurgischen Eingriffen unterziehen, erhalten entsprechend den gesetzlichen Bestimmungen Urlaub. Örtliche Volksregierungen können ihnen Anreize bieten.

Paragraf 27: Paaren, die sich freiwillig bereit erklären, nur ein Kind zu bekommen, wird vom Staat eine »Ehrenurkunde für Eltern mit einem Kind« verliehen. Paare, die eine solche Urkunde verliehen bekommen, erhalten Vergütungen in Übereinstimmung mit den einschlägigen Bestimmungen des Staates und der Provinz, der autonomen Region oder der Gemeinde, die der Zentralregierung unmittelbar unterstellt ist.

Falls gesetzliche Bestimmungen oder Vorschriften festlegen, dass Vergütungen für Paare, die nur ein Kind bekommen, von den Einheiten ausgegeben werden, in denen sie arbeiten, erfolgt die Vergütung durch diese Einheiten.

Falls das einzige Kind eines Paares behindert ist oder tödlich verunglückt und das Paar daraufhin beschließt, kein weiteres Kind zu bekommen oder zu adoptieren, wird die örtliche Volksregierung dem Paar die notwendige Unterstützung zukommen lassen.

Paragraf 28: Ländliche Haushalte, die Familienplanung praktizieren, erhalten von den örtlichen Volksregierungen aller Ebenen Hilfe beim Aufbau wirtschaftlicher Unternehmungen, indem sie bei Finanzierung, Technik und Ausbildung bevorzugt behandelt werden.

Haushalte unter der Armutsgrenze, die Familienplanung praktizieren, erhalten bevorzugt Darlehen zur Armutsbekämpfung sowie Hilfe durch Arbeit und andere Projekte zur Armutsbekämpfung und sozialen Beistand.

Paragraf 29: Besondere Maßnahmen bei der Zuteilung

von Anreizen, wie sie in diesem Artikel beschrieben werden, können gemäß den Bestimmungen dieses Gesetzes und einschlägiger Gesetze und Vorschriften und unter Berücksichtigung der jeweiligen Bedingungen vor Ort von den Volkskongressen oder von ihren Ständigen Ausschüssen oder den Volksregierungen der Provinzen, autonomen Regionen, Gemeinden, die unmittelbar der Zentralregierung unterstehen, oder Großstädten beschlossen werden.

Artikel V
Technische Dienste zur Familienplanung

Paragraf 30: Der Staat schafft Einrichtungen zur vorehelichen Gesundheitsversorgung und zur Schwangerschaftsversorgung, um Geburtsfehler zu verhindern oder zu reduzieren und die Gesundheit der Neugeborenen zu verbessern.

Paragraf 31: Volksregierungen aller Ebenen werden Maßnahmen ergreifen, durch die sichergestellt wird, dass Bürger auf praktische Dienste der Familienplanung zurückgreifen können, um ihre sexuelle Gesundheit zu verbessern.

Paragraf 32: Örtliche Volksregierungen aller Ebenen sorgen für die rationale Zuteilung und Mehrzwecknutzung von Gesundheitsressourcen, sie errichten verbesserte praktische Netzwerke zur Familienplanung, bestehend aus praktischen Dienstleistungseinrichtungen zur Familienplanung sowie medizinischen Einrichtungen und Gesundheitsreinrichtungen, die solche Dienste anbieten, sie modernisieren Räumlichkeiten, verbessern die Bedingungen und steigern die Qualität solcher Dienste.

Paragraf 33: Praktische Dienstleistungseinrichtungen, medizinische Einrichtungen und Gesundheitseinrichtungen, die solche Dienste anbieten, machen im Rahmen ihrer jeweiligen Aufgaben bei unterschiedlichen Altersgruppen im fortpflanzungsfähigen Alter Werbung und leisten Aufklärungsarbeit im Hinblick auf das Bevölkerungs- und Familienplanungsprogramm. Sie führen Schwangerschaftsuntersuchungen und Nachfolgeuntersuchungen für verheiratete Frauen im fortpflanzungsfähigen Alter durch, bieten Beratung und Anleitung und stellen praktische Dienste für Familienplanung und sexuelle Gesundheit zur Verfügung.

Paragraf 34: Personen, die praktische Dienste zur Familienplanung anbieten, beraten Bürger, die Familienplanung praktizieren, in Hinblick auf sichere, effektive und angemessene Methoden der Empfängnisverhütung.

Paaren, die bereits Kinder haben, wird nahegelegt, sich für dauerhafte Methoden der Empfängnisverhütung zu entscheiden.

Der Staat fördert die Erforschung, Anwendung und Verbreitung neuer Methoden und Verhütungsmittel zur Familienplanung.

Paragraf 35: Der Einsatz der Sonografie oder anderer Techniken, um ohne medizinische Notwendigkeit das fetale Geschlecht zu bestimmen, ist streng verboten. Der geschlechtsselektive Schwangerschaftsabbruch ohne medizinische Notwendigkeit ist streng verboten.

Artikel VI
Rechtliche Haftung

Paragraf 36: Wer den Bestimmungen dieses Gesetzes zuwiderhandelt und eine der folgenden Handlungen begeht, wird sowohl aufgefordert, sein Verhalten zu ändern, als auch disziplinarisch verwarnt. Unrechtmäßige Einkünfte werden von der Verwaltungsbehörde für Familienplanung und öffentliche Gesundheit eingezogen. Falls die unrechtmäßigen Einkünfte 10 000 Yuan überschreiten, wird der Betreffende mit einer Geldbuße belegt, die das Doppelte der unrechtmäßigen Einkünfte nicht unterschreitet, aber nicht höher ist als das Sechsfache seiner unrechtmäßigen Einkünfte. Falls er keine unrechtmäßigen Einkünfte hatte oder diese 10 000 Yuan nicht überschreiten, wird er mit einer Geldbuße belegt, die 10 000 Yuan nicht unterschreitet, aber nicht höher ist als 30 000 Yuan. Falls erschwerende Umstände vorliegen, wird seine Lizenz von der ausstellenden Behörde eingezogen. Falls der Sachverhalt einer Straftat vorliegt, werden strafrechtliche Ermittlungen gegen ihn eingeleitet:

1. Illegales Durchführen eines chirurgischen Eingriffs zum Zweck der Familienplanung an einer anderen Person;
2. Einsatz von Sonografie oder anderer Techniken ohne medizinische Notwendigkeit, um das fetale Geschlecht zu bestimmen oder einen geschlechtsselektiven Schwangerschaftsabbruch ohne medizinische Notwendigkeit durchzuführen;
3. Durchführung einer vorgetäuschten Operation zur Geburtenkontrolle, Erstellen eines wissentlich falschen Arztberichtes, Ausstellen einer gefälschten Bescheinigung für Familienplanung.

Paragraf 37: Falls jemand Bescheinigungen für Familienplanung fälscht, manipuliert oder verkauft, werden seine unrechtmäßigen Einkünfte von der Verwaltungsbehörde für Familienplanung eingezogen. Falls die unrechtmäßigen Einkünfte 5000 Yuan überschreiten, wird er mit einer Geldbuße belegt, die das Doppelte der unrechtmäßigen Einkünfte nicht unterschreitet, aber nicht höher ist als das Zehnfache seiner unrechtmäßigen Einkünfte. Falls er keine unrechtmäßigen Einkünfte hatte oder diese 5000 Yuan nicht überschreiten, wird er mit einer Geldbuße belegt, die 5000 Yuan nicht unterschreitet, aber nicht höher ist als 20 000 Yuan. Falls der Sachverhalt einer Straftat vorliegt, werden strafrechtliche Ermittlungen gegen ihn eingeleitet. Eine Bescheinigung für Familienplanung, die unrechtmäßig erworben wurde, wird von der Verwaltungsbehörde für Familienplanung annulliert; falls der Fehler bei der Einheit liegt, die eine solche Bescheinigung ausstellt, werden die Personen, die unmittelbar zuständig sind, und die Personen, die unmittelbar verantwortlich sind, mit administrativen Sanktionen nach geltendem Recht belegt.
Paragraf 38: Personen, die praktische Dienste für Familienplanung leisten und gegen Vorschriften verstoßen oder Rettungsmaßnahmen, Diagnosen oder Behandlungen verzögern, werden, falls ihre Handlungsweise schwerwiegende Folgen hat, nach geltendem Recht und administrativen Vorschriften entsprechend haftbar gemacht.
Paragraf 39: Jeder Funktionär eines Staatsorgans, der im Bereich Familienplanung eine der folgenden Handlungen begeht, wird, falls der Sachverhalt einer Straftat vorliegt, strafrechtlich verfolgt. Falls der Sachverhalt einer Straftat nicht vorliegt, wird er nach geltendem Recht mit adminis-

trativen Sanktionen belegt; seine unrechtmäßigen Einkünfte, so vorhanden, werden eingezogen:

1. Verletzung der Persönlichkeitsrechte, Eigentumsrechte oder sonstiger legitimer Rechte und Interessen eines Bürgers;
2. Machtmissbrauch, Pflichtverletzung oder Amtsmissbrauch zur persönlichen Bereicherung;
3. Bestechlichkeit;
4. Einbehaltung, Kürzung, Veruntreuung oder Unterschlagung von Finanzmitteln für Familienplanung und sozialen Gebühren;
5. Fälschung von statistischen Daten zur Bevölkerung oder Familienplanung, deren Manipulation und Verfälschung und die Weigerung, solche Daten zur Verfügung zu stellen.

Paragraf 40: Jede Einheit, die gegen die Bestimmungen dieses Gesetzes verstößt und ihrer Verpflichtung zur Hilfe bei der Umsetzung von Familienplanung nicht nachkommt, wird aufgefordert, ihre Handlungsweise zu ändern, und in einem Rundschreiben der zuständigen örtlichen Volksregierung verwarnt. Die Personen, die unmittelbar zuständig sind, sowie die Personen, die unmittelbar verantwortlich sind, werden mit administrativen Sanktionen nach geltendem Recht belegt.

Paragraf 41: Bürger, die in Zuwiderhandlung zu Paragraf 18 dieses Gesetzes Kinder hervorbringen, entrichten eine gesetzlich vorgegebene soziale Gebühr.

Bürger, die besagte Gebühr nicht innerhalb der vorgegebenen Frist in voller Höhe entrichten, müssen entsprechend den einschlägigen staatlichen Bestimmungen eine zusätzliche Strafgebühr entrichten, die sich an der Anzahl der Tage nach Ablauf der Frist orientiert. In hartnäckigen Fällen der Zahlungsverweigerung beantragt die Verwaltungsbehörde für Familienplanung, die die Entscheidung zur Erhebung der Gebühr trifft, entsprechend den gesetzlichen Bestimmungen beim Volksgericht die Vollstreckung.

Paragraf 42: Handelt es sich bei der Person, die laut den Bestimmungen von Paragraf 41 dieses Gesetzes eine soziale Gebühr entrichten muss, um einen Staatsfunktionär, wird er zusätzlich mit administrativen Sanktionen nach geltendem Recht belegt. Handelt es sich nicht um einen Staatsfunktionär, belegt ihn die Einheit, zu der er gehört, zusätzlich mit Disziplinarmaßnahmen.

Paragraf 43: Wer die Verwaltungsbehörde für Familienplanung oder ihre Mitarbeiter an der Ausübung ihrer offiziellen Pflichten nach geltendem Recht hindert oder sie dabei stört, wird zurechtgewiesen und von der Verwaltungsbehörde für Familienplanung in die Schranken gewiesen. Falls seine Handlung einen Verstoß gegen die Verwaltungsvorschriften für die öffentliche Sicherheit darstellt, wird er nach geltendem Recht mit einer Strafe für diesen Verstoß belegt; falls seine Handlung den Sachverhalt der Straftat erfüllt, wird er strafrechtlich verfolgt.

Paragraf 44: Bürger, juristische Personen oder Organisationen, die der Meinung sind, dass eine Verwaltungsbehörde bei der Umsetzung des Familienplanungsprogramms ihre legitimen Rechte und Interessen verletzt, können nach geltendem Recht eine verwaltungsinterne Überprüfung oder ein Verwaltungsverfahren beantragen.

Artikel VII
Ergänzende Bestimmungen

Paragraf 45: Besondere Maßnahmen, Wanderarbeitern die Familienplanung zu ermöglichen und praktische Dienste für die Familienplanung verfügbar zu machen, sowie Maßnahmen zur Erhebung von sozialen Gebühren werden vom Staatsrat beschlossen.

Paragraf 46: Besondere Maßnahmen zur Umsetzung dieses Gesetzes durch die Chinesische Volksbefreiungsarmee werden von der Zentralen Militärkommission nach Maßgabe dieses Gesetzes beschlossen.

Paragraf 47: Das Gesetz tritt am 1. September 2002 in Kraft.

Anhang C:

Suizid bei Frauen

Nach wissenschaftlichen Erkenntnissen ist der Suizid die häufigste Todesursache unter jungen Chinesen, wobei Frauen und Mädchen am stärksten gefährdet sind.
In einem Aufsatz, der in der britischen medizinischen Fachzeitschrift *The Lancet* veröffentlicht wurde, erklären chinesische und US-amerikanische Wissenschaftler den Suizid in China mit einer Rate von 3,6 Prozent zur fünfthäufigsten Todesursache. Gemäß dieser Untersuchung, die auf Angaben des chinesischen Gesundheitsministeriums von 1995 bis 1999 beruht, wählte einer von fünf Chinesen, die im Alter zwischen 15 und 34 gestorben waren, den Freitod. Die Forscher gehörten zwei bekannten psychiatrischen Kliniken an, dem Huilong Hospital in Beijing und der Harvard Medical School in Massachusetts. Ihren Ergebnissen zufolge ist China eines der wenigen Länder der Erde, in dem die Suizidrate bei Frauen höher liegt als bei Männern: Es begehen 25 Prozent mehr Frauen als Männer Selbstmord.

Junge Bauersfrauen

Die Wissenschaftler sehen es als einzigartig an, dass in China die unterschiedlich hohe Rate an gelungenen Suizidversuchen auf einen sehr hohen Anteil von jungen Bauersfrauen zurückzuführen ist. In der Altersgruppe der 15- bis 34-Jährigen war bei 30 Prozent der verstorbenen Frauen Suizid

die Todesursache. Bei ihren männlichen Altersgenossen belief sich die Rate auf nur 12,5 Prozent.
Die hohe Suizidrate unter Frauen, so die Untersuchung, war auf die Folge von Versuchen zurückzuführen, sich selbst Verletzungen zuzufügen. Weltweit fügen sich mehr Frauen als Männer selbst Verletzungen zu. In China ist es leicht, an starke Chemikalien zu kommen, die in der Landwirtschaft benutzt werden, und in ländlichen Gebieten herrscht Ärztemangel. Infolgedessen waren praktisch alle Suizidversuche erfolgreich, obschon Frauen, die sich getötet haben, nicht unbedingt den Wunsch hatten zu sterben.

Alte Bauern

Wie die Untersuchung außerdem ergeben hat, stellen alte Menschen auf dem Land die Bevölkerungsgruppe dar, die am ehesten Suizid begeht. (Vor 1999 waren in China 78 % der Bevölkerung Bauern.) Proportional zur Gesamtbevölkerung ist ihre Suizidrate doppelt so hoch wie die unter jungen Frauen. Diese Erkenntnis verdient, so die Verfasser des Artikels, umso mehr Beachtung, als die traditionelle chinesische Kultur alten Menschen einen sehr hohen Stellenwert zumisst.
Wie Forschungen vermuten lassen, sind in China weder Religionen noch Gesetze ein wirksames Mittel, um Selbstmorde zu verhindern. Außerdem fehlen funktionierende Sozialsysteme oder andere gesellschaftlichen Auffangnetze. Die Untersuchung stellt fest, dass 38 Prozent der Suizidopfer in China psychisch krank sind. Das heißt, die übrigen Selbsttötungen sind die Folge extremen Drucks, vielleicht durch schwere Erkrankungen oder finanzielle Probleme.

Anhang D:

Die achtzehn Wunder von Chengdu

In China hat nahezu jeder Ort eine eigene Liste mit »Wundern«, die sich noch dazu unablässig ändern. Die unten aufgeführten achtzehn Wunder von Chengdu waren Ende der 1980er Jahre aktuell.

1. Die Menschen von Chengdu werden krank, wenn sie nicht jeden Tag ins Teehaus gehen.

Die Menschen von Chengdu lieben ihren Tee. Die Bevölkerungszahl im Großraum Chengdu beträgt über 10 Millionen, und in der Stadt selbst leben gut 3 Millionen Menschen – von denen bestimmt 200 000 ihre Tage in den Teehäusern der Stadt verbringen. Man sagt, die Beijinger wären stets auf der Jagd nach günstigen Gelegenheiten, die Shanghaianer modeverrückt und die Guangdonger aufs Geld aus, aber die Menschen in Chengdu wollen nur eines: das Leben leben, so wie es war. Wie sie es ausdrücken: »Verdien ein bisschen Geld, geh in ein kleines Teehaus, spiel eine Partie Mahjong, iss ein paar leckere Kebabs, guck dir das ein oder andere Video an und kauf ein paar *chacha*-Aktien« – will heißen, ein paar kleine oder wertlose Aktien.«

2. Die schlauen Frauen von Chengdu sind bezaubernd.

Die Frauen von Chengdu sind für ihre Schönheit berühmt. Das hängt mit dem Klima zusammen, das überall in Sichuan sehr schwül ist. Deshalb essen die Sichuanerinnen nämlich viele scharfe Peperoni, wodurch sie ins Schwitzen kommen und Fett abbauen. Der Gewichtsverlust macht sie schöner. Es gibt ein Sprichwort: »Schau dir in Beijing die Bauten an, in Shanghai die Leute, auf der Insel Hainan die Prostituierten, im Nordwesten die dicken Leute, in Xi'an die Grabstätten, in Yunnan die Karstfelsen und in Chengdu die schönen Frauen!« Und ein anderes lautet: »In Beijing fühlst du dich unbedeutend, in Guangdong arm, auf der Insel Hainan krank, und in Chengdu hast du das Gefühl, zu früh geheiratet zu haben.«

3. Die Männer von Chengdu lieben die schönen Frauen, die ihnen ständig mit irgendetwas in den Ohren liegen.

Fußballvereine findet man überall auf der Welt, aber in Chengdu gibt es einen sehr ungewöhnlichen Verein, den »Verein der Herumkommandierten«. Was hat es damit auf sich? Es ist ein Zusammenschluss von Männern, die mal der Fuchtel ihrer Frauen entkommen wollen.

4. In Chengdu essen sie zu jeder Mahlzeit eingelegtes Gemüse.

Die Menschen von Chengdu sind in ihren Essgewohnheiten sehr eingefahren. Die drei Hauptbestandteile ihrer Ernährung sind eingelegtes Gemüse, Eintopf und Tee. Eintopf ist nahrhaft, Tee baut überschüssiges Fett ab, und das eingelegte Gemüse ist nicht nur eine Möglichkeit, Gemüse zu sich zu nehmen, sondern fördert die Verdauung. Eingelegtes Gemüse und Eintopf sind eine ideale Kombination. Wie sagt man so schön: »Wenn du Fleisch und Gemüse zusammenbringst, wird kein Reis verschwendet; wenn du Männer und Frauen zusammenbringst, werden sie nicht müde.«

5. Die Verkäufer von Spielersnacks preisen jede Nacht lauthals ihre Waren an.

Die Menschen von Chengdu bleiben gern lange auf und spielen Mahjong, und die jungen Leute machen gern bis in den frühen Morgen die Stadt unsicher. Um Mitternacht bekommen sie Hunger und halten Ausschau nach Spielersnacks. Die meisten Restaurants schließen früh, aber Imbissverkäufer sind auch spätnachts noch mit ihren Rikschas unterwegs. Manche von ihnen leben davon, und das sogar sehr gut, weil ihre Kunden allesamt Karten- und Glücksspieler sind. Wenn ein Spieler gewonnen hat, zahlt er meist jeden Preis, und wenn ein Verlierer bezahlt, ist ihm der Preis auch egal, Hauptsache, das Essen tröstet ihn ein bisschen.

6. An jeder Straßenecke wird Mahjong gespielt.

Chengdu ist eine geruhsame Stadt, deren Einwohner viel Zeit damit verbringen, Tee zu trinken und Mahjong zu spielen. Die Leute nutzen jede Gelegenheit für die eine oder andere Partie Mahjong: Sie spielen bei Familienfeiern und Beerdigungen, sie spielen bei Wochenendausflügen zu

Restaurants auf dem Land. Wenn sie von der Arbeit nach Hause kommen, essen sie und spielen anschließend Mahjong. Jedermann spielt es ständig. Manche Männer spielen um Geld, bis ihre Frauen sie verlassen und die Kinder mitnehmen, aber sie können ihr geliebtes Spiel einfach nicht aufgeben.

7. Wenn eine Maus stirbt, versammeln sich alle und gaffen.

Die Menschen von Chengdu lieben es, wenn auf der Straße etwas Aufregendes passiert. Ein Sprichwort lautet: »Du musst nur einmal ausspucken, schon bist du von einer Schar Gaffer umringt.« Falls Sie mir nicht glauben, probieren Sie es aus: Wenn Sie eine Ameise auf der Straße sehen, die irgendwas Schweres trägt, gehen Sie in die Hocke und beobachten Sie sie genau. Wahrscheinlich wird Sie bald jemand ansprechen und fragen, was es da zu sehen gibt. Wenn Sie es ihm erzählen, wird er Ihnen nicht glauben, also geht er neben Ihnen in die Hocke, um sich selbst zu überzeugen. Sobald Sie noch ein oder zwei weitere Leute dazu gebracht haben, sich zu Ihnen zu gesellen, haben Sie innerhalb von einer halben Stunde mindestens ein Dutzend Gaffer um sich.

8. Sobald die Sonne rauskommt, nehmen alle sofort ein Sonnenbad.

Das Wetter in Chengdu ist seltsam. »Die Hunde in Sichuan bellen die Sonne an«, sagt man, weil die Sonne sich dort so selten blicken lässt. Wenn im Winter die Sonne scheint, fahren alle, so schnell es geht, aufs Land, um in einem rustikalen Restaurant zu essen, oder sie stürzen zum nächsten Teehaus, um einen Sonnenstrahl zu erwischen. Die Menschen von Chengdu meinen, ein Sonnenbad im Winter vertreibt die Feuchtigkeit aus dem Körper.

9. Keiner kann besser tratschen und angeben als die Menschen von Chengdu.

Getratscht wird überall in China, auch wenn es verschiedene Bezeichnungen dafür gibt, aber in Chengdu können sie es am besten.

10. In Chengdu bekommen Gäste eine Fuß- oder Kopfmassage.

Die Menschen von Chengdu haben gern Gäste. Wenn sie mit jemandem Freundschaft schließen oder ihn bei irgendwas um Hilfe bitten wollen, laden sie ihn zuerst zu einem großen Essen ein. Wenn er sich dann satt gegessen und getrunken hat, gehen sie mit ihm in einen Massagesalon und spendieren ihm eine entspannende Fuß- oder Kopfmassage.

11. Tagediebe führen ein sorgenfreies Leben.

Damit sind jene gemeint, die tagsüber stundenlang mit gekreuzten Beinen in Teehäusern hocken und mit im Rhythmus der Musik wippenden Knien Sichuan-Opern hören. Auf ihnen lastet kein Druck und keine Verantwortung, und der äußere Schein ist ihnen egal. Manche halten sie herablassend für minderbemittelt. Aber sie wissen ganz genau, dass sie ein sorgenfreies Leben führen.

12. Sogar erfolgreiche Geschäftsleute gehen gern in schmuddelige Lokale.

In Chengdu haben es viele Leute im Geschäftsleben zu etwas gebracht, aber trotz ihres Geldes vertrödeln sie immer noch am liebsten ihre Zeit in lärmenden Teehäusern oder schmuddeligen Lokalen, und sie kaufen sich auch gern an irgendeinem kleinen Straßenimbiss ein paar Kebabs oder eine andere Kleinigkeit.

13. Die Leute bauen an jeder Straßenecke ihre Schachspiele auf.

Schachspieler sind an jeder großen Straße und in jeder kleinen Gasse ein alltäglicher Anblick. An den großen Straßen spielen zwar nicht unbedingt Schachgroßmeister, trotzdem sind die Spieler nicht zu schlagen. Das höchste der Gefühle ist ein Remis, aber Geld ist gegen sie jedenfalls nicht zu gewinnen.

14. Die jungen Fräulein von Chengdu werden zu jungen Damen.

Wenn man in Chengdu eine alte Dame sieht, sollte man sie mit Große Schwester ansprechen; eine jüngere Frau sollte man Kleine Schwester nennen; und eine Mutter mittleren Alters, die sich wie eine junge Frau zurechtmacht, sollte man ebenfalls Kleine Schwester nennen.

15. Alle Frauen tragen Lederschuhe.

In Chengdu trugen elegante Frauen früher Designerkleidung und Goldringe an den Fingern. Später wurden importierte Luxusmöbel zum Inbegriff der Eleganz. Frauen, die sich keine Schuhe aus echtem Leder leisten können, tragen welche aus Kunstleder.

16. Je mehr Zeitungen es gibt, desto besser verkaufen sie sich.

In Chengdu liest jeder gern Zeitung. Wer ins Teehaus geht, schlägt als Erstes die Zeitung auf, und mitunter liest er erstaunliche Dinge darin. Dann greift er zum Handy und erzählt seinen Freunden davon. Die Zeitungen in Chengdu verschaffen einem Heer von Journalisten und Autoren Arbeit. Die große Anzahl von Zeitungen lockt viele von ihnen an und verleiht der Stadt eine sehr kultivierte Atmosphäre.

17. Fahrräder werden mit Schirmhalter verkauft.

In Chengdu kommt der Regen aus Osten, während die Sonne im Westen untergeht. Abends strahlt die Sonne im Westen, wenn sie hinter den Bergen versinkt. Frauen haben in Chengdu oft hinten am Fahrrad eine Halterung, in die sie den Schirm stecken können.

18. Mit dem Fahrrad kommt man schneller zur Arbeit als mit dem Bus.

Chengdu hat viele Namen, wie zum Beispiel Schildkrötenstadt oder Brokatstadt, aber seine Einwohner nennen es vor allem die Stadt der Staus. Daher ist Chengdu das Königreich des Fahrrads – fast jeder Einwohner hat eins, und Fahrradgeschäfte florieren.

Danksagung

Ich danke aus ganzem Herzen:

den chinesischen Müttern, die mir ihr Innerstes offenbarten und von ihren heimlichen Leben erzählten; den chinesischen Töchtern, die mich nach ihren Wurzeln fragten und mir vertrauten; den westlichen Adoptivfamilien, die mir schrieben und mich aufforderten, mutig zu sein und die verborgenen chinesischen Mütter für ihre geliebten Töchter aus China vorstellbar zu machen … Wieder und wieder versank meine Seele in Tränen, während ich dieses Buch schrieb und Euren Schmerz und Eure Liebe spürte;

meinem Übersetzer Nicky Harman, meiner Lektorin Alison Samuel, allen, die bei Toby Eady Associates arbeiten, und allen, die an diesem Buch mitgewirkt haben: Gemeinsam habt Ihr mir geholfen, diese verborgenen chinesischen Mütter bekannt zu machen und ihre Liebe zu ihren Töchtern Lesern auf der ganzen Welt nahezubringen.

Die Stiftung *The Mothers' Bridge of Love* hat eine Brücke zwischen verschiedenen Kulturen geschlagen und zahllose Freiwillige aller Altersgruppen, von über Fünfzigjährigen bis hin zu Vorschulkindern, aus zwanzig oder mehr Ländern zusammengeführt. Alle von ihnen sind an der chinesischen Kultur interessiert. Gemeinsam haben wir uns der Aufgabe gewidmet, adoptierten Kindern dabei zu helfen, ihre chinesischen Wurzeln zu finden. Gemeinsam haben wir das Glück Tausender Adoptivfamilien geteilt, die wir in unsere Aktivitäten eingebunden haben. Wir haben uns behutsam über die Kluft hinweggetastet, die die westliche von der chinesischen Kultur trennt; ermutigt hat uns die Unterstützung, die Kinder bei The Mothers' Bridge of Love finden. Jeder einzelne ehrenamtliche Helfer ist zu einem unverzichtbaren Teil bei den Aktionen von The Mothers' Bridge of Love geworden. Die im Folgenden aufgeführten haben meiner Meinung nach einen unendlich kostbaren Beitrag dazu geleistet, Brücken zwischen Kulturen zu bauen: MBL Ex-CEO Meiyee Lim und Wendy Wu; MBL-Treuhänder Emily Buchanan, Toby Eady, Jeremy Gordon, Ching-He Huang, Christina Lamb, Kailan Xue; MBL-Gruppenleiter und jeder einzelne MBL-Ehrenamtliche in vielen verschiedenen Ländern sowie MBLs Rechtsberater Wilfrid Vernor-Miles. Verzeiht mir, dass ich Euch Ehrenamtliche nicht alle namentlich aufführe. Ich danke Euch von ganzem Herzen für Eure Begeisterung für die chinesische Kultur und die liebevolle Arbeit, die Ihr für chinesische Kinder und ihre Mütter leistet. Meine Dankbarkeit dafür ist grenzenlos.

Anmerkung des Übersetzers ins Englische

Die in diesem Buch erzählten Geschichten sind ungeheuer beeindruckend, wodurch sie in gewisser Weise schwierig zu übersetzen waren. Es lag auf der Hand, dass die Übertragung emotionale Sensibilität erforderte. Wenn Mütter über ihre vor langer Zeit verlorenen Töchter sprachen, war es besonders wichtig, die Wörter zu wählen, die den richtigen Ton trafen; die Sprache sollte authentisch wirken – nicht zu emotional, aber auch nicht zu distanziert. Vor allem jedoch sollten die Frauen so natürlich auf den Leser wirken, wie sie auf Xinran gewirkt hatten, als sie ihnen zuhörte. Aber Chinesisch unterscheidet sich extrem vom Englischen, und bisweilen vermittelt eine allzu wortgetreue Übersetzung nicht die zugrundeliegenden Emotionen. Zudem gibt es Wörter, die nur eine einzige mögliche Übersetzung nahelegen, welche sich aber ihrer Bedeutung nach erheblich von der im Chinesischen unterscheidet. In *Message from an Unknown Chinese Mother* beispielsweise steht das Wort »roots« nicht wie im Englischen für einen Herkunftsort oder eine Gemeinschaft, in die man zurückkehrt. Für chinesische Dorfbewohner bedeutet »roots« eine Person – den Sohn, der die heilige Pflicht hat, die Ahnen zu ehren und dadurch den Fortbestand der Familie zu sichern. Eine weitere Erschwernis war, dass die Menschen – vor allem in den Geschichten, die einen ländlichen Hintergrund haben – manchmal Dinge beschrieben, die mir völlig fremd waren und die in keinem Wörterbuch auftauchten. Was bitte schön war beispielsweise der

»Kerzensack«, in den Neugeborene gewickelt wurden? Wenn ich wirklich nicht mehr weiterwusste, war Xinran eine vorbildliche Autorin, stets bereit, meine Fragen zu beantworten, und ebenso wie ich darum bemüht, die richtige Lösung zu finden.

Es gab zudem gewisse Sitten und Gebräuche, von denen ich zwar wusste, die aber für den Leser zusätzlicher Erläuterung bedurften, wie zum Beispiel der »Geburtsmonat«. Eine Erzählung dieser Art ist voller Verweise auf Sitten und Vorstellungen, die so stark sind und so tief in der Gesellschaft verwurzelt, dass sie Menschen zu extremen Handlungsweisen treiben. Xinran hat sie für ihre Leser erklärt, aber ich als Übersetzer musste dennoch behutsam vorgehen.

Das Schöne an der übersetzerischen Arbeit ist unter anderem das Gefühl, privilegiert zu sein: Wir können uns glücklich schätzen, weil wir durch ein Fenster in eine andere Welt blicken. Der Übersetzer ist gleichsam ein Brückenbauer zwischen zwei Kulturen. Ich hoffe, dass ich mit meiner Übersetzung dazu beitragen konnte, den Lesern dieses Buches, wer und wo immer sie sein mögen, die Erfahrungen der Frauen und Männer, die in diesem Buch zu Wort kommen, realer werden zu lassen.

Unterstützen Sie die MBL – The Mothers' Bridge of Love für chinesische Kinder

Seit der Veröffentlichung von *Verborgene Stimmen* und den nachfolgenden Büchern hat Xinran zahlreiche Briefe von Frauen aus aller Welt erhalten – manche waren Adoptivmütter chinesischer Kinder, manche waren im Ausland lebende chinesische Mütter. Alle waren auf die eine oder andere Art von den unten genannten Fragen betroffen. Diese Briefe veranlassten Xinran, eine Stiftung zu gründen – The Mothers' Bridge of Love (MBL) –, um sowohl den Frauen und ihren Kindern zu helfen als auch den vielen Kindern, die in China in ärmsten Verhältnissen aufwachsen.

Seit 1993 haben über 120 000 westliche Familien chinesische Waisenkinder adoptiert, vor allem Mädchen. Wenn diese Kinder älter werden, ist vermutlich eine der ersten Fragen, die sie stellen: »Warum hat meine chinesische Mami mich nicht gewollt?«

Über 50 Prozent des chinesischen Volkes leben in bitterer Armut, und Millionen Kinder im ganzen Land können nur davon träumen, eine gute Ausbildung zu bekommen: »Wie kann ich je zur Schule gehen?«

Gleichzeitig wissen Millionen chinesische Kinder, die im Ausland leben, kaum etwas über ihre Wurzeln: »Was ist chinesische Kultur?«

The Mothers' Bridge of Love hilft bei der Suche nach Antworten auf diese Fragen, indem sie Brücken baut:

- zwischen China und dem Rest der Welt;
- zwischen Arm und Reich;
- zwischen Geburtskultur und Adoptionskultur.

Falls diese Fragen Sie anrühren, unterstützen Sie bitte die MBL mit Ihrer Spende.

Adresse:
MBL
9 ORME COURT
LONDON W2 4RL
UK

Bankverbindung:
Konto-Nr.: 11453130
Bankleitzahl: 400607
HSBC Bank
Russell Square Branch
1 Woburn Place, Russell Square
London WC1H 0LQ
SWIFT-Code: MIDL GB2142E

Ihre Unterstützung wird dazu beitragen, das Leben chinesischer Kinder zu verbessern, von Land zu Land, Dorf zu Dorf und Mädchen zu Mädchen.